Daxue Tiyu yu Jiankang Shiyong Jiaocheng

大学体育与健康

实用教程

芦　特　李　莹　王玮瑛◎主　编
郑　伟　刘云飞　宋丽颖◎副主编

北京师范大学出版集团
BEIJING NORMAL UNIVERSITY PUBLISHING GROUP
北京师范大学出版社

图书在版编目(CIP)数据

大学体育与健康实用教程／芦特，李莹，王玮瑛主编．—北京：北京师范大学出版社，2010.8（2018.8重印）
ISBN 978-7-303-11154-1

Ⅰ．①大… Ⅱ．①芦… ②李…③王… Ⅲ．①体育－高等学校－教材 ②健康教育－高等学校－教材 Ⅳ．①G807.4

中国版本图书馆CIP数据核字（2010）第126663号

营销中心电话 010-58802181 58805532
北师大出版社高等教育分社网 http://gaojiao.bnup.com
电子信箱 gaojiao@bnupg.com

出版发行：北京师范大学出版社 www.bnup.com
北京新街口外大街19号
邮政编码：100875
印　　刷：中青印刷厂
经　　销：全国新华书店
开　　本：730mm×980mm 1/16
印　　张：16
字　　数：260千字
版　　次：2010年8月第1版
印　　次：2018年8月第8次印刷
定　　价：26.00元

策划编辑：祁传华　　责任编辑：祁传华　栗铂峰
美术编辑：毛　佳　　装帧设计：毛　佳
责任校对：李　菡　　责任印制：马　洁

目 录

第一章　现代社会与体育

【学习目标】

1. 了解体育的起源和发展，现代体育的地位、结构、功能及现代体育对人的影响。

2. 了解学校体育对人才培养和我国体育事业发展的重要意义。

第一节　体育的地位与作用

一、体育的起源和发展

对于体育的起源有多种不同的说法，如战争说、宗教说、劳动说和娱乐说等。其实，体育就是人类发明的一种与运动有关的艺术形式，西方美学家席勒认为：艺术起源于游戏。所以，体育首先是一种与身体运动有关的游戏。我们所说的体育是从狭义的角度而言的，与人类的某些具有特定目的的活动，如劳动、战争、宗教等是有区别的。因此，我们将体育史划分为两个阶段，即古代体育和现代体育。古代体育是指资本主义生产方式确立前的体育，它始于公元前 766 年，结束于公元 394 年。现代体育是指伴随着资本主义生产方式的产生而诞生的各种运动游戏。资本主义生产方式中广泛和发达的社会分工造成的人的普遍异化，是催生现代体育的内在动力。随着劳动生产率的提高，西方资本主义国家普遍缩短工作时间，这为人们从事体育活动提供了时间上的保证，所以很自然地就产生了一种游戏与运动相结合的形式，即现代体育。现代体育是资本主义生产方式所孕育出的扬弃其自身缺点的绝佳形式，它们相互取长补短，相得益彰。因此，越是发达的国家，其体育也越发达，这一点绝非偶然。高度发达的现代文明与发达的现代体育是紧密联系在一起的一对双胞胎。

二、现代体育的地位与结构

现代奥林匹克运动的创始人——法国教育家皮埃尔·德·顾拜旦曾经对体育作过这样的描述："啊，体育，你就是乐趣，想起你，内心充满欢喜；你通过最直接的途径，增强民族体质，防病患于未然。"这句话告诉我们，体育能使你强健，体育能使你聪明，体育能使你愉快。体育成为现代人一种不可缺少的生活方式，你要懂得体育，参与体育，欣赏体育，享受体育。

体育是人们有意识地用自身的身体活动来增进健康、增强体质、促进人的身心发展的活动。体育这一社会文化现象既是物质的，又是精神的。随着现代社会的发展，现代体育已走进社会的各个方面，影响着人的身心健康，甚至影响着社会的发展和进步。现代体育的形成与现代社会对体育的需求密不可分。现代科学技术革命要求人们具有强烈的健身意识和有效的保健手段，以强健的体魄来适应日趋激烈的社会竞争。因此，人们选择了体育。人们通过直接参与和观摩体育竞赛，潜移默化地培养自身的竞争意识和竞争能力，并在参与体育活动过程中缓解心理压力。社会竞争意识对社会的发展至关重要，可以说是推动社会向前发展的动力。因此，社会越发展，竞争越激烈，体育越显得重要。而且，社会分工越细，体育的功能发挥得越淋漓尽致。不仅如此，现代体育的政治功能、经济功能、外交功能也已渗透到了社会的各个方面，与人们的多种需求相吻合，成为促进人们体育观念现代化的主要原因。

现代体育由学校体育、群众体育和竞技体育三大部分组成。

学校体育是现代体育发展的坚实基础，是学校教育的重要组成部分，是全面发展身体，增强体能，掌握与应用体育基础知识技能，培养优良道德品质和促进个性发展的一种有计划的教育过程。学校体育的形式多样，内容丰富，有体育课、早操、课间操、课间体育活动、课余体育锻炼、课余运动训练、运动竞赛和节假日体育等。

群众体育是现代体育发展的重要特征，它是以健身、保健、休闲、娱乐为目的的大众体育活动。它内容丰富，既包括正规的体育竞技项目，又包括地区的、民间的传统体育内容；既有医疗保健的内容，也有自编自练、自娱自乐的内容。它形式多样，既有有组织的集体锻炼，也有自由结合的群体活动及个人的自练。

竞技体育是现代社会发展的主要标志，它是为了最大限度地发挥和提高个人或集体在体力、智力、心理和运动能力方面的潜力，以取得优异成绩而进行的科学的、系统的训练和竞赛。这种竞赛形式具有激烈的对抗性、竞争性和高度的技艺性，有严格的竞赛规则、动作规范和裁判方法，它是整个体育中最活跃、最积极的因素，也是促进各类体育发展的重要条件。现代竞技体育对政治也有重要影响，它可以提高一个地区、国家的知名度和影响力。在经济上，现代竞技体育本身就是一种产业，同时又能对其他产业起到宣传和促进作用。竞技体育作为教育的一种手段对培养现代人所需的素质也有重要作用。

三、现代体育的功能

现代体育除了传统意义上的强身健体、形成运动技能、培养优秀运动人才的功能外，还有以下几个功能：

（一）心理健康教育的功能

学生从事体育活动可以缓解学习压力，宣泄平常积累的不良情绪，带来愉悦的心理感受。其实体育本身就是一种重要的心理调节手段和心理治疗手段。它有减轻焦虑、控制抑郁、调节睡眠的重要作用。在美国，心理专家甚至用体育疗法来治疗抑郁症和各种睡眠失调症等。

（二）人格教育的功能

人格作为人稳定的心理和行为品质，是在多种因素的相互作用中形成的。其中，体育人格在形成过程中起着重要作用。从良好人格的形成机制看，通过体育，学生的体能得到增强。身体变得健康，精神也会更加富有活力，他们会因自己形象的改变而体会到更多的自尊与自信。热爱体育的人更有可能形成坚强、进取、承受挫折、不怕困难、善于沟通和理解他人等优良的人格品质。这些品质的形成也带给人们终身参与体育的热情，从而使人们的生活变得更富有激情和意义。可以说，体育对人的发展的影响是终身的。

（三）审美的功能

参与体育活动的过程本身就是一个审美过程，它使人在感受力量、速度、技巧、造型的同时处处体验到运动的美感。一幅精美的体育图片，一座充满力度的运动雕像，一组优美的体育动作，体育无时无刻不给人带来美的感受和兴奋的体验。体育的美不仅表现在外部动作上，更表现在一种精神和气质上。体育活动中的进取、竞争、积极向上、成就体验本身就是人的心灵中最美的东西，这些品质构建着我们美好的精神内涵，构建出我们最富魅力的气质。

第二节 现代体育对人的影响

一、体育锻炼促进人良好道德情操的养成

道德作为调节人与社会、人与人之间关系的行为准则，在新时期为培养高素质、有创新、守法律的合格人才中担负着十分重要的作用。党中央

也明确提出了“以德治国”的方针，并将之与“依法治国”同列为我国在新世纪的治国方针。“以德治国”的基础在于全社会每个人良好道德素质的养成和不断提高，学校教育在其中起到了重要作用。

各种形式的体育锻炼活动都具备道德教育的功能，因此在高校的体育教学改革中，体育应承担提升大学生体育审美情趣和培养优秀道德品质的义务，体育锻炼促进人的思想、意志、品德向良好的方向发展，促进个体的社会化进程。

二、体育文化提升人的人文素质

体育文化是指人类在体育运动及其相关领域中生产或创造的物质产品、思想观念、思维模式、行为模式等，体育文化的内容体系包括人类在体育活动方面所创造出来的物质文化、制度文化和精神文化等多层面的文化形式。体育文化形成于近代，它包括人们的体育认识、体育价值、体育思想道德、体育制度、体育文化产业和体育物质产品等。同时，体育实践发展的走向具有深刻的社会文化特征，随着社会的发展，体育的文化价值逐渐受到广泛重视，而人的存在状态决定了体育的存在状态，人对体育活动的文化要求决定了体育文化生长的基点。从这个意义上讲，人的发展决定着体育文化发展的方向和水平，反过来，体育文化也可以促进我国社会转型期的精神文明建设。因此，体育文化建设不仅是我国从传统的计划经济向社会主义市场经济转型的精神动力之一，也是新时期我国体育事业发展的动力。现代体育文化以高度的文明和崇高的道德构筑人的精神、升华人的思想、净化人的心灵和鼓舞人的斗志，从而提高人的素质和锤炼人的意志。

三、体育科技促进体育事业的发展

随着科技的发展，现代体育也呈现出跨越式的发展趋势。相关科学理论的运用使得体育管理更加科学化、系统化，在领导决策、反馈、调整等方面的科技含量不断上升。学校体育的发展更加科学化，教学指导思想的确立、教学内容的遴选、教学方案的实施、教学效果的评估等，一切与学校体育相关的内容均以科学理论为依据，从理论到实践，学校体育的科技含量与以往相比已不可同日而语。现代竞技体育中，体育训练已被逐步纳入科学训练的轨道，现代竞技场已经成为高科技较量的战场，科技进步不断为竞技体育注入新动力，帮助人类实现一个又一个梦想，创造一个又一个运动奇迹。

四、体育产业转变人的消费观念

随着人类生活方式的进步，“花钱买健康”的体育消费观念逐渐被人们所接受。拉动国民体育消费内需，有利于促进体育人口数量的壮大，有利于人们体育意识的形成，为培养终身体育观念，养成经常锻炼身体的习惯打下良好的基础。另外，人们体育消费水平的提高还能推进体育产业的发展壮大。一些企业花费巨资成立体育俱乐部，赞助体育比赛，请体育明星为产品代言，就是看重体育运动在社会上的影响力；花钱买知名度，试图通过体育这个窗口宣传企业形象和扩大产品的知名度，起到了引领体育消费潮流的作用。

五、休闲体育改变人的生活方式

休闲体育是个体对于休闲时间的一种积极、健康的利用。它不但使人类个体的身心健康愉悦，而且给整个社会环境也带来一种朝气蓬勃的生机。在物质生产达到相当的程度，人类生存条件日益完善的今天，个体解放和发展已成为人们的普遍追求。而休闲体育，则是人类全面发展的一个极好的活动方式。人全面发展的一个重要标志便是审美能力和审美需要的培养。我国的教育先驱蔡元培先生曾经说过，中国最缺少的是美育。审美感觉的培养，可以通过专门的艺术活动。但是超越功利性目的的休闲状态，对人的审美能力、审美情趣、审美需求的培养和满足具有不可替代的作用。美育和体育并非截然不同的两个范畴，休闲体育的一个很明显的特征便是其审美性。很多时候，休闲体育自然地将体育和美育结合在一起。如今常见的扭秧歌和木兰拳，便是人们在休闲中对于美和体育的一种融合。而可以归类为休闲体育的旅游、垂钓、野营等活动，更使人置身于美丽的大自然，沉浸在山水风光的自然美之中。人的审美能力和审美需求的培养，与身心健康密不可分。对于一个身体健康的人，更利于审美能力的培养，而对一个疾病缠身的人，则首先必须满足其基本的生存需要。因此，休闲体育是通往心灵之美的通道。随着社会现代化程度的不断提高，人们的工作时间将大大缩短。如何安排闲暇生活，许多人面临生活方式的再次选择。科学实践证明，参加体育运动，特别是自己喜爱或擅长的活动项目，不仅能增进健康，而且能陶冶情操，培养自己吃苦耐劳、迎难而上的精神，从而更好地适应现代生活和工作的需要。目前，人们还把体育作为增进友谊、巩固生意关系的桥梁和纽带。

第三节　现代社会对大学体育课程的要求

一、未来社会体育的发展趋势

未来社会体育的发展趋势与社会经济需要的多样性和变动性密切相关，表现为以下发展趋势：

（一）体育科学研究进一步深入

由于先进的科学技术在体育领域中的广泛运用，竞技场上的角逐实际上就是科技的竞争，先进的科学化训练手段和方法，将使运动成绩得到新的突破。

（二）体育向社会化、多样化方向发展

社会经济和科学技术的发展将促使体育社会化进程进一步加深，同时也促使体育向多样化方向发展。体育在不断满足人们自身需求和社会需求的过程中得到进一步的扩展，体育与人们现代社会生活相互融合，逐渐改变了人们的传统体育观念。体育的作用在明显增大，体育已成为人们社会生活中不可缺少的一项重要内容。

（三）体育的商业化程度将进一步深化

随着市场经济的不断发展，体育不可避免地被卷入市场经济的浪潮。目前，围绕体育运动所开展的商业活动主要表现在：企业以体育为载体，以其影响程度大、涉及面广的特点，投入巨资进行各种商业广告宣传活动；通过各种传播媒介传播商品信息，开辟商品流通渠道，以达到提高企业影响、扩大企业知名度、为商业活动争取更大利益的目的。体育商业化的发展，一方面有助于促进体育运动的普及，为体育运动提供可靠的物质保证，人们有实力也有动力不断地去开拓体育运动的新领域；另一方面必须注意，如果过分注重商业利益，那么这种本末倒置的现象势必导致体育运动发展的危机。就目前形势而言，体育的竞争很大程度上已转化为金钱的竞争，体育具有浓厚的商业色彩，随着体育职业化的扩大，体育商业化的程度将愈来愈深。

（四）体育职业化范围进一步扩大

自从奥运会的部分项目对职业运动员开放以后，世界竞技运动员的职业化倾向日益明朗，专一职业、专一管理、专一投资、专一发展的形式已成为实现体育事业发展的重要途径。而且，由于竞技体育需要巨大的投入，采用职业化来摆脱竞技体育经济危机是一条主要途径。职业化把训练和比赛直接同物质利益联系起来，从而充分调动广大教练员、运动员的积极性，

激发运动员的潜在动力。体育职业化程度的提高，大大减少了国家经费的开支，充分利用社会资金应用于社会体育活动。同时由于社会生产力的高度发达，使体育成为国家社会生活的重要组成部分，这将吸引更多的青少年投身于体育运动。

二、大学体育课程的责任与目标

为了全面贯彻党的教育方针，促进学生的健康发展，使当代大学生成为社会主义事业的建设者和接班人，根据《中共中央国务院关于深化教育改革全面推进素质教育的决定》和国务院批准实行的《学校体育工作条例》的精神，2002年8月，教育部颁布了《全国普通高等学校体育课程教学指导纲要》（以下简称《纲要》）。《纲要》是国家对大学生在体育课程方面的基本要求，是新时期普通高等学校制定体育课程教学大纲、进行体育课程建设和评价的依据。

（一）课程性质

1. 体育课程是大学生以身体练习为主要手段，通过合理的体育教育和科学的锻炼过程，达到增强体质、增进健康和提高体育素养为主要目标的公共必修课程，是学校课程体系的重要组成部分，是高等学校体育工作的中心环节。

2. 体育课程是寓促进学生身心和谐发展、思想品德教育、文化科学教育、生活与体育技能教育于身体活动，并有机结合的教育过程，是实施素质教育和培养全面发展的人才的重要途径。

（二）课程目标

1. 基本目标

根据大多数学生的基本要求而确定的，分为五个领域目标。

（1）运动参与目标：积极参与各种体育活动并基本形成自觉锻炼的习惯，基本形成终身体育的意识，能够编制可行的个人锻炼计划，具有一定的体育文化欣赏能力。

（2）运动技能目标：熟练掌握两项以上健身运动的基本方法和技能；能科学地进行体育锻炼，提高自己的运动能力；掌握常见运动创伤的处理方法。

（3）身体健康目标：能测试和评价体质健康状况，掌握有效提高身体素质、全面发展体能的知识与方法；能合理选择人体需要的健康营养食品；养成良好的行为习惯，形成健康的生活方式；具有健康的体魄。

（4）心理健康目标：根据自己的能力设置体育学习目标；自觉通过体育活动改善心理状态，克服心理障碍，养成积极乐观的生活态度；运用适宜的方法调节自己的情绪，在运动中体验运动的乐趣和成功的感觉。

(5) 社会适应目标：表现出良好的体育道德和合作精神；正确处理竞争与合作的关系。

2. 发展目标

针对部分学有所长和有余力的学生确定的，也可作为大多数学生的努力目标，也分为五个领域目标。

(1) 运动参与目标：形成良好的体育锻炼习惯，能独立制定适合自身需要的健身运动处方，具有较高的体育文化素养和观赏水平。

(2) 运动技能目标：积极提高运动技术水平，发展自己的运动才能，在某个运动项目上达到或相当于国家等级运动员水平；能参加有挑战性的野外活动和运动竞赛。

(3) 身体健康目标：能选择良好的运动环境，全面发展体能，提高自身科学锻炼的能力，练就强健的体魄。

(4) 心理健康目标：在具有挑战性的运动环境中表现出勇敢顽强的意志品质。

(5) 社会适应目标：形成良好的行为习惯，主动关心、积极参加社区体育事务。

(三) 课程规划

1. 在课程设置上

普通高等学校的一、二年级必须开设体育课程（4个学期共计144学时）。修满规定学分、达到基本要求是学生毕业、获得学位的必要条件之一；另外，普通高等学校对三年级以上学生（包括研究生）开设体育选修课。

2. 在课程结构上

(1) 使课堂教学与课外、校外的体育活动有机结合，学校与社会紧密联系，把有目的、有计划、有组织的课外体育锻炼、校外（社会、野外）活动、运动训练等纳入体育课程，形成课内外、校内外有机联系的课程结构。

(2) 应面向全体学生开设多种类型的体育课程，可以打破原有的系别、班级建制，重新组合上课，以满足不同层次、不同水平、不同兴趣学生的需要。重视理论与实践相结合，在运动实践教学中渗透相关理论知识，并运用多种现代教学手段，安排约10%的理论教学内容（每学期约4学时），扩大体育教学的知识面，提高学生的认知能力。

(3) 充分发挥学生的主体作用和教师的主导作用，努力倡导开放式、探究式教学，努力拓展体育课程的时间和空间。在教师的指导下，学生应具有自主选择课程内容、自主选择任课教师、自主选择上课时间的自由度，营造生动、活泼、主动的学习氛围。

(4) 把校运动队及部分确有运动特长学生的专项运动训练纳入体育课程之中。对部分身体异常和病、残、弱及个别高龄等特殊群体的学生，开设以康复、保健为主的体育课程。

(5) 还要做好现有运动项目的改造和对新兴、传统体育项目的利用，充分利用各种媒体（广播、电视、网络等）获取信息，不断充实、更新课程内容，充分利用空气、阳光、雨、雪等气候条件以及江、河、湖、海、沙滩、田野、森林、山地、草原、雪原、荒原等自然条件，开展野外生存、生活方面的教学与训练。

三、现代体育对大学生的要求

体育是一种教育。中国的圣人孔子在教学中要教授六艺，即礼、乐、射、御、书、数，其中射与御就和体育有关。一个高素质的人，不仅要有很好的德行，而且也要有聪明的大脑、丰富的知识，而让德行与智慧充分发挥作用的基础就是健康的身体。那么，如何使身体保持健康呢？那就需要体育锻炼，培养体育锻炼的良好习惯，而培养终身体育意识的关键阶段就是大学体育教育阶段。体育运动中所蕴含的作为社会个体，尤其是广大在校学生如何领悟、培养体育文化精神，使之成为自身思想内涵的有机组成部分，便是一个非常现实的问题了。我们认为，最有效的途径是将学习体育知识、参与体育运动与德育、智育、美育有机结合起来。体育运动中所表现出来的顽强拼搏的意志品质以及崇高的爱国主义、集体主义和团队精神，其实也是每位公民应该具有的基本道德修养。同时，体育运动也需具备必要的知识积累，无论是学习体育技术还是参加体育比赛，都离不开较高的智商。此外，还应不断提高审美认知能力，掌握一定的美学知识，体育本身就是一种艺术，并且体育美学正日益成为一个完整并且内涵丰富的概念。当然，我们也看到，体育文化精神的真正形成还有赖于个人人格精神的建设，它包括提高社会认知能力，培养积极健康的生活态度和自强自立的精神，培养责任心、正义感以及吃苦耐劳、不怕困难失败的顽强意志。

2004 年 8 月，教育部在复旦大学召开的首届全国高校体育工作座谈会上，提出了加强高校体育工作的若干要求，并将其作为日后高校体育教学改革的方向。时任教育部部长的周济在会上表示，千好万好，身体好是第一好。身体好是工作的基础，是学习的本钱，每个大学生都必须明白这个道理。教育部副部长赵沁平说：面对当前的高校体育状况，我们必须高度重视高等学校体育课程的改革，努力实现高校体育与终身体育相对接，让学生通过体育教育，至少掌握两项运动技能，养成良好的锻炼习惯，要在体育锻炼中品味健康向上的高质量生活。

思考题

1. 简述现代体育的作用及构成。
2. 简述体育文化及其对人类的影响。
3. 简述体育产业对人类消费观念的影响。
4. 简述休闲体育及其对人类生活的影响。

第二章　现代社会与人的健康

【学习目标】

1. 掌握体育锻炼的生理科学基础。
2. 了解现代社会对人们健康的影响，树立“健康第一”的思想。
3. 掌握体育锻炼对人身体、心理以及社会适应等方面的影响。
4. 了解《大学生体质健康标准》。

第一节　体育运动的生理基础

人体内的物质代谢和能量代谢是维持生命活动、保证身体运动的基础，是运动人体科学研究的核心问题。生物体在不断与周围环境进行物质与能量交换中实现自我更新的过程称为新陈代谢，新陈代谢是物质代谢和能量代谢的总和。

一、物质代谢

（一）糖代谢

糖在体内的存在形式主要有两种：一种是以糖原的形式存在于组织的细胞浆内，如肝糖原和肌糖原；另一种是以葡萄糖的形式存在于血液中，称为血糖。在正常生理情况下，血糖随进食、肌肉活动等情况而波动，但在空腹时血糖情况较为稳定。血糖浓度动态平衡的维持有赖于体内神经体液的调解。

糖作为能源物质优于脂肪和蛋白质，其主要特点是：在满足不同强度运动时，既可以有氧分解，也可以无氧分解供能，在参与供能时动员快、耗氧量少、能量产生的效率高。因此，糖是肌肉活动时最重要的能源物质。

（二）脂肪代谢

脂肪是一种含能量最多的营养物质。1g 脂肪在体内彻底氧化，可产生 38.94 KJ（9.3 kcal）热能。人体内脂肪的储量很大，是长时间肌肉运动的重要能源。此外，脂肪还是构建细胞的重要成分，能促进脂溶性维生素的吸收和利用，对内脏和肌体起着保护垫和热垫的作用。

长时间耐力运动的后期主要依靠脂肪氧化供能（如马拉松的后半程）。在短时间大强度的剧烈运动时，脂肪的分解受到抑制，糖代谢的利用大大增强，血乳酸的水平显著增高。总之，运动时脂肪的功能随运动强度的增大而减少，随运动持续时间的延长而增加。

（三）蛋白质代谢

蛋白质是构成细胞结构的最主要原料，在调节机体各种生理功能中起着不可替代的作用，因此，它是人体不可缺少的营养物质之一。蛋白质由氨基酸组成，蛋白质代谢是以氨基酸代谢为基础的。蛋白质在肌肉活动中的供能作用一般不占重要地位。

二、能量代谢

机体物质代谢过程中伴随着能量的释放、储存、转移和利用的过程称为能量代谢。机体的一切活动均需要能量。体内的糖、脂肪、蛋白质通过生物的氧化而释放能量，释放的总能量大部分以热的形式释放于体外。运动中，能量消耗越多，所需的营养物质就越多。

（一）磷酸原系统

磷酸原系统由细胞内的 ATP 和 CP 这两种高能磷化物构成。它的特点是供能的绝对值不大，持续时间很短。但是它供能快速，因为 ATP 是细胞唯一可以直接利用的能源，所以其能量输出的功率很高。在体育运动中，一些持续时间短、爆发性的动作，主要依靠 ATP－CP 供能，如短跑、投掷、跳跃、举重等运动项目。

（二）乳酸能系统

乳酸能系统的能量产生是靠肌糖原的无氧酵解，最后产生乳酸，而放出的能量被 ADP 接受，再合成 ATP。它是肌体处于缺氧情况下的主要能量来源。乳酸能系统对人体供能时，其作用与磷酸原系统一样，能在暂时缺氧的情况下，迅速供能，如田径的 400 m 和 800 m 跑主要靠乳酸能系统来供能。

（三）有氧氧化系统

有氧氧化系统是指糖和脂肪在氧的作用下，分解成二氧化碳和水，同时生成大量能量，使 ADP 再合成 ATP。有氧氧化系统可以生成丰富的 ATP，而且不生成乳酸这类导致疲劳的物质，有氧氧化系统是人长时间进行耐力活动的主要耐力活动系统，如长跑项目主要靠有氧氧化供能。

三、运动负荷

（一）运动负荷本质

运动负荷是以身体练习为基本手段对有机体施加的训练刺激，其外部表现为量和强度，其内部表现为心率、血压、血乳酸等生理机能指标的变化。运动负荷越大，刺激强度就越大，所引起的机体反应也越大，各项生理指标的变化也越明显。

（二）机体对运动负荷的反应阶段

当运动负荷刺激施加于人体时，人体各器官系统将发生一系列反应。当人体接受运动负荷刺激时，主要表现为耐受、疲劳、恢复、超量恢复和消退五个机能变化阶段。

（1）耐受阶段：机体在耐受阶段会表现出比较稳定的工作能力，能高质量地完成训练任务。因此，身体训练的主要任务应安排在这个阶段。机体对运动负荷的耐受程度有较大的个体差异，并受许多因素，如训练负荷的量和强度、运动后机体机能的恢复程度及人体的身体机能状态等因素的影响。

（2）疲劳阶段：机体在承受一定时间的运动负荷刺激之后，其机能和工作效率会逐渐降低，即出现疲劳现象。运动员训练到何种疲劳程度以及耐受多长时间以后疲劳，这完全取决于训练课的目的。训练过程中只有达到一定程度的疲劳，在恢复期才能获得预期的超量恢复效果，运动能力才得以不断提高。

（3）恢复阶段：运动结束后，机体开始补充和恢复训练过程中所消耗的能源物质，修复所受到的损伤并恢复紊乱的内环境，使机体各器官系统的机能恢复至运动前的相应水平，以完成机体结构与机能的重建。

（4）超量恢复阶段：运动中所消耗的能源物质以及降低的身体机能在运动结束后不仅能得以恢复，而且会超过原有水平，这种现象称为超量恢复。在一定范围内，运动负荷量越大、强度越大，运动过程中疲劳的程度越深，运动后的超量恢复就越明显。

（5）消退阶段：运动训练所导致的机体机能的提高或训练效果不可能永久保持，若不及时在已获得的超量恢复的基础上继续施加新的刺激，已经产生的训练效果在保持一段时间后又会逐渐消退，机体机能又下降至原有水平，这种现象称为机体对运动负荷刺激适应的消退。要想持久保持运动效果，必须在上一次运动出现超量恢复的基础上及时安排下一次运动。

四、氧气供应

氧运输系统

氧运输系统对人的健康及生命活动有十分重要的作用。它把氧气吸入体内并运送到各个器官和组织，供人体生命活动的需要。氧运输系统由呼吸系统、血液与心血管系统组成。呼吸系统把氧气吸入体内，氧气进入血液后与血液中的血红蛋白结合，由心脏这个血液循环的动力站不停推动，使血液流遍全身，将氧气送到各个组织和器官。氧运输系统能够保证人体活动对氧的需要。

以下几个指标可以用来衡量氧运输系统功能的强弱。

(1) 肺活量：指做最大可能吸气后做最大可能的呼气呼出的气量。健康成年男性肺活量值为 3 500～4 000 ml，女性为 2 500～3 500 ml。

(2) 血压：指心脏射出的血液在血管内流动时对血管壁的压力。我国健康成年人安静时收缩压为 100～120 mmHg，舒张压为 60～80 mmHg，脉压为 30～40 mmHg。

(3) 最大吸氧量：指人体在剧烈运动时，呼吸和循环系统功能达到最大能力时人体每分钟所能摄取的氧量，即运动时每分钟能够吸入并被身体利用的氧的最大量。普通健康人最大吸氧量为每分钟 2～3 L，而经常锻炼的人或运动员可达 4～5 L，优秀的耐力运动员甚至可达到 6～7 L 以上。

第二节　社会发展与人的健康

现代社会是指以工业发达为标志，政治、经济、科技、文化高度发展的社会。现代社会正面临着深刻的变革，科学技术的现有水平及其不断发展所蕴藏的增长潜力，给人类社会带来巨大的进步，人们在创造和享受物质的同时，精神上也不断更新价值取向。现代社会促进着人的发展，而人的发展又是推动社会现代化的先决条件。因此，了解现代社会是大学生进入社会之前的重要环节。

一、现代社会生活特征

随着科学技术的进步和社会的更加开放，人们的生活环境和劳动条件发生了巨大的变化。劳动过程的机械化、自动化、信息化、智能化等共同构成了人们享受社会生活的物质条件。人们的生产和生活由于现代化的高度发展而日趋效率化和合理化。但社会学研究表明，社会发展可持续化、教育终身化、生产方式集约化、信息传递网络化的趋势和特征，对学校教育改革与发展，对人才培养的方针和途径以及人才如何适应未来社会生活需要提出了新的要求。

二、现代社会带来的挑战与危机

现代社会生活给人们带来方便和舒适，但同时也带来了许多危机和不利的因素，归结起来有五个方面：

（1）面临高科技的挑战：信息时代，大众传媒的覆盖面越来越大，计算机被广泛使用，信息爆炸，人们要不断地取得、挑选和运用这些信息，学会面对崭新的环境。

（2）精神紧张：以自动化为代表的生产方式，使劳动者自身劳动生产的喜悦减少，厌倦感和精神疲劳增加。

（3）面临道德和情感的困惑：以互联网用户构成的现代社会也将成为城市日常生活的主流，办公家庭化、信息个人化又呼吁人应有面对面直接进行情感交流的机会。这种时空的阻断和交流的渴望使人们不可避免地产生道德和情感的困惑。

（4）人类面临生态危机：人口高度集中，居住条件不断改善，与大自然的距离却越来越远。阳光、水、空气这些自然的因素对人的健康是不可缺少的，也是无法替代的。

（5）社会公害问题严重：现代社会中由于利益的驱使，一部分人或损人利己，或知法犯法，或造假贩假，或违法犯罪……这些都给社会生活的稳定繁荣带来负面的影响。

三、现代社会生活方式对人体健康的影响

生活方式是指人们生活活动的形式，是同一定的社会生活条件相适应的、人们生活活动的典型途径及其特征的总和。生活方式的基本结构可分为劳动、社会政治生活、日常生活、教育文化和体育卫生等方面。

现代生产方式的变化，造成了现代人的机体结构和机能（身体、心理）与生活环境之间产生了不平衡。身体活动的机会越来越少，这必然导致体力的下降。一些人随着肥胖程度加大，体能逐渐下降；而另一些人则体质衰弱，成为“亚健康人”。

（一）都市化生活方式对健康的不利影响

（1）城市人口的高度密集，现代化建筑的高空发展趋势，使人与自然越来越远。

（2）城市中的环境污染和周边生态平衡被破坏，导致工业雾、酸雨、沙尘暴、洪灾、旱灾在不同地方时有发生。

（3）家务劳动的社会化，设备的电器化，城市交通和通讯联络工具的

现代化，饮食结构的改善，脂肪和肉类食品的增多以及“运动缺乏、营养过剩”等现象的出现，使高血压、冠心病、神经官能症、肥胖病等现代文明病大大增加。

(4) 现代社会的竞争加剧、生活节奏大大加快，人们经常处于高度紧张状态之中，使人体心理和生理机能发生问题，给生活、家庭和社会带来不良影响。

(5) 现代社会科学技术的发展和都市化的生活方式在提高劳动生产率的同时，也给人带来了一些负面效应。这些负面效应主要体现在生理和心理两个方面。例如，过多的选择使人感到紧张和疲劳；生活文化速率过快使人感到焦虑不安；工作节奏、生活节奏过于紧张使人无暇顾及身体锻炼，造成运动不足；营养结构不合理而导致肥胖病和营养不良等，使人的身体和心理产生病变。

(二) 体育锻炼——现代生活的主要休闲方式

体育锻炼是人们现代生活的主要休闲方式之一。生理学研究发现：体力上的疲劳得以恢复的积极方式是借助轻松的身体运动来促进有机体新陈代谢的过程，从而达到机能恢复的目的。运动心理学研究表明：焦虑和紧张的心理状态会随着身体运动的加强而其强度逐渐降低；激烈的情绪状态往往在体能的消耗中逐渐减弱，最终平静下来。

体育锻炼对减轻生活压力的作用主要表现在以下几个方面：

(1) 释放不良情绪：压力会使不良情绪在体内蓄积，造成紧张和其他不利影响，体育锻炼有助于释放不良情绪，使人的注意力转向其他事情而忘掉失意和压抑。

(2) 提高社会适应能力：体育锻炼内容丰富，活动方式繁多。从无需什么设备、技术到高规格场地设施、专用器材、专门化技术；从个人独立操作到多人共同参与；从健身娱乐到康复竞技等，无论是什么社会阶层、职业、性别、年龄的人，都能从中选出既符合自己的社会地位又能满足自己的兴趣爱好，既适合自己的经济条件又适合自己运动水平的锻炼方式。

第三节　体育运动与身心健康

一、健康的概念

1948 年，世界卫生组织（WHO）首先提出了健康的含义，认为“健康不仅是没有疾病和衰弱，而且是保持身体上、精神上和社会适应方面的完善状态”。1989年，世界卫生组织将健康重新定义为：“心理健康、身体健康、道德健康和社会适应良好。”即一个人只有在躯体健康、心理健康、社会适应良好和道德健康四个方面都健全才能算是完全健康的人。

(1) 躯体健康（生理健康）是指躯体结构和功能正常，具有生活自理能力。

(2) 心理健康是指个体能够正确认识自己，及时调整自己的心态，使心理处于良好状态以适应外界的变化。

(3) 社会适应良好是指个体对社会生活的各种变化，能以良好的思想和行为去适应。

(4) 道德健康是指个体能够按照社会规范的准则和要求来支配行为，能为人类的幸福作贡献。

二、体育锻炼与身体健康

(一) 体育锻炼的健身功能

实践证明，体育锻炼对促进人体发展和增强体质具有重要作用。体育锻炼的健身功能主要有以下几个方面：

小资料

原国际医学联合会主席普罗科教授研究发现，不锻炼的人30岁起身体机能就开始下降，到35岁身体机能相当于最健康时的2/3。而经常锻炼的人到四五十岁身体机能还相当稳定，当他60岁时，心血管系统的功能大约相当于二三十岁不锻炼的人。也就是说，经常锻炼的人比不锻炼的人要年轻20～30岁。

(1) 科学的体育锻炼不仅有利于人体骨骼、肌肉的生长，而且还能改善血液循环系统、呼吸系统、消化系统、排泄系统的机能状况，有利于人体的生长发育，提高抗病能力，增强有机体的适应能力。

(2) 科学的体育锻炼能改善神经系统的调节功能，提高神经系统对人体活动时错综复杂变化的判断能力，并及时做出协调、准确、迅速的反应，使人体适应内外环境的变化，保持机体生命活动的正常进行。

(二) 体育锻炼的健脑功能

随着科技的不断发展，从事脑力劳动的人不断增多。用脑过度会使脑细胞转入抑制状态，如不进行调整，则会导致记忆力减退甚至出现神经官能症而严重影响健康。

科学研究证明，体育锻炼对大脑中枢神经系统有良好的刺激作用，如改善大脑的供氧状况、消除大脑疲劳、提高大脑的工作能力。体育锻炼还能使大脑皮质及时、准确地调动植物性神经系统，使其尽早地进入工作状态，使大脑反应快，自动化程度高，功能加强。

三、体育锻炼与心理健康

体育锻炼不仅会对人的身体产生影响，而且会对人的心理产生影响。

（一）体育锻炼对心理健康具有促进作用

对于一个健康人来说，进行长期科学、适宜的体育锻炼（如有氧练习，力量和灵敏性练习），可以提高人的心理健康水平，降低人的焦虑水平，发展积极的情绪。对于患有心理疾病的人来说，通过长期科学、适宜的体育锻炼能较大程度地改善心理状态。

1. 体育锻炼是控制人类社会进化的有效手段

在社会日益都市化的今天，自然与社会、身与心、形与神的相互联系是社会的需求和时代的追求。几百万年以来，人类身体的发展基本上是一种自然发展，不被人类所控制，而社会的进步、科学的发展，使人类认识到人类进化是可以控制的。体育锻炼就是控制人类社会进化的一种有效手段，体育锻炼不仅是身体和心理的磨炼，更是一种愉悦的享受，它使人身体健康，心情舒畅；它缩小了人类和社会发展的差距，使二者同向发展。

2. 体育锻炼是促进大学生心理良性发展的重要途径

大学生这一群体的文化背景、年龄特征、心理特征、社会角色特征决定了他们心理健康的自身特点。大学生具有较高的智力水平，富有活力，朝气蓬勃，他们在激烈的竞争和完善自我的奋斗中承受着巨大的压力。体育锻炼对缓解压力，消除精神紧张具有重要意义。

（1）体育锻炼具有调节人体紧张情绪的作用，能够改善生理和心理状态，恢复体力和精力。

（2）体育锻炼能增进身体健康，使疲劳的身体得到积极的休息，使人精力充沛地投入学习、工作。

（3）体育锻炼可以使人陶冶性情、保持健康的心态，充分发挥个体的积极性、创造性和自主性，从而提高自信心和价值观，从而使个性在融洽的氛围中获得健康、和谐的发展。

(4) 体育锻炼中的集体项目与竞赛活动可以培养人的团结、协作及集体主义精神。

(二) 体育锻炼对心理疾患具有预防和治疗作用

对于一个健康人来说，长期进行体育锻炼可以促进心理健康，对于一个患心理疾病的人来说，这种效益会更明显。

1. 体育锻炼能减轻焦虑和抑郁

焦虑和抑郁是普通人和精神病患者遇到的最常见的情绪困扰。焦虑患者常常无端地感到心烦意乱，惶惶不安，甚至产生恐惧感，导致正常学习和工作几乎不能进行。

长期坚持的和一次性的有氧练习均可以有效地降低焦虑水平。1991年，彼特鲁茨多等人进行的104项研究表明：20分钟有氧练习可降低焦虑水平。

抑郁症是一种在长期持续的精神刺激因素的作用下导致的精神疾病，是一种情绪异常低落或过分忧伤、抑郁的情绪反应。研究表明，有氧运动有助于降低轻度和中度精神抑郁者的抑郁水平。如果能与心理治疗相结合，比单纯进行体育锻炼能更有效地降低抑郁。体育锻炼既可降低特质性（长期、稳定的）抑郁，也可降低状态性（短期、活动的）抑郁；既可降低正常人的抑郁，又可降低精神病患者的抑郁。

2. 体育锻炼促进性格的形成和发展

18世纪，法国医生兼科学家拉美特里曾说过：有多少种体质，就有多少种性格。心灵随着肉体的进展而进展，就像随着教育程度而进展一样。现代体育的发展进一步证实了前人的观点，它告诉我们：在创造健壮形体的同时，体育也在塑造着和谐的心灵和精神。

体育锻炼可以锻炼意志，而有坚强的意志品质才能坚持锻炼，二者相辅相成、互相促进。体育锻炼是一种欢快的活动，它使人身体健康，心情舒畅，有利于塑造一个愉快、开朗、健康的心灵，促进个性的健康发展。

3. 体育锻炼能培养对自我、家庭、集体、社会的责任感

解剖自我，认识自我，迎接挑战，运动过程就是人的新价值的形成过程，而这种价值积累是其他任何社会教育活动所不可代替的，它具有一种培育人的特殊含义。

体育锻炼丰富多彩的形式使人乐于与他人交往，不仅接受自我，也能接受他人，容纳他人，能认可别人存在的重要性和作用，同时也能为他人所理解，为他人和集体所接受，使人际关系协调和谐，家庭幸福美满。

体育锻炼使人和集体紧紧地融为一体，既能共同享受胜利的快乐，又能

共同分担失败的痛苦，这种气氛能使人产生安全感，对自己的力量充满信心，正确对待生活、学习和工作中的各种困难和挑战，待人接物适当、灵活，对外界刺激不偏颇，能够与社会的步调合拍，也能和社会、集体融为一体。社会学家告诉我们体育运动中传播、宣传的精神、原则、体育道德等，具有很高的社会理想价值，体育锻炼中树立的公正、守法、民主、竞争、协作、团结、友谊、谦虚、诚实等道德观念，是社会不可缺少的规范文化。

第四节　大学生体质健康标准

一、体质的概念

体质的水平反映着人体的质量。它是人体在遗传性和获得性的基础上表现出来的形态结构、生理机能和心理因素方面综合的、相对稳定的特征。其影响因素是多方面的，其中遗传、营养、体育锻炼这三个方面起着重要的作用。在体质的形成和发展过程中，具有明显的个体差异性和个体发展的阶段性。不同人体质的差异，主要表现在形态发育、生理机能、心理状态、身体素质、运动能力以及对环境的适应和对疾病抵抗力等方面。同时，人在不同的生长发育阶段，如儿童期、青少年期、中老年期，体质的状况是不断发展和变化的，既有共同的特征，又有不同年龄阶段的特殊特征。人们可以通过改善物质生活条件、养成健康的生活方式和有目的、有计划、科学地锻炼身体等，来增强和保持良好的体质状态。

二、体质的范畴

（1）身体形态发育水平：体型、姿势、营养状况、体格及身体成分等。

（2）生理机能水平：机体新陈代谢水平以及各器官、系统的工作能力。

（3）身体素质和运动能力发展水平：心肺耐力、柔韧性、肌肉力量和耐力、速度、爆发力、平衡、灵敏、协调、反应等素质及走、跑、跳、投、攀、爬等身体活动能力。

（4）心理发育（或心理发展）水平：机体感知能力、个性、意志等。

（5）适应能力：对内、外环境条件的适应能力、应急能力和对疾病的抵抗力。

以上五个方面的综合状况是否处在相对稳定的状态，决定着人们的不同体质水平。

三、大学生体质健康标准

《大学生体质健康标准》（以下简称《标准》）的贯彻实施，强调的是促进学生身体的正常生长和发育，促进形态机能的全面协调发展，促进身体健康素质的全面提高和激励学生主动自愿参加经常性的身体锻炼。它的实施将促进学生体质测试工作更加科学化、简捷化和实用化；更加符合我国的国情和社会的发展，并更加有针对性。《标准》中选择的测试内容，突出了与学生健康有密切关系的身体成分、心肺循环系统的功能、肌肉的力量和耐力以及柔韧性等，体现了现代社会对健康的具体要求，详细测试评分标准见表 2-4-1 至表 2-4-4。

表 2-4-1　大学男生评分标准（一）

分值 / 项目	优秀				良好			
	成绩	分值	成绩	分值	成绩	分值	成绩	分值
台阶试验	59 以上	20	58～54	17	53～50	16	49～46	15
1000 m 跑	3′39″以下	20	3′40″～3′46″	17	3′47″～4′00″	16	4′01″～4′18″	15
肺活量体重指数	75 以上	15	74～70	13	69～64	12	63～57	11
50 m 跑（秒）	6.8 以下	30	6.9～7.0	26	7.1～7.3	25	7.4～7.7	23
立定跳远（cm）	255 以上	30	254～250	26	249～239	25	238～227	23
坐位体前屈（cm）	18.1 以上	20	18.0～16.0	17	15.9～12.3	16	12.2～8.9	15
握力体重指数	75 以上	20	74～70	17	69～63	16	62～56	15

表 2-4-2　大学男生评分标准（二）

分值 / 项目	及格				不及格	
	成绩	分值	成绩	分值	成绩	分值
台阶试验	45～43	13	42～40	12	39 以下	10
1000 m 跑	4′19″～4′29″	13	4′30″～5′04″	12	5′05″以上	10
肺活量体重指数	56～54	10	53～44	9	43 以下	8
50 m 跑（秒）	7.8～8.0	20	8.1～8.4	18	8.5 以上	15
立定跳远（cm）	226～220	20	219～195	18	194 以下	15
坐位体前屈（cm）	8.8～6.7	13	6.6～0.1	12	0.0 以下	10
握力体重指数	55～51	13	50～41	12	40 以下	10

表 2-4-3　大学女生评分标准（一）

项目＼分值	优秀				良好			
	成绩	分值	成绩	分值	成绩	分值	成绩	分值
台阶试验	56 以上	20	55～52	17	51～48	16	47～44	15
800 m 跑	3′37″以下	20	3′38″～3′45″	17	3′46″～4′00″	16	4′01″～4′19″	15
肺活量体重指数	61 以上	15	60～57	13	56～51	12	50～46	11
50 m 跑（秒）	8.3 以下	30	8.4～8.7	26	8.8～9.1	25	9.2～9.6	23
立定跳远（cm）	196 以下	30	195～187	26	186～178	25	177～166	23
坐位体前屈（cm）	18.1 以上	20	18.0～16.2	17	16.1～13.0	16	12.9～9.0	15
握力体重指数	57 以上	20	56～52	17	51～46	16	45～40	15
仰卧起坐（次/1 分钟）	44 以上	20	43～41	17	40～35	16	34～28	15

表 2-4-4　大学女生评分标准（二）

项目＼分值	及格				不及格	
	成绩	分值	成绩	分值	成绩	分值
台阶试验	43～42	13	41～25	12	24 以下	10
800 m 跑	4′20″～4′30″	13	4′31″～5′03″	12	5′04″以上	10
肺活量体重指数	45～42	10	41～32	9	31 以下	8
50 m 跑（秒）	9.7～9.8	20	9.9～11.0	18	11.1 以上	15
立定跳远（cm）	165～161	20	160～139	18	138 以下	15
坐位体前屈（cm）	8.9～7.8	13	7.7～3.0	12	2.9 以下	10
握力体重指数	39～36	13	35～29	12	28 以下	10
仰卧起坐（次/1 分钟）	27～24	13	23～20	12	19 以下	10

思考题

1. 如何理解“超量恢复”?
2. 举例说明体育锻炼如何打造和改善一个人的能力、气质和性格。
3. 结合未来社会对人才需求谈一谈如何进行体育锻炼。
4. 谈一谈在大学阶段如何形成健康的生活习惯。

第三章　现代社会与体育保健

【学习目标】

1. 掌握体育保健的基本理论知识。
2. 掌握人体在体育运动中的保健规律和措施。
3. 掌握不同性别人群的体育保健特点和要求。

第一节　运动卫生常识

一、体育锻炼的卫生

(一) 定期进行体格检查

为了了解体育锻炼对增强体质的功效，了解运动中身体健康和机能的变化状况，检查锻炼的方法是否正确、运动负荷是否适宜等，人们应定期进行体格检查，从而进一步修订体育锻炼计划和改进锻炼方法。

(二) 运动前要做好准备活动

准备活动是指在体育锻炼或运动训练前进行的一系列身体练习，其目的在于使身体各器官的系统机能迅速进入工作状态。准备活动的作用在于提高中枢神经系统的兴奋性；扩大肌肉、肌腱和关节的活动范围；克服内脏器官机能的惰性，加强心血管和呼吸器官的活动能力，使机体各方面的功能达到适应锻炼或训练的要求，预防或减少肌肉、关节和韧带的损伤。准备活动量的大小和时间的长短，应根据锻炼项目、内容、强度以及季节、气候的不同而有所差异，一般达到微微出汗，身体各大肌肉群、韧带和关节都得到适量的活动，感到灵活、舒适即可。

(三) 运动后要做整理活动

运动结束时，应做些身体放松性练习，这样可使人体更好地从紧张的运动状态逐渐过渡到相对的安静状态。整理活动是促进体力恢复的一种有效措施，因为运动引起身体的一系列生理变化并不会随着运动的停止而同时消失。例如，呼吸和血液循环等机能变化，在运动停止后还会维持在较高的水平上，它们需要有一个恢复过程。同时，通过整理活动，可以改善肌肉的血液循环，使肌肉中血液畅通，有利于偿还氧债，排出二氧化碳和代谢产物，以减轻肌肉酸痛并消除疲劳。

（四）饭后不要做剧烈运动

有些人常常放下饭碗就去打球或从事一些剧烈的运动，这是不符合体育卫生要求的。因为饭后胃肠道已开始紧张的工作，毛细血管开放，大量血液流入消化器官。此时若进行剧烈运动，则大量血液就要流进骨骼肌，使消化机能减弱。长此以往，轻则引起消化不良，重则导致消化道慢性疾病，如胃炎、胃溃疡等。同时，饭后胃内已充满了食物，进行剧烈运动时，由于食物重力和运动的颠簸作用，会牵拉肠系膜，容易引起腹痛。因此，应当避免饭后进行剧烈运动。

（五）运动饮水卫生要求

参加体育锻炼时，人们在大量出汗后如没有及时补充水分，会造成机体缺水，影响正常的生理机能，导致全身无力、口唇发干、精神不振和疲劳等现象。但剧烈运动时和运动后，均不宜一次性大量饮水。否则，会使胃部膨胀，妨碍膈肌的活动，从而影响呼吸，不利于运动。大量饮水还会使血液量增多，增加心脏、肾脏的负担，有碍健康。运动时饮水应以少量、多次为宜，可饮用接近血浆渗透压的淡盐水或富含电解质的运动饮料，以保持体内电解质的平衡。

（六）运动衣着卫生要求

服装能保护人体免受外界环境的各种不良影响。服装的保温性、透气性、吸湿性、溶水性等具有重要的卫生作用。因此，运动时穿的服装要轻便、舒适。经常从事体育锻炼的人，要勤洗、勤换运动衣裤，尤其是内衣裤，以免汗液和细菌污染影响身体健康。

鞋子的尺寸应以合适为原则。鞋号大了，运动不便，容易发生踝关节扭伤；鞋号小了，挤压足部血管，会影响足部正常功能。应选择轻便、富有弹性、具有良好透气性的运动鞋。另外，穿的袜子应当透气良好，吸汗性强，而且干燥、柔软、有弹性。

二、女子运动卫生

（一）青春期的运动卫生

女子在青少年时期，骨盆尚未发育完全，不要过多地进行负荷过大的练习或做过量的负重练习，最好避免采用剧烈震动和引起腹内压升高的身体练习，如从高处跳下、举重和憋气的练习。青春期后期可多从事一些增强腰背肌、腹肌、盆底肌肉的练习和增强上肢力量的练习。由于女子循环系统和呼吸系统机能较差，在体育锻炼中，要掌握适宜的运动负荷，制订适合自己的锻炼计划并选择科学的锻炼方法。

（二）月经期的运动卫生

月经是女子正常的生理现象，身体健康的女子在月经期间不必完全停止体育锻炼。进行适度的体育锻炼不仅可以改善盆腔的血液循环，减轻盆腔充血现象，而且由于腹肌和盆底肌的收缩与放松活动能对子宫起到柔和的按摩作用，有助于经血的排除。但是女子在月经期间参加体育锻炼应注意以下几点：

（1）在月经期间参加体育锻炼，运动量应小一些，锻炼时间也不宜太长，可选择在早晨和课外活动时间做体操、散步、慢跑等运动量较小的活动。应避免从事强度大或震动大的跑跳动作，如快速跑、跨跳等，也不要做使腹内明显增压的憋气和静力性动作，如推铅球、俯卧撑、倒立、收腹等，以免子宫受压、受推而引起经血过多或子宫位置改变。

（2）经期子宫口开放，子宫内膜破裂出血，如果这时参加游泳活动，病菌容易侵入内生殖器官，引起炎症。所以，月经期间不宜游泳。

（3）月经期间要避免寒冷刺激，如冷水浴锻炼，以免发生痛经、闭经或月经淋漓不净等。月经期间也不宜进行日光浴锻炼。

（4）如遇到月经紊乱、痛经等现象发生时，则应暂停体育锻炼。

第二节　自我锻炼内容的选择

一、利用自然力锻炼身体

人体与自然有一个内外环境的统一与平衡问题，也就是说，人体要适应外界自然环境的变化，如日光、空气和水等因素，这是人体健康水平和体质强弱的重要标志。人体不仅要适应外界环境的变化，而且应利用各种自然力进行锻炼，以提高对外界环境的适应能力，增进健康和体质。

（一）日光浴

人体皮肤直接在阳光下照晒，按照一定的要求（如阳光的照晒强度、照晒的顺序和时间等）进行，称之为日光浴。

太阳中的红外线（即热线约占太阳光线的60%）的温热可使人体深层组织的血管扩张，促进血液循环，使心跳有力，呼吸加深，全身的新陈代谢更加旺盛。

太阳光中的紫外线是肉眼看不见的光线，具有很强的杀菌能力，一般病菌在阳光下直射几十分钟即可死亡。紫外线能刺激身体的造血机能，使血液中的红血球数量增多，使皮肤麦角固醇转变为维生素 D，而维生素 D

能促进钙、磷的吸收。因此，日光浴能防治软骨病或佝偻病，促进儿童和青少年的生长发育。紫外线可以使人体皮肤获得健康的黝黑色，皮肤表皮增厚，对外界的机械、化学和温度的抵抗力得到增强，皮肤的屏障作用得到提高。经常坚持日光浴，还能促进人体调节体温的能力。

人们很早就知道阳光对人体的作用，在民间早就流传“太阳不照临，医生常进门”的谚语。

进行日光浴的方法及注意事项如下：

(1) 从事日光浴锻炼，应在适当的气温、风速和阳光强度下进行，要预防感冒和暴晒，夏天也可以先从树荫下开始。

(2) 日光浴可结合在日常生活或其他体育活动中进行。单独进行时，可以同时进行自我按摩。日光浴的照晒时间应逐渐延长，以自我感觉舒适为原则。

(3) 专门的日光浴最好是采取卧式、坐式。如果是斜晒的阳光也可以采取立式。阳光强烈时，可戴草帽，使头部和眼睛不被阳光直照。

(4) 3个月以内的婴儿或者妇女在月经和分娩后1个月以内不宜进行日光浴。病人一般应经医生同意并在医生的指导下进行日光浴，不宜任意进行日光浴锻炼。人们在空腹、饱腹和过度疲劳的情况下也不宜进行日光浴。

(二) 空气浴

空气浴主要是利用气温和皮肤之间的温度差异，形成对人体的刺激，使体温调节机能适应外界温度的变化，以提高其机体活动能力。

平时，皮肤和衣服间的温度应经常保持在27℃～33℃之间，当脱掉衣服后（或冬天穿上单薄的衣服)，外界的空气和气温不断对人体产生新的刺激，人体为了维持体温平衡，通过神经反射作用可改善体温调节机能，提高对外界环境温度变化的适应能力。

在新鲜空气中进行空气浴，由于氧气丰富，阴离子浓度高，能使人体中枢神经系统、新陈代谢、血液循环和呼吸系统的机能增强，提高人体抵抗疾病的能力。有人把空气离子称为“空气维生素”。

空气浴可以结合在日常生活和体育活动中进行。但是，以特定的形式专门进行空气浴锻炼时，应注意以下几点：

(1) 应尽量少穿衣服，在空气新鲜的地方进行。在无风的条件下，根据身体的感觉，空气浴可分为冷空气浴、凉空气浴和暖空气浴。一般应从暖空气浴开始，每天坚持锻炼。

(2) 空气浴的持续时间应严格掌握。在一次空气浴过程中，身体因冷空气的刺激，会出现三个阶段的反应：寒冷、温暖、寒战。当身体出现不自主的寒战时，应立即着衣结束空气浴，或从事体力活动让身体发热，否则，将会产生各种不良反应。

（3）在有大风、大雾和寒流时，不要勉强在室外坚持空气浴。吃饭前后也不宜进行空气浴。发烧病人或其他急性病人以及3个月内的婴儿均不宜进行空气浴。

（三）冷水浴

冷水浴主要是利用水的温度、机械作用和化学作用来锻炼身体。

冷水刺激对神经和心血管系统有良好的作用，可以提高神经系统的兴奋性。冷水刺激皮肤时，在神经系统的支配下，皮肤血管急剧收缩，血管口径变细，大量血液流向内脏和深层组织，内脏血管扩张。但由于神经系统的调节，皮肤血管重新扩张，大量血液又从内脏流向体表。这样，在一次冷水浴中，全身血管经受着一张一缩的锻炼，不仅弹性增加，而且提高了神经系统对心血管系统支配的灵敏性和准确性，所以有人把冷水锻炼称为“血管体操”。经常从事冷水浴锻炼能提高人体对外界气候的适应能力，不易着凉患病。

进行冷水浴应注意以下几点：

（1）应从温暖的季节开始，尽可能坚持每天锻炼。这样随着季节从暖变寒，水温从暖变冷，人体也随之逐渐适应这种变化。每次冷水浴的时间以自我感觉舒适为准。

（2）天冷时也应坚持淋浴（或冲洗），当寒流来时，可缩短冷水浴时间或改变用冷水擦身的方式。采用洗冷水澡或游泳，应经医生进行健康检查后进行，需采取谨慎态度。

（3）冷水浴最好在早晨进行，在身体大量出汗后不宜进行。在冷水浴后应用毛巾擦干、擦暖身体，尤其是冷天和身体感到寒冷时，要把身体擦暖和。

（4）进行冷水浴应从四肢开始，再按顺序过渡到躯体和头部。擦干身体时按相反顺序进行。进行冷水浴时，身体大概经历寒冷期、温暖期和寒战期三个阶段，冷水浴应在寒战期以前结束。

（5）如果条件允许，可把冷水浴和热水浴结合起来进行，这样增大了水温变化对人体的刺激，更利于提高有机体的适应能力，增强血管的弹性。但这要在冷水锻炼的基础上进行。

（6）病人、妇女妊娠期和月经期都不宜进行冷水浴。

利用日光、空气和水等自然力进行锻炼，要遵循循序渐进、量力而行的原则。要注意自我感觉，每次锻炼都要预防感冒。

二、利用作息制度锻炼身体

（一）早操

坚持锻炼的人大都安排在早上进行身体锻炼。主要是由于早上空气比较新鲜，起床后走出房间活动身体，呼吸新鲜空气，吐故纳新，消除一夜睡眠后人体组织中的“淤滞”现象，使整个有机体承受紧张的能力得到增强，焕发出一天劳动（或学习）的情绪，提高效率。

（二）饭后的身体活动

“饭后百步走，活到九十九”是我国民间流传的养生谚语。近来，有的报刊载文对“饭后百步走”提出异议，认为饭前饭后不宜做激烈的身体活动，以保证有足够的血液供给消化系统，充分发挥消化系统的功能。但如果饭前饭后整个有机体处于抑制状态，那就不能保持与提高消化系统的功能。冷谦认为，“食后曲身而坐必病”。因此，在三餐后，如能稍事休息，采取“饭后百步走”的养生方法，就比饭后激烈运动或静坐休息要好。

（三）睡前的身体活动

经过一整天的学习或工作，人体往往已感到疲劳，中枢神经系统反应已迟钝，需要休息和睡眠，但也有由于过于疲劳而失眠的。为了调节精神和有机体内的协调关系，睡前适当做些运动有益于健康和消除疲劳，也有助于提高睡眠质量。

有人在睡前安排身体锻炼和水浴（或擦身），但较多的是做缓和的身体活动。睡前的身体活动一般有：①在室内或室外散步；②打太极拳与练气功；③做头部和全身按摩。

睡前不宜进行引起高度兴奋的活动，活动时间也不宜过长，10～15分钟即可。活动之后，最好用温水泡脚后再就寝，对消除身体疲劳有积极作用。

第三节　常见运动损伤及处理

高校是为国家培养人才的重要基地，运动损伤不仅直接影响学生运动技术水平的提高，而且还妨碍他们的身体健康和正常的学习生活。因此，对大学生运动损伤的预防工作应引起足够的重视。

一、擦伤

（1）损伤机制：擦伤是皮肤受到外力摩擦所致，皮肤组织被擦破出血或有组织液渗出。

（2）处理：大面积皮肤擦伤，应先处理创伤面。一般用双氧水、生理盐水或煮沸晾凉后的盐水，冲洗创伤面，然后敷上磺胺膏或凡士林，并用纱布和绷带包扎。如果创伤面较深，污染较重，应到医院注射破伤风抗毒血清。

二、挫伤

（1）损伤机制：挫伤是外力直接作用于组织、器官，致使软组织损伤。

（2）症状诊断：轻者仅是皮下组织（如肌肉、韧带等）挫伤，重者（如头、胸、腹部等）常因某些器官的损伤而休克。在体育运动中比较常见的是股四头肌和小腿前部损伤。

（3）处理：对挫伤部位先冷敷和加压包扎固定，以利止血。48小时后可进行热敷、按摩、理疗等，还可服用止痛药、活血药等。

三、踝关节外侧韧带损伤

（1）损伤机制：在体育运动中，由于场地不平以及跳起落地时身体失去平衡等原因，运动者的踝关节发生过度内翻（旋后），易引起外侧韧带的过度牵扯、部分断裂或完全断裂。踝关节的反复扭伤可导致创伤性骨关节病。

（2）症状诊断：伤后踝关节外侧疼痛、迅速肿胀，并逐渐延及踝关节前部，足距腓前韧带撕裂，关节普遍出现肿胀。韧带和关节囊撕裂后，局部皮下淤血，伤后2～3天，淤血青紫现象明显。

（3）处理：在现场急救时，立即用拇指压迫痛点止血，同时做强迫内翻试验和踝抽屉试验，检查韧带是否完全断裂。用氯乙烷喷射伤处可加快止血，然后加压包扎，并抬高肢体。24小时以后，根据伤情选用新伤药外敷、理疗、针灸、按摩、药物痛点注射及加绷带固定等，并应及早练习踝关节功能。对伤势较重者，可采用石膏管型固定。韧带完全断裂者，经急救固定后送至医院作进一步治疗。

四、膝关节内侧副韧带损伤

（1）损伤机制：内侧副韧带损伤是由膝关节突然外翻所致，即在屈膝状态（130°～150°），小腿突然外展外旋，或脚与小腿固定，大腿突然内收内旋。

（2）症状诊断：伤后膝内侧剧痛，片刻后可减轻，随后疼痛逐渐加重。若内侧副韧带撕裂，则出现皮下淤血，如深层断裂或伴有半月板或十字韧带损伤，则膝关节出现血肿，局部压痛，常以股骨附着处压痛较明显。

(3) 处理：患者伤后立即用氯乙烷喷射或用冰袋局部冷敷，然后用棉花夹板包扎固定或做加压包扎，并抬高肢体以减少出血、肿胀。24小时后，拆除包扎固定，根据伤情外敷、痛点注射、理疗按摩等，但按摩或热疗只施于伤部周围，3天后才可用于伤部。韧带完全断裂者，应在临时固定后送医院进一步处理。

五、急性腰扭伤

(1) 损伤机制：重力超过躯干一时所能承担的重量，脊柱运动一时超越了正常的生理范围，当技术动作错误或身体疲劳时更易发生。有时在无精神准备的情况下，某些日常小动作如弯腰拾物、扫地、打喷嚏等，也可引起“闪腰”。

(2) 症状诊断：症状轻者在受伤时常无疼痛感，运动结束后会立即感到疼痛。有的在受伤瞬间感到像“断了腰”似的或听到响声，疼痛也较剧烈。

(3) 处理：急性扭伤后，一般需卧板床休息，腰后垫上一小枕头，使韧带、肌肉处于松弛状态。可选用针灸、封闭、外贴膏药和按摩等方法，其中按摩对腰扭伤有较好的治疗效果。

六、肩袖损伤

(1) 损伤机制：由于肩关节反复旋转或超常活动，引起肩袖肌腱和肩峰下滑囊受到肱骨头与肩峰或喙肩韧带的不断挤压、摩擦和牵扯所致。

(2) 症状诊断：急性肩袖损伤后，疼痛多在肩外侧，部分病例疼痛向三角肌止点或颈部放射，不少病人肩痛夜间加剧。

(3) 处理：急性损伤时疼痛较剧烈，应将上臂外展30°固定并休息，以减少肌肉活动而减轻疼痛。用普鲁卡因或与强的松龙混合液进行痛点注射，针灸、理疗和按摩等方法均可采用。若肌腱完全断裂者，应送医院处理。

七、肘关节内侧软组织损伤

(1) 损伤机制：任何使手腕屈肌群及前臂旋前圆肌突然猛烈收缩和过度牵扯，或肘关节突然外展、过伸，都可以引起内侧屈肌及旋前圆肌或内侧副韧带和关节囊的损伤。肘关节的突然过伸也可引起前部关节囊拉伤及后部滑膜的挤压伤。

(2) 症状诊断：肘内侧疼痛，肘关节屈伸运动受限，局部微肿。若组织断裂，会出现皮下淤斑，并且关节肿胀明显，轮廓不清。慢性病例常在准备活动后疼痛消失，重复受伤动作时疼痛，在完成动作时出现“软肘”现象。

(3) 处理：急性损伤时，局部立即用氯乙烷喷射或用冰袋进行冷敷，然后加压包扎，并于屈肘 90°使用三角巾悬吊固定。伤后 24 小时，可外敷新伤药、理疗或用普鲁卡因与强的松龙混合液进行痛点注射等。

八、腕舟骨骨折

(1) 损伤机制：腕背部桡侧直接受到暴力攻击而引起骨折者甚为少见。常由传达暴力所致，凡暴力使关节极度背伸桡偏时，腕背伸的冲击暴力向上传递，舟骨被锐利的桡骨远端关节面的背侧缘或茎突切断。舟骨骨折多发生于跌倒用手掌触地时。

(2) 症状诊断：新鲜舟骨骨折时，腕部出现红、肿、热、痛及功能障碍等一系列类似关节扭伤时的急性征象，舟骨骨折时的肿胀和压痛以鼻烟窝处最为明显，腕关节背伸桡偏时疼痛加剧。叩击第二、三掌骨头部时，患者自觉腕部桡侧有剧烈疼痛；拇指沿纵轴向腕部推压时，舟骨处出现疼痛（轴心挤压痛）。

(3) 处理：新鲜骨折均需固定，一般采用短臂石膏管型固定或小夹板固定的方法治疗。骨折不愈合或已有骨折片坏死的陈旧性舟骨骨折，常需手术治疗。

九、脑震荡

(1) 损伤机制：头部受到暴力打击，伤后立即发生一时性的意识障碍。在运动中，当头部被湿的足球、棒球打击或在体操运动中从高处跌下时头部撞地等，都可能发生脑震荡。

(2) 症状诊断：患者出现意识障碍，但一般程度都较轻，会出现意识一时性丧失（昏迷）或神情恍惚等情况。患者出现逆行性健忘，即意识清醒后不能回忆受伤时的情况及受伤的经过，但对受伤以前的事能清楚地回忆。伤后数日内会出现较明显的头痛、头晕，之后症状会逐渐减轻。若情绪紧张，活动头部或变换体位时，症状会加重。

(3) 处理：急救时让伤员保持平卧、安静，不可坐起或立起。冷敷头部、保暖身体。若昏迷可指掐人中、内关穴，当呼吸发生障碍时，用人工呼吸。重症者，应立即送往医院。

十、中暑

(1) 损伤机制：在高温或高热环境中长时间工作，或在湿度高、通风不良的环境中进行体育锻炼，头部因缺乏保护而被烈日直接照射等情况均可导致中暑。

（2）症状诊断：长时间在高湿环境中，人体因出汗过多，会出现头晕、头痛、呕吐等症状，甚至引起热衰竭。此外，太阳的长时间直接照射还可引起脑膜充血和脑组织损伤。

（3）处理：应迅速使患者脱离热环境，到阴凉通风处休息，并采取降温、消暑措施，如解开衣扣，喝清凉饮料，服用人丹、十滴水或藿香正气水等防暑药物。

第四节　康复体育

康复体育是针对各种原因引起的生理缺陷、伤残和疾病所造成的身体整体或局部的机能（永久性或暂时性）障碍者的体育运动；是以人体主动运动的方式，通过各种身体练习，充分发挥机体内在的潜力，改善和提高自身的机能，治疗疾病，康复身体的过程。康复体育的目的在于改善和恢复人体障碍部分的正常功能，增强体质，增进健康，以达到富有成效地进行社会生活和经济生活的水平。

小资料

①损伤：指心理、生理或解剖结构功能上的损失和异常。

②伤残：指由于损伤而造成正常方式或在正常范围内进行活动的能力的缺损。

③残疾：指由于损伤或伤残而限制、妨碍一个人实施正常职能（取决于年龄、性别、社会和文化等因素）的某种缺损。

大学生中，肢体残缺者甚少，慢性病、常见病（如心血管疾病、肝病、肺病、肾病、胃肠病、眼病等）却屡见不鲜。这些患者应当是康复的对象。因此，康复是高校体育卫生工作的重要组成部分。

一、康复体育的对象

（1）伤残者：有一定生理缺陷或入学时和在校期间因各种原因造成的伤残者。他们能够坚持正常学习并具有独立生活能力，完全不能或部分不能参加普通学生的体育活动；或虽能进行一些体育活动，但感到很困难、非常勉强，要承受极大的生理和心理负担（不包括体质较弱的学生）。

（2）慢性病患者：患病期间或患病后的恢复阶段，暂不宜进行正常体育活动者。

（3）由于某种疾病，长期不能参加正常体育活动者。

（4）患某种常见病如近视、轻度神经衰弱或其他轻度神经系统疾病者，可以参加正常的体育活动，但需要实施体育医疗等。

二、康复体育的任务

康复体育是学校体育的一部分，其目标与学校体育的总目标是一致的。但由于实施的对象不同，所以康复体育有自己的特点，其具体任务是：掌握一些体育医疗方法，能自主地、独立地进行康复活动；促进身体机能的恢复和完善，增进健康，全面发展身体；消除康复过程的心理障碍，培养战胜疾病的心理品质。

三、康复体育锻炼的基本方法

（一）身体的全面活动

全面锻炼既包括身体各部位的活动，也包括对内脏器官系统施以全面的影响。对于一般疾病，多数属于身体某一器官产生的机能障碍。人体是各器官系统相互联系、相互协调、又相互制约的统一整体。从一定意义上说，个别器官的疾病是局部机体的疾病。任何一个器官的病变，都会导致其他器官、系统功能的异常，对整个机体产生不好的影响。同样，整个机体机能的增强，也会促进患病器官机能的恢复。因此，要注意身体的全面锻炼。

（二）加强患病部位的功能锻炼

由于疾病使身体相应部位出现运动障碍和机能障碍，致使人们不得不减少或停止患部乃至整个机体的正常活动。长此以往，患病部位就自然成为新陈代谢的薄弱环节，影响营养物质的供给，不利于疾病的恢复。因此，要加强患部的活动，以补偿正常活动的不足，改善代谢过程，促进机能的恢复，使患病部位尽早康复。

（三）康复锻炼与其他治疗手段相结合

康复体育锻炼是一种有效的运动疗法，它的作用与疾病的种类、病史、病情、功能障碍程度以及个人的体质、心理状况等因素有关。因此，康复体育活动有必要与其他治疗手段和必要的休养相配合，以增加恢复的功效。

（四）要有针对性地实施运动处方

不同疾病导致的功能障碍的性质不同。因此，有针对性地采取适合的锻炼手段，才是收到良好成效的关键。如肢体运动功能障碍，可选用肢体的各种主动运动进行功能锻炼，神经系统的疾病可采用“气功”疗法等。

（五）康复体育锻炼强调个体活动的主动性、连续性

由于康复锻炼主要针对于患者的患病部位，而此处有时是患者锻炼的薄弱环节，这样往往会使患者丧失锻炼的主观性。因此，应当强调个体活动，并注意启发和培养活动的主动性。俗话说“心诚则灵”，就是强调主观意识的作用。强烈的康复欲望，坚定的信心、毅力和参加活动的主动性是取得良好康复效果的精神条件。

另一方面，要做到康复体育活动的连续性。疾病的康复是一个较漫长的机能恢复过程，绝非一朝一夕所能奏效的。对待疾病，要有“既来之，则安之”的稳定情绪，并要遵循人体活动的生理规律，把康复体育作为日常的主要活动，循序渐进、持之以恒。

四、体育锻炼对疾病的预防和康复作用

（一）改善血液循环和心脏功能，防止心血管系统疾病的发生

1．预防高血压

健身锻炼可以降低交感神经过度的兴奋性，提高迷走神经的紧张度，降低小动脉平滑肌的敏感性。因而，可以改变动脉痉挛的倾向，预防疾病的发生。调查表明，经常参加体育锻炼的人血压一般稍低于普通人。已有初期高血压者，经过谨慎的慢跑锻炼，也可以取得降低血压和减轻症状的效果。

2．预防高血脂、血栓和动脉硬化

长期坚持系统的长跑，能改善脂质代谢，有助于消除血液中甘油三酯、胆固醇、低密度脂蛋白和各种代谢毒素，使脂质不容易在血管壁沉积，预防血内脂质过高。已有血清胆固醇过高者，经跑步锻炼后，血脂可下降。长期跑步者，血清甘油三酯的浓度比普通人少一半，且大分子中较黏稠的脂蛋白的浓度也稍低于不跑步者。

3．预防冠心病

健身锻炼可以提高心脏功能。以跑步为例，跑步锻炼能加速全身的血液循环，改善心肌的供血状况，使冠状动脉保持良好的血液循环，使心肌得到更多的营养物质，使心肌纤维变粗、心壁增厚、心脏容积增加、心肌发达收缩力量加强。同时，使冠状动脉不因年龄增长而缩窄，保证有足够的血流供给心肌，从而达到预防冠心病的目的。

4．预防脑中风

长期坚持有氧耐力性运动的人，可以使肌肉得到充分活动，特别是下肢肌肉的不断收缩和放松，能够促进静脉血的快速回流，加快血液循环，

减少下肢动脉和盆腔淤血，从而预防静脉内血栓的形成。同时，还可以加快全身的血液流通，调整全身的血流分布，消除淤血现象，而且还能提高血液纤维蛋白的溶解活性，防止血液内纤维蛋白凝固，对预防脑血栓的形成、器官淤血及血栓性静脉炎均有重要作用。

(二) 增强肌肉力量，延缓骨质疏松

适宜的健身锻炼可延缓骨骼系统的衰老，防止老年性骨质疏松的发生。进行体育锻炼时，肢体不断地移动，肌肉急剧地收缩，可强有力地牵拉附着的骨骼，刺激骨细胞的生成，使骨质生成增多、丢失减少。如果长期进行适宜的有氧运动，能够增加肌肉蛋白质及糖原的储备量，使肌纤维变得粗壮而坚韧有力，延缓肌肉的萎缩，推迟肌肉、骨骼组织细胞的衰老。同时，还能增强骨骼的密度，有效地防止钙损失，防止骨质疏松，从而极大地改善人体运动器官的功能。

(三) 预防神经衰弱

经常参加健身锻炼，可提高神经细胞的反应性和灵活性，使人的思维敏捷，动作准确、灵活，大脑的指挥功能熟练稳定。此外，还能促进良好的睡眠，提高机体的免疫功能，增强心肌的功能，加快血液的流速，从而大大改善大脑、心脏本身和全身的血液循环，促进消化器官功能，加快新陈代谢的进行，使人的体质健壮，精力充沛，从而减少神经衰弱等慢性病的发生。

美国有研究发现，体育锻炼有助于推迟和减轻衰老过程中出现的大脑迟钝、记忆力降低等现象。

(四) 有利于糖尿病的预防和康复

有规律性地长期运动有利于糖尿病患者的康复。其作用机理包括：体力活动增加能量消耗，使骨骼肌摄取葡萄糖的能力加强，使葡萄糖转运蛋白，特别是在血浆和骨骼肌中的葡萄糖转运蛋白水平增加，从而使糖原合成酶和葡萄糖的非氧化释放增加。有研究报道，随着年龄增长，活跃者发生糖尿病的风险比静态生活者约小20%或更多，运动的保护作用在易感Ⅱ型糖尿病的肥胖人群中表现更强；运动对Ⅰ型糖尿病可能是重要的治疗手段，对Ⅱ型糖尿病有积极的预防作用。有调查表明，运动可以减少血液中的糖分，并增加血液中胰岛素的产生。

(五) 有利于癌症的预防和康复

研究显示，部分癌症的发生与运动不足有关。如直肠癌患者在工业化国家人数较多。在农村地区，人们体力活动较多，直肠癌患者较少。经常进行体育锻炼的妇女比总爱坐着的妇女，患乳腺癌的几率小得多。喜爱运动的男子比那些不运动的男子患前列腺炎的几率要小。

（六）有利于肥胖症的预防和治疗

运动在消耗热量和促进新陈代谢的同时，不仅可以减轻体重，而且可以使肌肉代替脂肪。耐力性运动可导致脂代谢产生适应性变化，既可提高脂肪供给能力，又有利于降低血脂。研究表明，长期坚持慢跑、爬山等运动，能强有力地促进新陈代谢，使脂肪分解加强，合成代谢减弱，消耗大量能量，引起体内糖原大量分解，最终使糖供给的比例减少10%左右，而更多地摄取与利用血浆游离脂肪酸，从而减少脂肪，达到减少体脂、控制肥胖的目的。据实验统计，如果以基础代谢率作为1，则跑步的能量代谢率与基础代谢率的比为30～200：1，正常人用全力跑400m，约消耗能量418 J（100cal），慢跑5 000m，约消耗1 881 J（450 cal），相当于普通人一天能量供给的1/5。

五、康复体育的组织形式

康复体育作为一个系统工程，其组织形式应当是多种多样的。

（1）与普通学生同班上课，但根据患病情况，要个别对待，安排适宜的内容或减小运动量，提出与普通学生不同的要求。

（2）举办各种专项保健学习班，针对某种常见病，组织康复锻炼。如近视眼矫正保健班等。

（3）设置保健体育课。在教师的指导下进行，根据对象特点，选择适宜的内容，有计划、有组织地进行教学并进行考核。

（4）建立康复体育中心。课余时间，自愿参加，请专人指导，强调个体主动锻炼，开展经常性的康复体育活动。

（5）组织讲座，进行卫生保健和疾病防治教育等。

思考题

1. 为什么运动前要做准备活动，运动后要做整理活动？
2. 试述膝关节内侧副韧带损伤机制、症状诊断及处理。
3. 如何利用自然力锻炼身体？
4. 怎样利用作息制度锻炼身体？
5. 什么是康复体育？体育锻炼对疾病的预防与康复有哪些作用？

第四章　奥林匹克运动

【学习目标】

1. 了解古代和近代奥运会产生、发展的过程。
2. 掌握奥林匹克文化知识，充分理解北京奥运会三大理念的内涵。

第一节　古代奥林匹克运动

古代奥运会起源于何时说法不一，但大多数学者认为古代奥林匹克运动会起源于公元前776年有文字记载的第1届奥运会。每4年在夏天举办一次，至公元393年，共举办了293届，历时1 169年，经过了产生、发展和衰落的几个阶段。

一、古代奥运会的产生和发展与当时的自然环境有关

古希腊位于巴尔干半岛南端的欧、亚、非三大洲交接处。优越的地理位置使古希腊成为多种文化的交汇之处，并因此加快了社会发展的进程，在科学、文化、艺术和体育等领域里为人类作出了卓越贡献，成为西方文明的发祥地。这些自然条件在相当程度上决定了希腊民族的生活方式，陶冶了希腊民族的性情。温和舒适的气候使希腊人以户外运动为乐趣，造就了希腊人喜欢户外体育活动的习惯和崇尚自然的审美情趣；与大海为伴的生活又养成了希腊人心胸开阔、思变好动和敢于冒险、勇于竞争的性格；背山面海的地理环境促使古希腊人的自然观朝着重现实主义的价值观和重科学、重理性的方向发展。因此，古希腊人对待自然的态度是既钦佩、畏惧又带有征服欲，且以征服欲占上风。可见，古希腊人性格中的征服欲因素是促使竞技运动产生并发展的重要原因。

二、宗教习俗是古奥运会产生和发展的另一原因

古奥运会是一种泛希腊的宗教庆典，它与宗教习俗活动关系密切。古希腊宗教具有泛神论的性质，有如下三个特点：一是对奥林匹斯山诸神的膜拜；二是有一套独特的祭祀制度；三是有丰富的宗教神话传说。在古希腊，宗教构成了城邦生活的一个部分，具有明显的世俗性质。

《荷马史诗》曾记载了许多祭祀竞技活动，项目涉及战车赛、拳击、摔

跤、赛跑、掷铁饼、投标枪、格斗、射箭、翻筋斗、球戏、游泳、跳水等。

小资料

希腊人认为，奥林匹斯山上有一个神的天国，居住着12位巨神，维护着天地间的秩序。宙斯是诸神之主。主宰人间天上的一切，享有至高无上的权威，其他众神也都具有超人的权能、智慧和法术。人们只有同他们建立恰当、和善的关系，才有利于生存。于是，人们就用祭神的方式，顶礼膜拜，向神灵表示虔诚，祈求宙斯及诸神的保佑。因此，在祭坛前向神灵献上技艺，展示自己的健力美，以博取诸神的欢心，便成为虔诚的宗教祭祀。

三、奴隶制度促使古奥运会产生与发展

公元前9至公元前8世纪，希腊氏族社会逐步瓦解，城邦制的奴隶社会逐渐形成，建立了二百多个奴隶制城邦，大小城邦都独立自主。整个希腊没有统一的国家，城邦间的战争不断。各种竞技运动赛会成为各城邦显示自己优越性的一种方式，受到各城邦的普遍重视。随着奴隶制度的确立和巩固，希腊经济迅速发展，手工业发达，商业繁荣。初期的商品经济，要求打破城邦界限，进行经济、文化等方面的交流。这就为各城邦共同的社会活动，包括祭祀庆典、竞技运动，提供了良好的社会环境。古希腊的城邦奴隶制为古代文化的繁荣，即为希腊文化创造了条件。因此，希腊的城邦奴隶制是古希腊奥运会产生的社会根源。

四、频繁战争与神圣休战促进了古奥运会的产生与发展

古希腊数百个各自独立的城邦，从未牢固地团结在一个统一的政治体系中，城邦之间经常兵戎相见，战争频繁。因此，战争对古希腊人的生活有很大的影响，战争要求希腊人具有强悍的体格和敏捷的行动能力，古希腊城邦采用各种方法培养符合战争需要的人，希腊人的尚武精神使他们把体育锻炼当作头等大事。尽管各城邦体育制度各有不同，但准备战争都有共同的目的。

人们厌恶战争，渴望和平。古希腊在奥运会举办期间，以神的名义实行休战，以达到减少战争、摆脱灾难的目的。每逢奥运会举办前数月，伊利斯城邦就派出三名使者，头戴橄榄枝编就的桂冠，手持节杖前往各城邦，宣布“奥林匹克休战（Olympic truce）”开始。神圣休战一经宣布，整个伊

利斯城邦成为宗教圣地，禁止任何军事行动，也禁止人们带武器进入，通往奥林匹亚的所有道路畅通无阻，任何人不得拦阻。神圣休战使古奥运会摆脱战争的干扰，成为和平友谊的盛会，体现了古希腊人渴望和平的意愿，这一传统使古奥运会得以延续和发展。

五、斯巴达、雅典的教育制度推动了古奥运会的发展

古希腊人的教育思想及其对人体的审美情趣，对古希腊奥运会的产生及传统和精神的形成有重要影响，古希腊各城邦具有代表性的教育制度是斯巴达和雅典的教育制度。

斯巴达教育制度萌芽于公元前12世纪，形成于公元前9世纪，斯巴达教育的唯一目的就是要通过严酷的军事体育操练，把氏族贵族的子弟训练成体格强壮的武士，也就是对奴隶残酷暴虐，对氏族贵族服帖恭顺，能死心塌地为维护贵族的利益而效力的人。

建立在奴隶主民主制基础上的雅典教育与斯巴达有很大的不同，它不仅力图将奴隶主的子弟训练成身强力壮的武士，还要培养他们成为有知识的社会活动家。雅典教育更注重人的身心和谐发展。尽管这两种教育体系有很大不同，但体育在其中都占有很重要的地位。

六、古奥运会的衰落

公元前2世纪，罗马征服了希腊，闻名于世的古代奥运会走向全面衰落。公元4世纪末，统治了希腊的罗马皇帝狄奥多西一世宣布立基督教为国教。因此，把祭祀宙斯神的古代奥运会当作是异教活动。为了维护罗马对希腊的统治，为了巩固基督教的地位，公元394年，狄奥多西一世下令终止了古代奥运会。古代奥运会共举办了293届，历时1 169年。

第二节　现代奥林匹克运动

一、三大思想文化运动为奥林匹克运动的兴起奠定了思想基础

14至18世纪，欧洲大陆出现了三次大规模的思想文化运动，即文艺复兴、宗教改革和启蒙运动。三大思想文化运动砸开了中世纪束缚人们思想的封建枷锁，扫清了资本主义发展道路上的主要思想障碍，迎来了思想解放、人才辈出和科学繁荣的时期，适应新的生产力发展和新生产关系需要

的新的思想文化和新的科学艺术纷纷产生，新的体育思想——近代体育思想也应运而生。

三大思想文化运动中产生的一大批伟大人物与欧洲中世纪黑暗的基督教禁欲主义针锋相对，他们痛斥禁欲主义违反人性，指出人的欲望是正当的人生目的，认为必须在灵魂和肉体之间建立和谐，主张身体和精神的统一，注重身体的均衡与协调发展，重视身体的健康和健美，使人们重新发现了体育的价值，认识到只有身体健康才能享受到人生的快乐。这种思想的兴起确立，使传统的道德标准和美与丑的观念发生了根本变化，为奥林匹克运动的兴起奠定了思想基础。

二、工业革命和资产阶级的教育方式为奥林匹克运动的兴起提供了适宜的土壤

资本主义工业革命给人类社会带来了一系列深刻的变革，它推动了近代自然科学的发展，使近代体育有了雄厚的经济基础，促使体育获得了更强的生命力。由于工业化社会中的生产和生活方式给人的生理、心理带来了一系列严峻的挑战，促使人们努力寻求新的、理想的生活方式，对身体活动有了新的认识。人们开始把注意力转向改善人的身体本身，体育因而成为一种新的社会需要而得到进一步发展。

从文艺复兴时代起，资产阶级的教育家就把体育作为培养人才的重要手段加以大力提倡，不仅恢复了古希腊的体育制度，还进一步制定了锻炼身体的各种措施，积极研究各种运动方法，努力让学生的身体得到全面发展。体育已成为一项重要的、不可缺少的教育活动。捷克教育家夸美纽斯按照资产阶级的教育要求，对学校体育进行了系统的论述，并将体育以较成熟的形式引入到学校教育之中，他主张学校应设宽敞的运动场，应开展广泛的体育活动，鼓励学生通过参加体育活动使身心健康发展。夸美纽斯为学校体育的发展作出了重要贡献，被誉为“学校体育之父”。

三、顾拜旦的伟大贡献

法国教育家顾拜旦是公认的现代奥林匹克创始人，他为奥林匹克运动的诞生和发展作出了卓越贡献。他生于1863年1月1日，大学毕业后投身于法国的教育改革。1888年，顾拜旦就任法国学校教育、体育训练筹备委员会秘书长。他曾去希腊雅典对古代奥运会遗址进行过考察和研究，他认为近代体育的发展正在走向国际化，应该借助古希腊体育的经验和传统影响来推进国际体育，于是产生了复兴奥运会的想法。

1891年，顾拜旦创办《体育评论》杂志，以此为阵地热情宣传他的主

张，对创办奥运会起了积极的推动作用。1892 年，顾拜旦遍访欧洲宣传奥林匹克理想。同年 11 月 25 日，他在索波大学（今巴黎大学）召开“恢复奥林匹克运动会”的会议。在这次会议上，他发表了著名的演说，第一次公开和正式地提出创办现代奥运会的倡议。在演说中，顾拜旦阐明：现代奥运会应该像古代奥运会那样，以团结、和平和友谊为宗旨，但应该比古代奥运会有所发展和创新，它应该向一切国家、地区和民族开放，并在世界各地轮流举办。顾拜旦的倡议使现代奥运会从一开始便冲破民族和国家界限，具有鲜明的国际性。

1894 年 6 月 16 日至 6 月 24 日，根据顾拜旦的建议，来自希腊等 12 个国家和地区的 39 个体育组织的代表，参加了在巴黎索邦神学院举行的国际体育运动代表大会。此次会议通过了成立国际奥委会的决议，选出 15 人任第 1 届国际奥委会委员。大会还决定由奥运会举办国的国际奥委会委员担任国际奥委会主席，顾拜旦任秘书长。大会规定每四年举行一次奥运会，通过了遵循“业余运动”的决议。奥林匹克运动终于登上历史舞台，揭开了人类文明史上又一页新的篇章。

四、夏季奥林匹克运动会和冬季奥林匹克运动会

（一）夏季奥林匹克运动会

第 1 届夏季奥运会于 1896 年 4 月 6 日至 15 日在雅典隆重举行，以后每四年举办一次，如因故不能举行，届数仍然照算。自 1896 年在希腊雅典举行第 1 届起，到 2004 年雅典奥运会止，共 28 届。由于两次世界大战导致 1916 年第 6 届、1940 年第 12 届和 1944 年第 13 届没有按期举行，实际上只举办了 25 届。

从 1932 年洛杉矶第 10 届夏季奥运会后，国际奥委会规定：奥运会举办时间不得超过 16 天，包括开、闭幕式在内，从而结束了以前那种“马拉松”式的奥运会。夏季奥运会比赛已经发展到 28 种运动项目，即①田径；②游泳、跳水、水球、花样游泳；③体操、艺术体操、蹦床；④足球；⑤篮球；⑥排球、沙滩排球；⑦手球；⑧垒球；⑨棒球；⑩曲棍球；⑪自行车；⑫射击；⑬射箭：⑭击剑；⑮乒乓球；⑯羽毛球；⑰网球；⑱举重；⑲柔道；⑳拳击；㉑摔跤；㉒跆拳道；㉓帆船；㉔赛艇；㉕皮划艇；㉖马术；㉗现代五项；㉘铁人三项。夏季奥运会比赛项目必须包括至少 15 个运动大项。历届夏季奥运会比赛情况见表 4-2-1。

表 4-2-1　历届夏季奥运会基本情况

届次	年代	地点	参赛国家和地区	小项	参赛运动员总数/女运动员数
1	1896 年	希腊雅典	14	43	241/0
2	1900 年	法国巴黎	24	95	1225/19
3	1904 年	美国圣路易斯	13	91	689/8
4	1908 年	英国伦敦	22	110	2035/36
5	1912 年	瑞典斯德哥尔摩	28	102	2547/57
6	1916 年	因第一次世界大战停办			
7	1920 年	比利时安特卫普	29	154	2669/78
8	1924 年	法国巴黎	44	126	3092/136
9	1928 年	荷兰阿姆斯特丹	46	109	3014/290
10	1932 年	美国洛杉矶	37	117	1408/127
11	1936 年	德国柏林	49	129	4066/328
12	1940 年	因第二次世界大战停办			
13	1944 年	因第二次世界大战停办			
14	1948 年	英国伦敦	59	136	4099/385
15	1952 年	芬兰赫尔辛基	69	149	4925/518
16	1956 年	澳大利亚墨尔本	67	145	3184/371
		瑞典斯德哥尔摩（马术比赛）	29	6	159
17	1960 年	意大利罗马	83	150	3548/610
18	1964 年	日本东京	93	163	5140/683
19	1968 年	墨西哥墨西哥城	112	172	5530/780
20	1972 年	德国慕尼黑	121	172	7123/1058
21	1976 年	加拿大蒙特利尔	92	198	6028/1247
22	1980 年	苏联莫斯科	80	203	5217/1125
23	1984 年	美国洛杉矶	140	221	6797/1567
24	1988 年	韩国汉城	159	237	8465/2186

续表

届次	年代	地点	参赛国家和地区	小项	参赛运动员总数/女运动员数
25	1992 年	西班牙巴塞罗那	169	257	9367/2708
26	1996 年	美国亚特兰大	197	271	10318/3215
27	2000 年	澳大利亚悉尼	199	300	10651/4069
28	2004 年	希腊雅典	201	301	11099/4524
29	2008 年	中国北京	204	302	11438

奥运会各项比赛的优胜者只能获得精神上的奖励：前 3 名各获奖章一枚，第 1 名为银质镀金奖章，第 2 名为银质奖章，第 3 名为钢质奖章，第 4～8 名只授予奖状。国际奥委会强调，奥运会的比赛只是运动员或运动队之间的竞技，不是国与国之间的较量，因此不正式公布团体名次。

1896 年第 1 届奥运会，希腊人仍沿袭其祖先旧制，拒女性于奥运会门外。1900 年第 2 届奥运会，女性首次获准参加奥运会，虽仅 19 人，但为女性进入世界体坛开创了先例。

奥运会由一个国家的城市而不是由这个国家承办。一个国家可以有几个城市同时提出申请，如无特殊情况，国际奥委会最迟须在 6 年前选定举办地点。

（二）冬季奥林匹克运动会

1921 年，国际奥委会通过决议，在 1924 年于法国夏蒙尼举行“1924 年国际运动周（International Sports Week 1924）”，以作为巴黎第 8 届奥运会的相关节目，内容全部都是冬季运动。

没有想到这个国际运动周大受欢迎，国际奥委会在 1926 年，也就是国际运动周举办完之后两年，才在里斯本第 25 届年会中决定追溯这次的国际运动周为第 1 届冬季奥运会，并且决议今后每四年举办一次冬季奥运会，时间与夏季奥运会同一年。

夏蒙尼冬季奥运会于 1924 年 1 月 25 日开幕，2 月 5 日闭幕。现代冬季奥运会比赛已经发展到 17 种运动项目，即①冰球；②雪橇、雪车、无舵雪橇；③冰橇；④冰上溜石；⑤滑冰；⑥短路道速度滑冰；⑦速度滑冰；⑧花样滑冰、单人滑、双人滑、冰上舞蹈；⑨滑雪；⑩滑板滑雪；⑪越野滑雪；⑫速度滑雪；⑬跳台滑雪；⑭高山滑雪；⑮自由式滑雪；⑯现代冬季两项；⑰北欧两项。历届冬季奥运会比赛情况见表 4-2-2。

表 4-2-2 历届冬季奥运会基本情况

届次	年代	地点	参赛国家和地区	小项	参赛运动员总数/女运动员数
1	1924 年	法国夏蒙尼	16	16	258/13
2	1928 年	瑞士圣莫里茨	25	14	464/26
3	1932 年	美国普莱西德湖	17	14	252/21
4	1936 年	德国加米施-帕滕基兴	28	17	668/80
5	1948 年	瑞士圣莫里茨	28	22	669/77
6	1952 年	挪威奥斯陆	30	22	694/109
7	1956 年	意大利科蒂纳丹佩佐	32	24	820/132
8	1960 年	美国斯阔谷	30	27	665/143
9	1964 年	奥地利因斯布鲁克	36	34	1091/200
10	1968 年	法国格勒诺布尔	37	35	1158/211
11	1972 年	日本札幌	35	35	1006/206
12	1976 年	奥地利因斯布鲁克	37	37	1123/231
13	1980 年	美国普莱西德湖	37	38	1072/233
14	1984 年	南斯拉夫萨拉热窝	49	39	1274/274
15	1988 年	加拿大卡尔加里	57	46	1423/313
16	1992 年	法国阿尔贝维尔	64	57	1801/488
17	1994 年	挪威利勒哈默尔.	68	61	1793/522
18	1998 年	日本长野	72	68	2302/814
19	2002 年	美国盐湖城	77	78	2399/886
20	2006 年	意大利都灵	80	84	2508/960
21	2010 年	加拿大温哥华	82	86	2701

五、国际奥林匹克委员会

国际奥委会是国际性、非政府、非营利的组织，1981 年 9 月 17 日得到瑞士联邦议会的承认，是无限期存在的具有法人资格的协会。

国际奥委会是奥林匹克运动的最高权力机构，它按照《奥林匹克宪章》领导奥林匹克运动。国际奥委会成立之初的任务比较单一，主要是：第一，确保奥运会的定期举行；第二，使奥运会保持崇高的目标；第三，引导竞技运动向正确的方向发展。随着奥林匹克运动的发展，国际奥委会的任务也越来越多，主要是：促进体育道德和教育；促进体育运动和运动竞赛的协调、组织和发展；保证奥运会为人类服务，促进和平；加强团结并维护奥林匹克运动的独立；反对危害奥林匹克运动的任何歧视；贯彻男女平等的原则，促进妇女在体育各层次及各种机构中取得进步；领导体育运动中反对使用兴奋剂的斗争；支持旨在防止危及运动员健康的措施；反对将体育运动和运动员滥用于任何政治及商业目的；支持体育组织和政府当局为运动员社会的和职业的未来作出的努力；支持大众体育的发展；促进对于环境问题的责任感，促进体育运动中的可持续发展并要求以此原则举办奥运会；促进奥运会为举办城市和国家留下有益的遗产；支持将体育运动与文化和教育结合的创新；支持国际奥林匹克学院及其他致力于奥林匹克教育机构的活动。

国际奥委会享有对奥运会的全部权利，包括对奥运会的组织、开发、广播电视和复制的权利；有关奥林匹克标志、奥林匹克旗、奥林匹克格言和奥林匹克会歌的一切权利也完全属于国际奥委会。国际奥委会组织机构包括国际奥委会全会、国际奥委会执行委员会、国际奥委会总部、国际奥委会专门委员会。

第三节 奥林匹克文化的历史作用

奥林匹克文化源于古希腊文化，伴随古代与现代奥林匹克运动的发展，又不断注入新的内容和精神。

广义的奥林匹克文化，包括奥林匹克运动的全部思想体系和活动内容，是奥林匹克运动在实践过程中所创造的物质与精神财富的总和。物质财富即物质文化，主要指奥林匹克运动对人体技能的改造、发展以及所采用的各类场馆、器材等物质文化设施和由此产生的文化形态。精神财富即精神文化，主要指奥林匹克运动对人的内心世界、社会行为的影响，以及与之相关的各项文化艺术活动。古代及现代的奥林匹克运动都蕴藏着丰富的物质与精神文化。

狭义的奥林匹克文化，主要指奥林匹克运动对人的内心世界、社会行为的影响以及与之相关的各项文化艺术活动。古代奥林匹克运动有形体、圣火、演讲、雕塑等文化艺术活动，现代奥林匹克运动继承和发展了这一传统。奥林匹克的各项文化艺术活动与体育运动结合，既提高了体育的品位，也促进了文化艺术的发展。

概括地说，奥林匹克文化是体育运动与文化和教育相融合的产物。奥林匹克文化是以体育为载体的文化，是以教育为核心的文化，是以西方文化为主导的多元文化，是催人向上的世界先进文化。

一、奥林匹克主义

奥林匹克主义是将身心和精神方面的各种品质均衡地结合起来，并使之得到提高的一种人生哲学，它将体育运动与文化和教育融为一体。奥林匹克主义所建立的生活方式是以奋斗中所体验到的乐趣、优秀榜样的教育价值和对伦理基本原则的推崇为基础的。

根据这一表述，人们把奥林匹克主义的基本内容归纳为以下几方面：

（1）奥林匹克主义的中心思想是人的和谐发展。

（2）体育运动是实现人的和谐发展的重要途径。

（3）体育运动必须与教育、文化相结合。

二、奥林匹克运动宗旨

《奥林匹克宪章》以明确的语言表述了这一运动的宗旨：“通过没有任何歧视、具有奥林匹克精神（以友谊、团结和公平精神互相了解）的体育活动来教育青年，从而为建立一个和平的、更美好的世界作出贡献。”

三、奥林匹克精神

《奥林匹克宪章》对奥林匹克精神作出了权威的表述：奥林匹克精神就是互相了解、友好、团结和公平竞争的精神。奥林匹克精神强调友谊、团结、互相了解，其目的就在于它为奥林匹克运动提供了一种必不可少的文化氛围和精神境界。各国运动员只有在公平竞争的基础上，竞争才有意义，才能保持和加强团结、友谊的关系，奥林匹克运动才能实现它神圣的目标。

四、奥林匹克格言

奥林匹克格言是“更快、更高、更强”，这句话充分体现了奥林匹克运动的不断进取、永不满足的奋斗精神。它既指在竞技场上，面对强手时，应发扬大无畏的精神，敢于斗争，敢于胜利；同时也是指对自己永不满足，不断战胜自己，向新的极限冲击。不仅如此，这些格言还鼓励人们应该在自己生活的各个方面不断超越自我，不断提高创新，永远保持蓬勃的朝气。

五、奥林匹克文化的象征性

顾拜旦说：“奥林匹克运动是一个伟大的象征。”在奥林匹克运动的实践中，其主张的人的和谐发展的生活哲学，所倡导的团结、友谊、进步的精神，所规定的各项公正平等竞争原则，所形成的各项仪式规范等，皆物化成一系列独特而鲜明的艺术形式，如奥林匹克会旗、奥林匹克火炬、奥林匹克会标、奥林匹克歌曲、奥林匹克奖牌、奥林匹克吉祥物等。这些物化的艺术形式充分表达了奥林匹克丰富的文化内涵，成为人类文明的标志。

1. 五环标志

奥林匹克五环标志图案由五个不同颜色、互相套接的圆环组成，五环的颜色规定为蓝、黄、黑、绿、红。环从左到右依次互相套接，上面是蓝、黑、红环，下面是黄、绿环，代表全世界的五大洲已联结在一起，共同为推进现代奥林匹克的发展而不懈努力，代表着奥林匹克友谊的精神及全世界运动员之间的平行；六种颜色（包括白底），则代表着当时全世界各国国旗的颜色。

根据奥林匹克宪章的正式解释，五环图案的含义是："代表五大洲的团结和全世界的运动员在奥林匹克运动会上相聚一堂。"

2. 奥林匹克徽记

奥林匹克徽记是由奥林匹克五环同其他特殊图案共同组成的图样。任何国家、地区和奥运会组委会使用的奥林匹克徽记图案，都必须提交国际奥委会执行委员会批准后才能使用，各国奥委会专用的奥林匹克徽记还必须在经国际奥委会批准后六个月内在本国注册，否则国际奥委会将撤销批准。2008 年，北京奥运会的会徽"中国印·舞动的北京"以印章作为主体表现形式，将中国传统的印章和书法等艺术形式与运动特征结合起来，人的造型同时形似现代的"京"字，蕴含浓重的中国韵味。

3. 奥林匹克旗

奥林匹克旗系白底无边，中央绘有五色（蓝、黄、黑、绿、红）相交连环圈，蓝色靠近旗杆左上方。原始的五环旗 1913 年由顾拜旦设计，长 3m，宽 2 m。国际奥委会在法国巴黎召开第 17 届年会及第 6 届奥林匹克代表大会时，首次升起了奥林匹克旗。1920 年，第 7 届奥运会在比利时举行，比利时国家奥委会使用此旗为会旗，会后赠给国际奥委会。国际奥委会正式会旗自此诞生。以后的历届奥运会开幕式上都有会旗（复制品）的交接仪式。

4. 奥运会会标

为了宣传等方面的需要，每届奥运会的主办国奥委会都要设计制作专用的奥运会会标，以突出该届奥运会的地方特色。作为一届奥运会的象征，会标常出现在举办国或其他国家各种与该届奥运会有关的出版物、商品、纪念品或建筑物上，起到了很好地宣传奥林匹克精神的作用，并为奥运会组委会和主办国带来了可观的经济效益。

5. 奥林匹克会歌

奥林匹克会歌是一首希腊古典管弦乐曲，原名为《撒马拉斯颂歌》，由希腊人撒马拉斯（Spyros Samcras）作曲，派勒玛斯（Coss Palamas）作词，曾在1896年4月6日的第1届奥运会开幕典礼上演唱。1958年，在日本东京召开的国际奥委会第55次全会，正式确认在首届奥运会上演唱的这首歌为“奥林匹克运动会会歌”。奥林匹克会歌歌词原文为拉丁文，其主要的含义是从奥林匹克活动中去追求人生的真、善、美。

6. 奥运会吉祥物

吉祥物最早出现在1968年在法国格勒诺布尔举行的第10届冬季奥运会上。该届冬奥会特别计划委员会米雪尔·维尔黛（Michel Verdier）女士使用了一只取名为“雪士（Schuss）”的溜冰熊作为吉祥物，溜冰熊身穿着与法国国旗颜色相近的衣服。夏季奥运会中最早采用吉祥物是1972年在德国慕尼黑举行的第20届奥运会，一只取名为“瓦尔迪”的小猎狗的出现，受到公众舆论的极大重视和人们的宠爱，吸引了广大运动员、教练员与赴会宾客，极大地活跃了整个比赛中紧张激烈的气氛，各方面人士都感到很兴奋。因此，从这以后的各届奥运会的主办国，都仿效德国在奥运会设立吉祥物的做法，精选一种本国人民喜爱的珍稀动物，作为奥运会的吉祥物。

7. 奥林匹克圣火

根据顾拜旦的建议，国际奥委会于1934年雅典会议决定：奥运会期间，在主运动场燃烧奥林匹克圣火，火种必须来自奥林匹亚，用火炬接力的形式传送到主运动场。这一决定自1936年第11届奥运会开始施行，自此以后，它便成为奥运会的一项固定节目。程序是，在奥林匹克赫拉（主神宙斯之妻）神殿旁由化装女神用聚光镜集太阳光点燃火炬，然后按预定路线接力传递。火炬所经城市要举行欢迎仪式，在不便行走的地方则用飞机、轮船运送。火炬在开幕前传送到主办城市。开幕式上，由东道国组委会主席将火炬交给东道国的著名运动员，绕运动场慢跑一周后，登上运动场的火炬塔，点燃安置在那里的巨型火炬，一直燃烧到大会闭幕。

第四节　中国与奥林匹克运动

1908年第4届伦敦奥运会前夕，中国北方城市天津一份基督教青年会的刊物《天津青年》发表了一篇署名文章，向苦难深重的中国人提出了三个问题：

中国何时才能派一位选手参加奥运会?

中国何时才能派一支队伍参加奥运会?

中国何时才能举办奥运会?

中国人民用了整整100年的时间寻求这三个问题的答案：在这100年中，中国人民以自身的解放为前提，以多少代人的鲜血和生活为代价，以水滴石穿的忍耐和精卫填海的毅力，终于在2001年7月以北京申办奥运会成功而赢得了一个圆满的结局。

一、中国早期的奥林匹克活动

在近代体育传入中国的过程中，基督教青年会对竞技运动的传播和早期竞赛组织起到了重要作用。1890年在上海圣约翰书院举行的以田径为主项的运动会，是最早的一次以田径为主项的正式运动会。

1918年10月，“全国学校区分队第1届体育同盟会”在南京举行。辛亥革命后，正式称这次运动会为“第1届全国运动会”。这次运动会的召开具有划时代的意义，它是中国第一次以奥运会模式和内容为榜样举行的运动会，它是第一次跨省、区举行的具有全国比赛意义的运动会；它以空前的规模在中国传播了奥林匹克理想，使中国体育从此与奥林匹克接轨。

1913年，中国、日本、菲律宾三国体育界人士共同发起组织了远东体育协会，决定每两年举行一次“远东奥林匹克运动会”。第1届远东运动会在菲律宾首都马尼拉举行。第2届于1915年5月在上海举行。就在第二届远东运动会临近开幕日不久，主办大会的上海基督教青年会接到了国际奥委会的电报，表示“承认远东运动会为其东方之支部。将来万国运动会总干事部（即国际奥委会），中国得派代表参与会议；下次万国运动会时，中国也得派运动员前往预赛”。从而使中国与国际奥委会发生了联系。

1922年6月，国际奥委会第21次全会在法国巴黎召开，选举王正廷为中国首位国际奥委会委员，中国与国际奥委会建立起了直接联系。在此之后，我国先后有三人担任过国际奥委会委员：王正廷，1922年；孔祥熙，1939年；董守义，1947年。

1928年，中国获准派团参加在荷兰阿姆斯特丹举行的第9届奥运会，但由于准备不足，只派了宋如海一人作为观察员出席而未参赛。

1932年，第10届奥运会在美国洛杉矶举行。中国原准备派足球和田径选手参赛，但由于“九一八”事变使计划落空，便不准备派运动员参赛。

后来，在张学良将军的资助下，终于派出了一个代表团：代表沈嗣良，教练宋君复，选手刘长春。因旅途疲劳，体力不支，刘长春在 100 m、200 m 预赛中即被淘汰。这是中国运动员第一次正式进入奥运赛场，虽然成绩不佳，但向全世界宣告了中国奥林匹克运动的存在。

1936 年，第 11 届奥运会在德国柏林举行。中国代表团运动员 69 人，考察员 34 人。除符保卢撑竿跳高进入复赛，其余各项初赛即被淘汰。

1948 年，第 14 届奥运会在英同伦敦举行。中国派出 33 名运动员参赛，各项均未进入决赛。

二、中华人民共和国与奥林匹克运动

1949 年 10 月下旬，在原中华全国体育协进会的基础上，在北京召开了全国体育工作者代表大会，改组建立了中华全国体育总会（以下简称全国体总）和对外代表中国的国家奥委会。1979 年后，由于形势发展的需要，全国体总和中国奥委会成立，钟师统任独立后的中国奥委会第一任主席。

1954 年 5 月，在雅典举行的国际奥委会第 49 次会议上，以 23 票对 21 票通过决议，承认中华全国体育总会为中国国家奥委会，但是台湾的体育组织也以“中华民国”的名义被列入国际奥委会承认的国家奥委会名单中。经过多方的努力和斗争，但由于国际奥委会主席布伦戴奇坚持其错误观点和错误立场，全国体总和有关单项体育运动协会不得不在 1958 年 8 月宣布中断与国际奥委会和有关 9 个国际单项体育联合会的关系，国际奥委会委员董守义声明拒绝与布伦戴奇合作。从此，中国与国际奥委会的正常关系被迫中断。

为了寻求中国问题的合理解决，国际奥委会的一些人士进行了长期的努力。国际奥委会主席基拉宁在 1979 年 3 月的国际奥委会执委会会议上指出，在国际奥委会的档案中，确实查不到任何会议讨论承认中国台湾“奥委会”的记录。在 1979 年 4 月的国际奥委会会议上，何振梁明确表示：根据《奥林匹克宪章》，只应承认一个中国奥委会，即设在北京的中国奥委会。台湾作为一个地方机构，以中国台北奥委会的名义留在奥林匹克运动内，但它的旗、歌和章程等应作出相应的改变。1979 年 11 月，国际奥委会全体委员以通讯表决方式通过决议，规定中华人民共和国奥委会的正式名称为“中国奥林匹克委员会”，会址在北京；设在台北的奥委会名称是“中国台北奥林匹克委员会”，其新的会旗、会歌和会徽均须经国际奥委会执委会批准。这样，我国在国际奥林匹克委员会中的合法席位最终得到恢复，中国与国际奥委会的正常联系最终得到恢复。

1984年7月28日至8月12日，第23届奥运会在美国洛杉矶举行。中国派出了353人的代表团出席，其中运动员225人。这是新中国第一次全面正式参加夏季奥运会，举世瞩目。中国运动员在比赛中表现出良好的道德风貌和顽强的拼搏精神，取得15枚金牌、8枚银牌和9枚铜牌的优异成绩，在140个参赛国家和地区的角逐中，金牌总数名列第4，极大地振奋了中国人民及海外华人，提高了中国体育的地位。其中，射击运动员许海峰获得此届奥运会的第1枚金牌，实现了我国自1932年参加奥运会以来奥运金牌“零”的突破，成为中国体育史上的划时代事件。

三、北京申办和举办奥运会

1991年2月26日，北京市政府和中国奥委会决定向国际奥委会提出承办2000年第27届奥运会的申请。1993年9月23日，在摩纳哥蒙特卡洛城举行的国际奥委会第101次全会上，五个申办国家的代表向全体国际奥委会委员作了最后的陈述报告。在最后一轮投票中，北京为43票，悉尼得了45票，北京以两票之差申奥失利。

1999年4月7日，北京向国际奥委会递交了承办2008年第29届奥运会申请书。2000年6月19日，北京奥申委向国际奥委会递交了《申请报告》，按照国际奥委会的要求，全面回答了六个方面的22个问题。北京将“新北京、新奥运”作为申奥口号，并提出了“绿色奥运、科技奥运、人文奥运”的新理念。2001年7月13日，国际奥委会第112次全会在莫斯科举行，确定北京为2008年奥运会的举办城市，北京以绝对优势胜出。

百年后的雅典，奥运会重归故里，梦想开始的地方重新成为放飞梦想的起点。当雅典奥运圣火缓缓熄灭后，在全世界的期待目光中，火种穿越爱琴海，跨过太平洋，不远万里来到了中国。百年一梦，一梦百年。从希腊到中国，从雅典到北京，炎黄子孙经过了一个世纪的殷切期盼。这次圣火传递，绝非一次平凡的历史演进式传承，而是历史悠久的奥林匹克运动与源远流长的中华文明的一次历史性握手，是西方文化与中国文化的一次雄伟交汇。千百年来流传至今的中国传统文化将对其充满个性魅力的价值观念、文化观念、思维模式和行为模式对奥林匹克运动的发展产生深远的影响。

（一）“科技奥运”的理念

关于“科技奥运”，北京奥组委的解释是：科技奥运将反映科技最新进展，集成全国科技创新成果，推出一届高科技含量的体育盛会；提高北京科技创新能力，推进高新技术成果的产业化及其在人民生活中的广泛应用，使北京奥运会成为展示高科技技术成果和创新实力的窗口。

“科技奥运”是北京申办2008年奥运会时提出的核心理念，就是指在比赛场馆和奥运村建设以及通讯、交通和日常使用的设备方面，运用当代高科技和数字技术、网络技术、宽带技术、环境技术、节能节水技术等，还包括运动员日常训练和奥运会竞赛组织工作的高科技介入。“科技奥运”首先提倡“科学精神”，倡导追求真理，其基本内容包括高举科学旗帜，更新观念，增强环保意识，制定和完善如何保护环境和人文景观等制度以及建设奥运会相关设施和改善环境工程等。科学技术在奥运会中起主导作用，“绿色”和“人文”必须由“科技”来支撑。奥林匹克的格言是“更高、更快、更强”，这也是北京在科技进步方面的追求。根据《北京市奥运行动规划》确定的目标，奥运数字世界将以独特的建筑风格体现“数字奥运”和“数字北京”的内涵。它以多功能及综合应用为目标，包括了为2008年奥运会提供支持的技术指挥中心、数据中心、资源中心、网管中心等。“数字奥运”是北京为适应全球进入信息社会，实现“科技奥运”承诺的系统工程。

2008年北京奥运会证明了中国的电信网络不仅仅是世界上最大的网络，而且还是最高效率、最具创新、拥有诸多可赢利业务的网络。2008年，中国用高科技的手段向世界人民转播了奥运火炬通过珠穆朗玛峰最高峰，穿过长江和黄河，踏上长城传递到北京奥运会主会场的整个过程。在“科技奥运”所表现出来的竞技场上的科技竞争，对转变广大人民群众的健身观念和对体育运动的直接参与，树立“生命在于运动，运动讲究科学”的指导思想，提高科学健身的知识水平，引导人们从事健康、文明的群众体育活动，对提升全民健身活动的科学化水平均有深远的战略性影响。

（二）“绿色奥运”的理念

“绿色奥运”的内涵是用保护环境、保护资源、保护生态平衡的可持续发展思想筹办奥运会；通过举办奥运会，促进城市环保基础设施建设和生态环境改善，广泛地开展环境宣传教育活动，提高公众的环境意识，为中国乃至世界留下丰厚的环境遗产。

绿色和环境保护是人类社会永恒的主题。为了实现“绿色奥运”的理念，促进城市的可持续发展，北京加快实施城市的环保规划，科学处理生活垃圾，提高资源利用率，兴建奥林匹克公园，初步建立生态园林城市，扩大人均占有森林和绿地面积，改善水体质量，唤起民众的环境意识，提高城市的文明水平，使北京形成更为完整的绿地系统和更加合理的城市生态系统。

环保和生态建设水平是衡量首都城市现代化水平的一个重要标志，也是能否成功举办一届最出色奥运会的重要因素之一。北京作为中国的首都和历史文化名城，产业基础雄厚，经济实力强大。为了更好地举办2008年奥运会，北京组建了奥林匹克公园，初步建立了生态园林城市。北京奥林匹克公园位于城市中轴线的北端，总用地约1 135 hm^2，是举办2008年奥运会的核心区域，其中森林公园680 hm^2，中心区291 hm^2，其余为国家奥林匹克体育中心用地及其南侧预留体育用地以及其他用地。现有的北京奥林匹克公园的总体规划注重城市中轴线的历史和文化的延续性，强调了公众性和景观主导性，为设计师留下了再度创作的余地。北部的森林公园内造湖堆山，成为轴线的背景，使中轴线融入自然山水中。中心区内空间形态独特，在建筑完整明确的边界之间形成三种完全不同的空间和景观；西侧是厚实整齐的林荫道，东侧是自由舒展的水系绿化，中间是独特的中轴线空间序列。

（三）“人文奥运”的理念

传播现代奥林匹克精神，展示中华民族灿烂文化，推动东西方文化的交流合作，促进人与自然、人与社会、人的精神与体魄的和谐发展，充分体现“参与奥运、得益奥运”，充分体现“中国风格、人文风采、时代风貌、广泛参与”的特点。人文奥运是文化的奥运，是以人为本的奥运，是实现和谐的奥运，是“更高、更快、更强”与“和谐、和睦、和平”的有机统一。

“人文奥运”的产生和完成必将推动“奥林匹克”精神和人类文明迈向更高的境界。“人文奥运”理念的提高，在“奥运”史上是创举；它闪烁着东方文化的生活哲理与人性观念。现代奥运会是东西文化交融的盛会，它需要大量地、不断地从世界各个民族的文化中汲取有益的养分，丰富自己的内容，特别是源自古希腊的奥林匹克文化与具有悠久历史的中国文化的交流与融合。北京2008年奥运会有助于中国传统文化和世界文化进行广泛深入的交流，推动奥林匹克运动中东、西方文化的互补和互动，使奥林匹克运动真正成为跨文化、跨民族、跨国度的世界性文化体系。

“人文奥运”是以文化为基础的创造性活动的战略实践，有着强烈的实践意义。人文奥运不仅是一个文化理念，而且是一个具有实践特性的可开掘、可持续的发展战略。在2008年奥运会举办期间，北京汇集了全世界的体育精英乃至各国政要、商界名流和体育爱好者，他们首先从赛场体验到了中国文化、中国人的素质、中国人的体育精神、中国人的友好感情、中国人的包容性乃至中国一些有负面影响的东西。北京在申办期间就明确提出了“人文奥运”的新理念，并将其作为三大主题之一，制定了2008年奥运会的文化主题——“和谐、交流和发展”，其中心思想就是促进奥林匹克的理念与各国民族文化的相互交融，使教育与奥林匹克运动人文精神有机地结合，奥林匹克文化的普及，国际化大都市建设与故都文化遗产及自然生态保护工程，中外文化艺术交流与外宣工程、文化、体育、旅游等方面以“人文奥运”为核心，制定一种整体的文化、经济、社会战略，推动社会与经济的协调发展。

“人文奥运”的新理念，使中国人民受到了一次奥林匹克的文化教育，奥林匹克精神得到了最为广泛的普及，提高了人民群众对体育文化理解的深度与广度，这对于人民群众认识体育文化，培养体育文化精神，参与体育文化的传播以及将体育文化作为体育运动的基本内容的一种社会文化现象都有积极而重要的作用。

思考题

1. 古奥运会是怎么产生、发展和衰落的？
2. 顾拜旦是如何创办近代奥运会的，当时的历史条件如何？
3. 什么是奥林匹克文化？怎样理解“更高、更快、更强”的奥林匹克格言？
4. 北京奥运会三大理念的内涵是什么？

第五章　辽宁体育事业

【学习目标】

1. 了解辽宁体育的历史文化。
2. 学会充分利用高校体育教育资源。

第一节　辽宁体育的历史回顾

一、辽宁竞技体育

辽宁是我国的竞技体育强省，素有“辽老大”之称。特别是在田径、游泳、水上、举重、柔道、自行车、射击和三大球等项目上，获得奥运会金牌 19 枚，世界冠军 253 个，全国金牌 1000 多枚，回顾辽宁体育走过的辉煌历程，都是辽宁人引以为豪的成绩和辽宁发展振兴中的重要优势。

中国参加奥运会第一人——刘长春是辽宁大连人。1932 年 7 月 30 日，第十届奥林匹克运动会在美国洛杉矶举行。中国选派东北大学学生刘长春参加了田径 100m、200m 和 400m 的比赛。开幕式当天，由刘长春执国旗，沈嗣良为总代表，一支由 6 人组成的中国代表队，拉开了中国参加奥运会的历史序幕。

奥运会金牌数全国第一。中国参加奥运会共获 112 枚金牌，辽宁运动员获得 19 枚金牌，占金牌总数的 16.96%，名列各省奥运会金牌数的第一名，为辽宁、为祖国争得了巨大的荣誉。

中国田径第一人——徐永久是辽宁大连人。1983 年 9 月，在挪威卑尔根举行的世界杯竞走比赛中，他以 45 分 13.4 秒获得 10 km 冠军，创世界最好成绩，成为中国第一位在世界大赛中取得世界冠军的田径选手。他还在同一赛会上与队友共同取得这个项目的团体冠军。

被誉为亚洲飞人的邹振先是辽宁大连籍运动员。邹振先在 1981 年的世界杯田径赛中，以 17.34 m 的成绩夺得三级跳远亚军，打破亚洲纪录，是亚洲第一个获得世界杯田径赛名次的运动员，被亚田联授予“金靴奖”，该成绩保持至今；1982 年获得第 9 届亚运会该项目冠军，1984 年获得第 23 届奥运会该项目第 4 名。

“东方神鹿”——王军霞是辽宁大连人。1996 年，在美国亚特兰大举行的第 26 届奥运会上，她以 14 分 59.88 秒的成绩夺得 5 000 m 金牌和 10 000 m银牌，被誉为“东方神鹿”。夺冠后，王军霞身披一面巨大的五星红旗，绕场向观众挥手，满场的观众将掌声和欢呼声送给了王军霞。全世界的目光都凝聚在自豪的中国人身上，五星红旗再次飘扬在奥运赛场的上空。

中国第一个足球甲级联赛十连冠。辽宁足球队连续 10 次获得国内甲级联赛冠军。辽宁足球队成立于 1953 年，是中国的一支老牌甲级劲旅。半个多世纪以来，辽宁足球队在几代教练员、运动员的艰苦努力下，取得了令人瞩目的骄人战绩，并为历届国家队输送了大批优秀足球人才。尤其是自 1984 年以来，辽宁足球队汇聚了一代球星，在国内外赛场上捷报频传，打遍神州无敌手，并获得了 1989 年第 9 届亚洲足球俱乐部杯赛冠军。

大连足球队获得 8 次全国职业联赛冠军。万达、实德在 10 年全国职业联赛中 8 次夺冠，并赢得过亚俱杯亚军。大连是中国第一个足球特区，著名的足球城。新中国成立以来，大连市为中国足球男、女国家队培养和输送了盖增圣、李应发、戚务生、迟尚斌、李富胜、杨玉敏、林乐丰、贾秀全、马林、傅玉斌、李明、张恩华、孙继海、钟红莲等三百余名国脚；足球是大连的骄傲，更是大连的激情。足球运动在大连根深叶茂，蔚然成风，已形成独特的足球文化。

第一个奥运会柔道冠军——庄晓岩是辽宁沈阳人。在 1992 年第 25 届巴塞罗那奥运会女子柔道 72 kg 以上级的比赛中，庄晓岩连过 5 关，获得冠军。在那一届奥运会柔道赛中，庄晓岩是唯一连胜 5 场的金牌得主，也是我国奥运历史上的第一位柔道冠军。

参加奥运会最多的中国选手——王义夫是辽宁沈阳人。共 6 次代表中国参加奥运会的射击比赛，分别在 1992 年和 2004 年的奥运会上获得两枚金牌；1996 年和 2000 年分别在亚特兰大和悉尼都取得了奥运会银牌。

金牌教练员马俊仁是辽宁鞍山人。1986 年 8 月，他率领 4 名队员在葡萄牙举行的世界中学生 3 000 m 越野赛中囊括了前 4 名。马俊仁训练的队员曲云霞、王军霞、张林丽、张丽荣、刘冬等曾先后获第 2 届全国青年运动会、第 8 届亚洲田径锦标赛、世界青年田径锦标赛冠军。1993 年 8 月在德国斯图加特举行的第 4 届世界田径锦标赛上，获女子 1 500 m 金牌、3 000 m金、银、铜牌，10 000 m 金牌，打破两项世锦赛纪录。同年 9 月，在北京举行的第 7 届全国运动会上，队员在预赛和决赛中有 13 次分别超过女子 1 500 m、3 000 m、10 000 m 世界纪录，有 18 名队员达到国家健将级标准。同年 10 月 28 日，国际田联批准他的队员创造的女子 1 500 m（3 分

50.46 秒)、3 000 m（8 分 6.11 秒）、10 000 m（29 分 31.78 秒）的世界纪录。1993 年 10 月 31 日，马俊仁率队夺得第 5 届世界杯马拉松赛女子团体冠军，并包揽了个人前 4 名，其中王军霞夺得冠军。

辽宁体育在后备人才培养上已经形成了省、市、县（区）三级体育传统项目格局。辽宁现有传统项目体育学校 2 085 所，占全省中小学总数的 12.5%，其中省级传统学校 135 所、市级 731 所、县区级 1 219 所，参加训练的学生达到 83 000 人，约占学生总数的 1.5%。建立了 113 个青少年体育俱乐部，其中国家级青少年体育俱乐就有 57 个。截止到 2000 年，参加训练学生累计达到五十多万人。向省级运动队输送优秀运动员达 4 万余人。另外，辽宁现有青少年足球俱乐部 78 家，在训人员近万人；有 8 家职业俱乐部，人数达到 3 100 人；有体育运动学校 115 所，各级体育行政管理、体育运动等专业学生 16 200 人；社会办各类体校、体育俱乐部 421 所，在训人员 26 000 人。辽宁培养了大量的优秀体育人才，成为向国家级运动队输送运动员的最大省份之一。

到目前为止，在国家各类运动队中，辽宁籍的选手可占半壁江山。在足球甲 A、甲 B 联赛中辽宁就占据 5 个席位，在其他省市足球队中，辽宁籍的足球运动员还可以再组成一个“辽宁队”。在上海的皮划艇队中，有人称之为“辽宁村”。辽宁可谓是我国培养优秀运动员的重要基地，世界冠军的摇篮。

二、辽宁群众体育

辽宁是一个群众体育大省，体育人口已经达到 42%。新中国成立以来，特别是改革开放以来，辽宁群众体育连续 18 年被国家授予群众体育先进省；大连市、阜新市、鞍山市被国家授予“田径之乡”；国家授予大连“游泳之乡”和足球特区；2006 年 4 月 27 日，在美国召开的国际徒步联盟大会上被 22 个成员一致表决通过，大连市成为目前中国内地唯一的国际徒步城市。辽宁在群众体育方面积累了丰富的经验，形成了具有区域特色的发展模式，成为与竞技体育并驾齐驱、竞相争辉的又一道风景线。如果把辽宁竞技体育称之中国体育的“脊梁”的话，那么辽宁的群众体育就成为托起这个脊梁的“山脉”。

辽宁人热爱体育，体育意识强，社会认同感高，体育氛围好，这已经成为一个不争的事实。目前全省 14 个市都建立了全民健身工作委员会；全省 749 个社区中，有 429 个社区建立了体育组织；社会体育指导站发展到 5 253 个，培养了 8 932 名社会体育指导员，体育传统项目学校发展到 2085 所；建立了 113 个青少年体育俱乐部，其中国家级青少年体育俱乐部有 57 个；全省共建立14个国民体质监测站，52个监测分站，126个监测点。20世纪80年代以来，随着社会的转型和城乡管理体制改革，新型的城市社区和乡镇社区的组织不断完善，辽宁群众体育组织管理重心已经开始下移，城乡社区组织已经成为辽宁群众体育发展的重要环节，形成城乡群众体育网络管理。

辽宁省群众体育活动始终坚持以健康、人文和文明的健身活动为主题，不断推广符合大众需求的体育健身方法，先后开展第八套广播体操、自行车、长跑、登山、大秧歌、太极拳、木兰拳、木兰舞、健身舞、舞龙、舞狮等健身活动。2002年，全省城市社区共组织各类体育比赛3 500次，有200万人次参与活动，农村县镇开展各类体育比赛4 600次，有300万人次参与活动。仅沈阳市2001年就举办各类全民健身活动420次，参与人数170万次，吸纳社会赞助资金486万元，全市体育人口已有299万人，占人口总数的41.53%。

辽宁有25个社区被评为全国体育先进社区，68个社区成为省级体育先进社区，26个农业县被评为全国体育先进县区，43个乡镇被评为国家体育先进乡镇，349个乡镇被评为省级体育先进乡镇。

三、民族体育蓬勃发展

辽宁省位于我国东北地区的最南部，在东经118°53′～125°46′和北纬38°43′～43°26′。全省面积为145 740 km²，地处辽河流域，山川秀美，物产丰富，气候适宜，民风淳朴，南部紧靠渤、黄两海，海岸线及临海面积较大，海岸线2 100 km。正是辽宁得天独厚的地理环境、适宜的气候和丰厚的物资资源，养育了汉、满、蒙古、回、朝鲜、锡伯等51个民族。各民族在长期的交往、学习、生活和劳动实践中，不断吸收和借鉴其他民族的体育运动精髓，独创了许多具有民族及地域特色的体育运动形式，开发出了许多丰富多彩的体育运动项目，逐渐形成了具有辽宁特色的体育文化。

辽宁地处东北寒带，有着丰富的满族文化，流传于民间的传统体育文化至今仍然具有较强的生命力。东北大秧歌、踩高跷、高跷秧歌、舞龙、舞狮、拔河、冬泳等项目至今仍非常火爆，民间打衙役、打尜、骑马抢轿、翻绳、踢口袋、踢毽子、跳皮筋、跳绳、跳房子、弹玻璃球、老鹰捉小鸡、石头剪子布、下五道等游戏，仍成为青少年喜爱的群体活动。特别是冬季的冰上活动，则成为最能代表辽宁体育特色的内容，如滑冰、打冰球、滑雪、撑爬犁、滑冰车、冰滑子、打陀螺、打出溜、打雪仗、堆雪人等，都给冰雪纷飞的辽宁大地增添了独特的体育色彩。这些都具有浓郁的民间传统体育风情，对辽宁体育影响深刻，被广大人民群众所传承。

第二节 辽宁高校体育发展与贡献

一、辽宁高校体育发展

辽宁省高等学校的体育工作经过五十多年的建设、发展与积累，在深化改革中求创新，在积极探索中求发展，在不断创新中求提高，逐步完成了门类齐全的高校体育教育体系的建设工作，形成了具有辽宁特色的高等学校体育教学模式，全省63所高等院校在体育课教学水平、训练能力、竞赛成绩、教师队伍建设和课外体育活动等方面硕果累累。

（一）高校体育

1．高校体育教育设置

辽宁省高校体育教育经过五十多年的发展，已经建立了体育院校、体育系（院）、公共体育的完整教学体系，为辽宁省高校体育教学工作奠定了稳定的体育人力资源基础。

（1）体育院校：沈阳体育学院始建于1954年9月，为全国六大专业体育院校之一，如今，沈阳体育学院已经成为体育、经济、社会、管理、旅游、新闻等学科门类齐全的综合性体育学院，为国家和辽宁培养了各类体育人才近两万人。目前，在辽宁省高等院校从事体育教学、训练、管理和科研的教师、教练员有约2/3来自沈阳体育学院毕业生，为辽宁高校体育教育事业作出了巨大贡献。特别是在都灵冬奥会上，沈阳体育学院学生韩晓鹏获得了男子自由式滑雪空中技巧金牌，实现了中国冬奥史上男子项目金牌零的突破、雪上项目金牌零的突破。在第18届冬奥会上，运动训练专业学生徐囡囡取得女子自由式滑雪空中技巧银牌，实现了我国冬奥史女子雪上项目奖牌零的突破。

（2）师范院校和综合性院校下设的体育院系：开设体育院系的高校有辽宁师范大学（1980年）、大连大学（1978年）、沈阳师范大学（1980年）、鞍山师范学院（1989年）、锦州高等专科师范学校（1980年）。另外，东北大学体育部开设了社会体育专业、辽宁石油化工大学体育学院开设了社会体育专业等。将体育专业教育引入了普通高等院校，开创了辽宁省普通高校创办体育专业和体育学院的先例。

（3）高校公共体育教学：普通高等院校全部设有体育教研部或体育教研室，负责普通高校本科学生和研究生的体育课教学工作、课余训练工作、运动竞赛工作、科学研究工作、学生体质监督工作等。

2. 高校体育教学

体育教学是高校体育的重要工作之一，高校体育教学是大学生身体教育与开发的主要手段，通过合理的体育教育和科学的身体锻炼过程，达到增强体质、增进健康和提高体育素养为主要目标的必修课程；体育教学是促进身心和谐发展、思想品德教育、文化科学教育、生活与体育技能教育过程，是实施素质教育和培养全面发展的人才的重要途径，是高校课程体系的重要组成部分，是高等学校体育工作的中心环节。对此，在认真贯彻《学校体育工作条例》和《全国普通高等学校体育课程教学指导纲要》的同时，运用全省高校体育教育资源优势，分别在1994年和1997年启动了《辽宁省高校体育工作的现状调查分析与未来发展对策研究》和《以现代教育理论为指导，构建高校体育教学模式实验研究》大型课题，有力地推动了辽宁省高校体育教学的整体改革与发展，使高校体育教学改革紧紧围绕着加强素质教育和健康第一的指导方针，更新教育思想和观念，突出教学方法和教学模式的改革，转变重教轻学的教学观念，树立以人为本的教学观，为辽宁省高校体育教学改革构建起具有辽宁特色的教学模式，为体育教学发展与创新提供了一个理论和实践工作平台，形成了俱乐部教学模式、自主选课教学模式、分层次教学模式、自助式教学模式等各具特色的高校体育教学形式；各校根据本校体育资源的实际，逐年增加教学项目，不断满足学生对体育教学项目的个性需要，橄榄球、射击、高尔夫等项目已经走入高校体育教学；课程设置多元化，主要有基础课、专项课、选项课、提高课、训练课、综合课、模块课、理论课、保健课等；学生成绩评定标准采用了多元化、综合化、自选化、分段化等人性化的方法，较为全面地衡量了学生体育能力。目前，辽宁省高校的体育教学已经呈现出各具特色的教学模式。

（二）教师队伍建设

辽宁省普通高等学校的体育师资队伍建设工作取得了可喜的成绩。从新中国成立初期仅有十几名体育教师，到现在已发展壮大为拥有千余名质量合格、相对稳定的体育师资队伍。高校体育教师通过多种渠道进行学历教育，更新知识，提高科研能力，学历结构逐年提高；职称结构、年龄结构、专项结构基本合理，基本适应了高校体育教学改革的需要。

全省普通高校体育教师承担着繁重的体育教学任务，为完成学校的体育工作任务付出了辛勤的劳动。一批执教三四十年的老教师，他们辛勤耕耘，发挥了传、帮、带的作用，一大批中年骨干教师得到迅速成长，承担着繁重的体育教学、课余训练、科学研究等任务。他们承前启后，认真学习，不断进取，正在为深化高校体育教学改革辛勤劳动着。

二、辽宁高校体育贡献

我省高等院校业余训练及竞技水平，具有光荣的传统和历史。全省高校认真抓好课余训练和体育运动队的建设工作，部分院校已经将体育训练纳入到体育课管理体系中，使课余训练成为体育教学的组成部分。在训练中充分利用高校的科研优势，以科研指导训练，积极推进科学化训练，取得较好的训练成绩。辽宁省各个高校在坚持长年训练的基础上，积极参加市、省、全国高校系统所举办的各种体育竞赛活动，使我省高校的竞技运动水平已经名列前茅。

辽宁省为了检验自身的运动水平，部分院校还积极参加诸如“兴华杯”排球赛、“黄果树杯”足球赛、“美菱杯”中国大学生首届足球赛、“吉列杯”中国大学生足球锦标赛，以及棋类、航模等全国性的邀请赛。通过这些比赛不仅提高了竞技水平，同时扩大了辽宁高校在全国的知名度。

根据1986年“全国高等学校学生业余体育训练工作座谈会”精神，国家教委、国家体委联合颁发了《全国培养高水平学生运动员试点学校申报审批暂行办法》之后，辽宁省已有辽宁大学、大连理工大学及东北财经大学三所学校被批准为全国第一批“高水平运动队”试点学校，肩负起培养具有较高运动水平和竞技能力的体育人才的任务。1982～2004年期间，辽宁省高等学校联合组建的体育代表团，分别参加了在北京、大连、南京、武汉、西安、成都、上海举行的7届全国大学生运动会，获得了优异的成绩，东北财经大学四次获得教育部颁发的高等学校“SKC”校长杯荣誉；辽宁大学两次获得教育部颁发的高等学校“SKC”校长杯荣誉；辽宁师范大学、大连海事大学分别获得教育部颁发的高等学校“SKC”校长杯荣誉。

三、高校体育科研不断发展

（一）高校的科研机构建设

（1）辽宁省高等学校体育研究会：辽宁省高等学校体育研究会于1984年3月11日成立。辽宁省高等学校体育研究会是全省高校的学术团体，在研究会的带领下，积极开展教学研究和学术活动，努力实现学校体育科学化，坚持定期开展综合性体育科研学术报告会，极大地推动了高校体育科研能力的提高和发展。

（2）大连理工大学体育科研所：大连理工大学体育科研所是1986年由

国家教委计划司、体卫艺司等四个司联合批准的国家级体育科研所。从体育科研所成立至今，在体育科学理论及应用研究方面做了大量工作，获得过许多荣誉。

（3）沈阳师范大学体育社科基地：沈阳师范大学体育科学学院于2003年2月被国家体育总局批准为体育社会科学重点研究基地，作为与北大、清华、浙大、北体大等我国一流大学相并列的16所国家级体育社科重点研究基地之一，填补了东北地区体育社科重点研究基地的空白，结束了辽宁省在新中国成立以来没有体育社科研究机构的历史。

（二）高校科研实力不断提升

辽宁省高校在辽宁省高等学校体育研究会、体育科研所、体育社科基地和广大体育教师的共同努力下，取得了丰硕的成果。仅用三所高校科研成果为代表来展示辽宁高校的科研实力。

沈阳体育学院科研工作在改革开放以来，承担和完成了省部级课题22项，省教育厅课题5项，获得国家体育科技进步一等奖1项，二等奖2项，三等奖4项，国家奥运科技攻关服务一等奖1项，二等奖2项，获得冬季项目科技服务先进单位。与合肥智能研究所共同研制开发的“运动六维测力平台”属国内外首创，通过国家体育总局鉴定，达到了世界先进水平。目前承担国家级课题2项、省部级课题13项、省教育厅课题11项、国家体育总局运动训练攻关服务课题15项。

大连理工大学体育科研所先后获国家体委颁发的“飞龙奖”1项，获国家体委颁发的“体育科技进步奖”3项，获全国第3届普通高校优秀教材“一等奖”1项，获国家级优秀教学成果“二等奖”1项，于1997年获首届马约翰体育科技领先奖。自主研制开发的学生健康体质检测仪器先后获得国家发明专利3项；获得国家体育总局资助奥运攻关课题3项。发表学术论文80余篇，专著12部。

沈阳师范大学体育科学学院共有国家社科基金项目4项、中央教科所课题3项、国家体育总局体育社科项目14项、省级课题43项、校级课题20余项，出版著作和教材22部，发表学术论文400余篇，其中国家级论文80篇；获得雅典奥运会、亚洲体育科学大会、世界心理学大会、世界大学生、中国体育科学大会、中国学校体育科学大会等各类学术会议奖励百余项；获省部级优秀成果奖8项，出版教学课件7个。

第三节　历届全国运动会和大运会情况介绍

一、全国运动会辽宁代表队成绩（表5-3-1）

表5-3-1　历届全运会辽宁代表队成绩

届数	举办地	时间	参赛单位	参赛人数	金牌	银牌	铜牌	金牌榜名次
1	北京	1959年	29	10658	4	9	15	15
2	北京	1965年	29	5922（女2011）	9	9	11	10
3	北京	1975年	31	12497	13	15	15	7
4	北京	1979年	31	15189	28	28	16	7
5	上海	1983年	31	8943	22	18	21	3
6	广东	1987年	37	7500				团体总分2
7	四川 北京	1993年	45	7500	44	48	44	1
8	上海	1997年	46	7000	39.5	43.5	29.5	2
9	广东	2001年	45	12314	41	31.5	28.5	2
10	南京	2005年			31	23.5	26	5

二、全国大学生运动会辽宁高校代表队成绩

（一）第1届大学生运动会（1982年8月10～19日在北京举行）

（1）奖牌数量：共获奖牌18枚，其中金牌6枚、银牌6枚、铜牌6枚。

（2）田径队：获得男子甲组团体总分第1名，女子甲组团体总分第3名，男女甲组团体总分第3名。被评为“五讲四美”模范队，6名运动员被评为“五讲四美”模范个人。

（3）乒乓球队：男子双打第1名，男子团体第5名。

（二）第2届大学生运动会（1986年8月3～9日在大连市举行）

（1）奖牌数量：共获奖牌26枚，其中金牌13枚、银牌7枚、铜牌

6 枚。

(2) 田径队：获得男子甲组团体总分第 1 名，女子甲组团体总分第 3 名，男女运动员共打破 39 项次全国大学生运动会甲组田径纪录，辽宁大学女运动员赵飞一人获 4 枚金牌。

(3) 篮球队：辽宁大学男子篮球队以不败的战绩获得冠军，女子篮球队获得第 6 名。

辽宁省代表团和 11 名男女运动员分别获得田径和篮球比赛的精神文明奖。

(三) 第 3 届大学生运动会 (1988 年 8 月 26～30 日在南京市举行)

(1) 奖牌数量：共获奖牌 17 枚，其中金牌 3 枚、银牌 9 枚、铜牌 5 枚。

(2) 田径队：获得男子甲组团体总分第 2 名，女子甲组团体总分第 5 名，辽宁大学男运动员杨富斌在 1 500 m 决赛中，以 3 分 49.8 秒的优异成绩获得金牌，打破了该项全国大学生运动会甲组纪录，并创当年全国田径比赛最好成绩。

(3) 篮球队：辽宁大学女子篮球队以不败的战绩获得冠军，东北财经大学男子篮球队获得第 3 名。

(4) 乒乓球队：男子团体亚军。

辽宁省代表团和 11 名男女运动员分别获得田径和篮球比赛的精神文明奖。东北财经大学获得国家教委颁发的高等学校“SKC”校长杯。

(四) 第 4 届大学生运动会 (1992 年 9 月 21～22 日在武汉市举行)

(1) 田径队：获得男子甲组团体总分第 5 名，女子甲组团体总分第 8 名，乙团第 4 名，丙团第 3 名。

(2) 篮球队：辽宁大学男子篮球队获得第 2 名，东北财经大学女子篮球队获得第 5 名。

东北财经大学和辽宁大学获得国家教委颁发的高等学校“SKC”校长杯。国家教委表彰了 106 所大学体育课程评估先进校和 50 名优秀老体育教师，我省的大连理工大学、东北工学院、东北财经大学、辽宁大学、辽宁师范大学、沈阳电专和抚顺石油学院获得国家教委授予的体育课程先进学校，沈阳体育学院王迪光教授和锦州师范专科学校刘宽谟教授获得国家教委授予的“优秀老体育教师”称号。

(五) 第 5 届大学生运动会 (1996 年 8 月 28～9 月 4 日在西安市举行)

(1) 田径队：获得男子乙组团体总分第 8 名，女子乙组团体总分第 4 名。

（2）篮球队：辽宁大学男子乙组获得第 2 名，东北财经大学女子乙组获得第 3 名。

国家教委表彰了 112 所贯彻《学校体育工作条例》优秀学校和 211 名优秀青年体育教师，我省东北大学、辽宁大学、东北财经大学、辽宁师范大学、抚顺石油学院、大连海事大学和大连铁道学院获得贯彻《学校体育工作条例》优秀学校，刘相林等 10 人被命名为优秀青年体育教师，刘瑞萍获得全国十佳青年体育教师。东北财经大学和辽宁大学获得国家教委颁发的高等学校“SKC”校长杯。

（六）第 6 届大学生运动会（2000 年 9 月 3～11 日在成都市举行）

（1）奖牌数量：共获奖牌 69 枚，其中金牌 28 枚、银牌 18 枚、铜牌 23 枚。

（2）获得团体总分第 2 名。

（3）篮球队：辽宁大学获得男子乙组第 4 名，东北财经大学获得女子乙组第 2 名。

（4）乒乓球队：女子团体总分第 3 名。

（5）游泳队：获得团体总分第 1 名，女子团体总分第 1 名，男子团体总分第 3 名。

（6）辽宁省代表团田径乙组代表队获得比赛的“体育道德风尚奖”。东北财经大学和辽宁师范大学获得国家教育部颁发的高等学校“SKC”校长杯。

（七）第 7 届大学生运动会（2004 年 8 月 28～9 月 6 日在上海市举行）

（1）奖牌数量：共获奖牌 24 枚，其中金牌 7 枚、银牌 7 枚、铜牌 10 枚。

（2）田径队：大连大学获得女子甲组团体总分第 5 名；辽宁大学获得女子乙组团体总分第 8 名；2 名田径运动员打破大运会纪录。

（3）篮球队：东北财经大学女子篮球队获得第 5 名；东北大学男子篮球队获得第 5 名。

（4）乒乓球队：沈阳师范大学的万辉获得男子单打第 2 名，沈阳师范大学赵宇和许博获得男子双打第 3 名。

（5）游泳队：16 人打破 13 项大运会纪录。

大连海事大学获得了教育部颁发的高等学校“SKC”校长杯。

三、"飞利浦"中国大学生足球联赛成绩（表 5-3-2）

表 5-3-2 "飞利浦"中国大学生足球联赛成绩

届数	比赛时间	比赛地点	参赛学校	名次
1	2001 年	上海同济大学	东北财经大学	1
2	2002 年	大连理工大学	东北财经大学	2
3	2003 年	四川大学	东北财经大学	3
4	2004 年	东北财经大学	东北财经大学	4
5	2005 年	中国人民大学	东北财经大学	7

四、"李宁杯"中国大学生足球联赛成绩（表 5-3-3）

表 5-3-3 "李宁杯"中国大学生足球联赛成绩

届数	比赛时间	比赛地点	参赛学校	名次
1	2006 年	沈阳工业大学 沈阳建工学院	东北财经大学 沈阳工业大学	6 7

五、其他体育获奖

1979 年，由国家体委、国家教委、共青团中央联合举行的全国重点大专院校田径通讯赛上，大连理工大学获得男子团体冠军，女子团体第 7 名。

1980 年，由国家体委、国家教委、共青团中央联合举行的全国重点大专院校田径通讯赛上，大连理工大学获得男子团体冠军。

1983 年 8 月，全国十省市大学生"友谊杯"篮球赛在大连铁道学院举行，辽宁大学男队获得冠军。

1983 年，国家教委、卫生部、共青团中央授予辽宁大学"体育、卫生工作先进集体"称号。

1984 年 1 月，由国家教委主办的全国大学生"孔雀杯"篮球邀请赛在辽宁大学举办，辽宁大学男、女队双获第 3 名。

1985 年 8 月，第 3 届全国大学生"兴华杯"排球邀请赛在辽宁师范大学举办，辽宁师范大学男队获得第 3 名，女队获得第 4 名。

1991年，“美菱杯”中国大学生首届足球赛（合肥），东北财经大学获得冠军。

1993年，中国大学生第2届足球赛（武汉），东北财经大学获得冠军。

1995年，中国大学生第3届足球赛（大连），东北财经大学获得冠军。

1995年1月，在广州亚洲大学生田径邀请赛上，东北财经大学队获得金牌8枚，女子团体第1名，男子团体第3名，男女团体第2名。

1996年，“吉列杯”中国大学生足球赛锦标赛（上海），东北财经大学获得冠军。

1997年8月下旬，辽宁大学男篮和东北财经大学女篮代表中国大学生体育代表团参加了在意大利举行的世界大学生运动会，分别获得男篮第4名和女篮第3名。

1997年，中国大学生第4届足球赛（昆明），东北财经大学获得冠军。

2004年7月，首届“李宁杯”中国大学生五人制足球联赛总决赛在北京市中国人民大学举行，沈阳工业大学男子足球队获得总决赛冠军。

2005年，沈阳体育学院、东北财经大学、辽宁工学院等获得国家体育工作先进单位称号。

思考题

1. 面对辽宁悠久的体育文化历史，说说你小时候进行过哪些体育游戏活动，这些活动对你身体技能的形成有何帮助？

2. 辽宁体育健儿曾经创造出了中国体育史上的许多第一，你所了解的辽宁体育优势项目有哪些？请说出5个辽宁省获得奥运会金牌的运动项目和运动员。

3. 根据自己学校体育教学的形式、方法、内容和考核，结合自己的感受，谈谈高校体育课教学的作用。

第六章　田径运动

【学习目标】

1. 了解田径运动的概念、分类以及部分田径运动项目的动作方法和健身价值。

2. 学会从田径运动项目中提取锻炼身体的原则和方法。

田径运动是人们参加竞技和锻炼身体的走、跑、跳、投等各项身体运动的总称，是一项易于在大学生中开展且健身价值较高的运动项目。经常、系统地参加田径运动锻炼，能有效地提高人体的走、跑、跳、投等基本活动能力，促进人体正常生长发育和各器官、系统机能的发展，全面发展速度、力量、耐力、灵敏和柔韧等身体素质，提高人体对外界环境变化的适应能力。田径运动又是一项重要的竞技运动项目，可分为田赛和径赛两大类，田赛是以高度和远度丈量成绩的项目，径赛是以时间计算成绩的项目。本章主要叙述几种健身价值高且适于在大学生中开展的田径项目。

第一节　走

走是人的最基本的活动方式。21 世纪，利用行走来健身已逐渐成为一种时尚。下面介绍几种走路健身方式，希望你也能成为“走步族”的一员。

一、北欧竞步

Nordic Walking，是欧美目前最新潮的运动之一，中文将之翻译为北欧式行走、越野行走、滑雪式竞步、北欧竞步等，最早于 1997 年出现在北欧国家芬兰，指持专用手杖徒步行走。

相对于普通行走，北欧竞步需要更多的行走技巧：在迈开左腿前行时，要求右手持手杖一同向前，左手则持手杖拄地减轻右腿的负担，同时用力把身体推向前方，使行走时的步伐更大，速度也更快。北欧竞步可以锻炼运动者的耐力和肌肉力量，还能缓解颈部和肩部肌肉的紧张。由于运动期间心率比普通行走时快出约 13%，所以能有效增强心血管系统功能。

科学家经过测算认为，在同样速度下，北欧竞步要比普通行走多消耗 20%的热量。如果走得更快，多消耗的热量可以达到 46%，能有效消耗腰、腹、臀部的多余脂肪，达到减肥的目的。为了达到最佳的锻炼效果，每次行走时间不应低于 30 分钟。

二、有氧运动“八步法”

(1) 大步走：步幅比散步时稍大，肌肉用力模式就会改变。心脏不太好的人、糖尿病病人、高血压病人，都可以用这种方法去锻炼。100 m 的距离，男性最好用 100 步走完，女性用 110 步走完。

(2) “10 点 10 分”走：如因颈椎病挤压神经，产生麻、胀等不适感，可在走步锻炼时加一个动作，即两手侧平举到钟表上 10 点 10 分的位置走 200 步，可以锻炼颈部肌肉，缓解颈椎痛，有助延缓颈部关节退化。

(3) 呼吸锻炼走：走步时心里默念“1、2、3、4”，每 4 步循环一次，要求 1～3 步吸，第 4 步要快呼，呼得越快，肺里的空气吐得就越快，肺部张开的幅度就会越大，肺部细胞张开的总量就多，对新鲜空气吸得越深。这种锻炼会使携氧红血球和二氧化碳交换的几率加大，促进全身细胞充氧，会产生舒服感，有益健康。

(4) 扭着走：扭着走的过程相当于给腹腔里的肠子进行良性按摩。这种主动的蠕动可以帮助改善排便功能，防止便秘，锻炼骼腰肌。

(5) 高抬腿走：就是高抬大腿行进。这样每天坚持走 200 步，大腿根会感到累，这个“累”能帮助预防疝气。

(6) “认真”走：认真沿直线行进，有意增加走的难度，会改善人体神经系统功能，特别是防止小脑萎缩。“认真”走，不仅能加大肌肉的运动负荷，还能增加神经系统的参与量，锻炼神经系统的指挥能力和控制能力。

(7) “弹”着走：两脚脚趾朝前，每走一步脚趾都要用力，把人弹起来。这种行走方式可使脚弓参与锻炼，防止足部肌群功能下降，防治脚趾痛、拇外翻、脚弓塌陷、踝关节肿胀等病痛。

(8) 倒着走：两腿交替后行，可加强腿部和腰部肌肉力量，比正常前行耗氧多；能增强人体平衡感，保健小脑。倒着走时要选择一个自己熟悉的环境，在平坦的路面进行，以保证安全。

第二节　跑

跑是人体水平位移的一种基本运动形式，是单脚支撑与腾空相交替、蹬与摆相配合的周期性运动。跑同时也是人体的一种最基本的活动能力。田径运动中有短跑、中长跑、马拉松跑、跨栏跑、障碍跑和接力跑等竞赛项目。决定跑速的因素主要是步频和步长。本节重点叙述短跑、中长跑、跨栏跑和障碍跑的知识、方法和健身价值，并介绍几种跑的锻炼方法。

一、短跑

短跑是田径运动中距离短、速度快、人体运动器官在大量缺氧情况下完成的极限强度的周期性运动项目。在国内外大型运动会上，短跑的比赛项目有100m、200m、400 m 三项。

（一）短跑的健身价值

短跑不仅是竞技运动项目，同时也是具有较高健身价值的健身项目。经常练习短跑，能提高人体神经系统兴奋和抑制的调节能力以及神经系统传导过程的灵活性；能导致有氧系统酶活性的增加，改善肌肉物质代谢的能力，提高人体的最大摄氧能力和人体运动器官及内脏器官在缺氧条件下的工作能力；它还能发展速度、力量、灵敏、柔韧等身体素质，提高快速奔跑能力以及培养练习者的竞争意识和坚毅、顽强的意志品质等。

（二）短跑的动作方法

田径运动中的短距离跑分为起跑、起跑后的加速跑、途中跑和终点跑四个紧密相连的部分。

1. 起跑

短跑起跑采用蹲踞式，正式比赛必须使用起跑器。听到“各就位”口令后，两手撑地，两脚依次蹬在前、后起跑器的抵足板上，后膝跪地，两臂伸直，两手间隔比肩稍宽，四指并拢与拇指成“八”字形，颈部自然放松。听到“预备”口令后，平稳地抬起臀部，重心适当前移，身体重量主要落在前腿和两臂上。听到发令枪声或其他出发信号后，两手迅速推离地面，两臂屈肘用力做前后摆动，两腿迅速蹬离起跑器，使身体向前上方运动。

2. 起跑后的加速跑

起跑后的加速跑是指从前脚蹬离起跑器到进入途中跑之间的这一段距离。其动作方法是：蹬离起跑器后，步长逐渐加大，上体逐渐抬起，两脚落点逐渐靠近一条直线；两臂有力摆动，当上体逐渐抬起至正常跑的姿势并发挥较高速度时，即转入途中跑。

3. 途中跑

途中跑是短跑加速到最快速度与冲刺跑之间的距离，它是全程跑中距离最长、速度最快的一段，其任务是继续发挥并保持高速度跑。跑的动作按其动作结构分为后蹬与前摆、腾空和着地缓冲三个阶段。

4. 终点跑

终点跑是全程的最后一段距离，它的任务是尽力保持途中跑的高速度跑过终点，包括终点跑技术和撞线技术。进入终点跑时，要求在距离终点线15～20 m处，保持上体前倾的姿势，加强摆臂和后蹬，尽量减少跑速的下降。终点撞线技术要求练习者在跑到离终点约一步距离时，上体急速前倾，双臂后摆，以躯干任何部位撞终点线。

二、中长跑

中长跑是发展耐力的项目，是以有氧代谢为主的耐力性和周期性运动项目，它是指800 m至10 000 m之间距离的跑。中长跑能力是衡量练习者心肺功能的重要指标，其比赛项目有800 m、1 500 m、3 000 m、5 000 m和10 000 m。要使中长跑锻炼科学、有效，必须掌握合理的技术和方法。

（一）中长跑的健身价值

经常参加中长跑锻炼，能增强呼吸系统、循环系统的机能，发展耐力素质，培养坚毅、顽强的意志品质和克服困难的精神。由于中长跑是人体在有氧情况下进行的，运动中消耗的能量较大，因此，中长跑是提高人体抗疲劳能力的重要手段，同时也是防止体内脂肪过多的有效手段。现代医学观察和研究证明，中长跑还具有预防和治疗某些慢性疾病、增强体质、提高健康水平和延年益寿的作用。

（二）中长跑的动作方法

中长跑起跑时通常采用站立式，起跑前先站在起跑线后3 m集合线处，当听到“各就位”口令后，走到起跑线后；当听到出发信号（如枪声）后，迅速出发进入加速跑。起跑后的加速跑上体前倾较大，两腿交替跑进速度较快，摆臂、摆腿和后蹬都应迅速而积极。途中跑时上体接近垂直或稍向前倾，头部正直，躯干自然挺直而不僵硬；摆臂时，肩部放松，两臂弯曲，两手握拳，前后自然摆动。中长跑时，为了保证机体对氧气的需求，呼吸要有一定的频率和深度并与步伐配合起来，一般是2～3步一呼气，2～3步一吸气。

三、跨栏跑与障碍跑

跨栏跑是在快速奔跑中连续跨过固定距离、数量和高度栏架的运动项目，是田径运动中技术比较复杂，对人的素质要求较高，锻炼价值比较高的运动项目。跨栏跑的正式比赛项目有男子110 m栏、400 m栏，女子100 m栏、400 m栏等。跨栏跑的成绩取决于练习者的平跑速度、跨越栏架的速度以及跑、跨结合的能力。不论哪种距离的跨栏跑都有时间短、难度大的特点，适合于在田径运动基础较好的人群中开展。障碍跑是指在快速奔跑中越过数个不同形式障碍物的跑，它的运动形式有些类似跨栏跑，但障碍物的设置比较灵活。

（一）跨栏跑和障碍跑的健身价值

大学生参加跨栏跑或障碍跑练习，能够有效地发展速度、弹跳力、灵敏性和柔韧性等身体素质，改善中枢神经系统对各相关肌群的调控和支配能力，提高呼吸和心血管系统的功能，培养速度感、节奏感以及勇敢、顽强的精神和克服困难的勇气，还能提高日常生活中跨越不同障碍的能力。

（二）跨栏跑与障碍跑的动作方法

1. 跨栏跑的动作方法

跨栏跑的动作分为起跑上第一栏技术、跨栏步技术、栏间跑技术和终点跑技术四个部分，具体方法是：蹲踞式起跑后，两腿积极后蹬，有力摆臂并积极加速，准确踏上起跨点后迅速过栏，完成起跨和过栏动作。在全程跨栏跑中，首先要跨好第一栏，这对积极发挥速度、建立良好节奏有着十分重要的意义（图 6-2-1）。

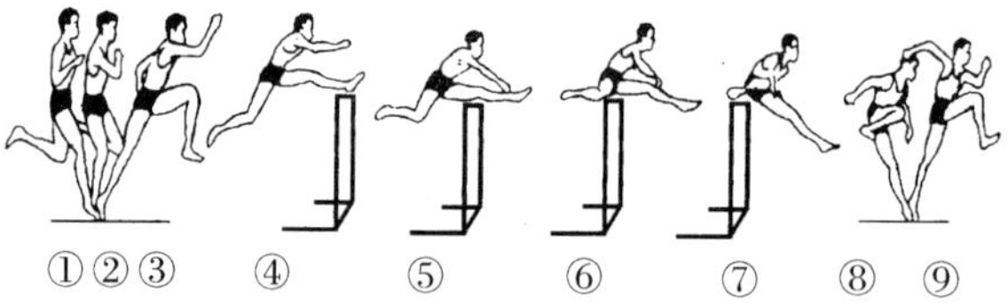

图 6-2-1　跨栏跑的动作方法

2. 障碍跑的动作方法

障碍跑的动作方法是根据障碍物的形式而定，不同的障碍物形式，越过的方法不同。

（1）“踏上式”越过障碍方法：在跑道上设置高 30～50 cm 的障碍物（如跳箱盖、体操凳或其他器械），起跨腿用力蹬地起跨，上体稍向前倾，摆动腿屈膝前摆高抬，用前脚掌踏上障碍物。当重心移过支撑点上方时，支撑腿迅速伸直蹬离障碍物；另一腿迅速前迈，用脚掌着地，然后继续向前跑进（图 6-2-2）。

（2）“跨步式”越过障碍法：在跑道上设置高 30～50 cm 的障碍物，如跳箱盖、体操凳、木栅栏或用两条相距 1.5 m 左右的石灰线设置“壕沟”。练习时，助跑 10～15 m，当跑到障碍物前 1～1.5 m 处时，起跨腿用力蹬地起跨，摆动腿屈膝高抬向前跨步。上体稍前倾，起跨腿同侧臂前摆，异侧臂后摆，然后起跨腿屈膝向前提拉越过障碍物，摆动腿伸直准备落地。

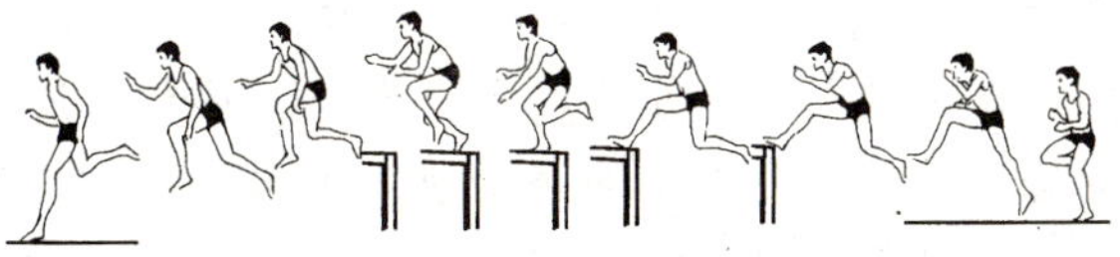

图 6-2-2 “踏上式”越过障碍法

当摆动腿前脚掌落地后，继续向前跑进（图 6-2-3）。

图 6-2-3 “跨步式”越过障碍法

（3）“钻过式”越过障碍法：在跑道上放置一个或数个相连的普通栏架。助跑 10～15 m，当跑到障碍物前 1～1.5 m 时，采用屈膝团身的方法迅速钻过障碍物，然后起身继续向前跑进。

（4）手脚支撑越过障碍法：在跑道上横放跳箱或设置高 1 m 左右的横木。

助跑 10～15 m，当跑到障碍物前约 60 cm 处时，用右手扶在障碍物右侧，右脚起跳，左脚踏上障碍物左侧，右臂伸直，将身体支撑在障碍物上，然后右腿屈膝越过。

除了以上几种越过障碍的方法外，还有“绕过式”、“走独木桥式”、“攀越板墙式”等方法。练习者还可以通过自己的想象或在老师的指导下进行各种方法的锻炼。

四、接力跑技术

接力跑形式多样，在大型室外田径比赛中，正式设置的场内竞赛项目为男、女 4×100 m 接力跑和男、女 4×400 m 接力跑。规则要求必须在 20 m长的接力区内完成传接棒动作，但 4×100 m 接力跑的接棒运动员可在接力区起跑线后 10 m 的预跑区内起跑。

目前，男子 4×100m 接力跑的世界纪录为 37.40 秒，女子为 41.37 秒。男子 4×400 m 接力跑的世界纪录为 2 分 54.29 秒，女子为 3 分 15.17 秒。

（一）4×100m 接力跑技术

1. 起跑

（1）持棒起跑：第一棒运动员采用蹲踞式起跑，通常右手持棒，其基本技术与短跑起跑相同，但接力棒不得触及起跑线及起跑线前地面。持棒的方法是用中指、无名指和小指握住棒的末端，用拇指和食指分开撑地。

(2) 接棒人起跑：第二、第三、第四棒运动员多采用半蹲式或站立式起跑。第二、四棒选手站在跑道外侧，第三棒选手站在跑道内侧。接棒运动员起跑姿势的选择，主要取决于能否快速起跑和进入加速跑，能否清晰地看到传棒选手以及设定的起动标志。

2. 传接棒方法

一般采用不看棒的传接棒方法，这种方法分为两种：

(1) 上挑式：接棒人手臂自然后伸，手臂与躯干约成 40°～45°角，掌心向后，虎口张开朝下。传棒人将棒由下向前上方“挑”送到接棒人手中。

此种方法的优点是接棒人手臂后伸的动作比较放松，易掌握。缺点是第二棒接棒后，手已握在棒的中部，这样不便于持棒快跑。另外，第三、四棒传接棒时，棒的前端已所剩不多，所以相对容易掉棒。

(2) 下压式：接棒人手臂后伸，与躯干约成 50°～60°角，掌心向上，虎口向后，拇指向内。传棒人将棒的前端由上向下“压”送到接棒人手中。

此种方法的优点是每一次传接棒都能握住棒的一端，便于持棒快跑。缺点是接棒人在手臂后伸时相对紧张。

在 4×100 m 接力跑中也可以采用混合式的传接棒方法：第一棒运动员右手持棒，沿弯道内侧跑进，用上挑式将棒传出；第二棒运动员左手接棒，沿跑道外侧跑进，用下压式将棒传出；第三棒运动员右手接棒，沿跑道内侧跑进，用上挑式将棒传到第四棒运动员的手中。

3. 传接棒的时机

在 20 m 接力区和 10 m 预跑区的 30 m 内，传接双方都能发挥出接近自己最高跑速时，为传接棒的良好时机。一般把这一时机设计在离接力区末端 3～4.5 m 处出现。此时，传棒运动员仍处于高速跑进之中，而接棒运动员也能加速到一定的水平。

4. 传接棒时的获益距离

一般当传棒人距接棒人 2～1.5 m 左右时，即发出接棒口令，随即接棒人迅速后伸手臂接棒。传接双方在高速跑进中顺利完成传接动作瞬间身体重心相距的最大水平距离，习惯上称为获益距离。如果每一接力区能产生 1.5 m 左右的获益距离，那么全程将有 4.5 m 甚至更多的获益距离，这对提高 4×100 m 接力跑的成绩有重要意义。获益距离取决于运动员的身高、臂长、手臂的伸展程度以及传接棒技术的熟练程度。

5. 接棒人起跑标志的确定

起跑标志的作用是当传棒人跑到此标志时接棒人开始起跑。此标志离接棒人起跑处的距离是根据传接双方的跑速以及传接棒技术的熟练程度等因素来确定的。其计算方法有多种，下面介绍比较简单易行的一种：

标志距离$=V\times T-(D-D1)$

V：传棒人最后 30 m 的平均速度；

T：接棒人从起跑至接棒点所用时间；

D：接棒人从起跑至接棒点所跑距离；

$D1$：获益距离，一般设计为 1.5 m。

以上计算尚属粗略，要在反复调整中才能最后确定。其中，根据接棒人起跑加速的能力确定 D 是很重要的一环。

6. 接力队员的棒次安排

4×100 m 接力跑的成绩主要取决于各棒运动员的短跑速度和传接棒技术。一般第一棒应选择起跑好并善跑弯道的选手；第二棒应是传接棒技术熟练且专项耐力较好的运动员；第三棒除应具备第二棒的长处外，还要善跑弯道；第四棒通常是短跑成绩最好、冲刺能力最强的运动员。

（二）4×400 m 接力跑技术

4×400 m 接力跑的传接棒技术相对简单，但由于传棒人最后跑速已不快，所以接棒人应慢速跑进，目视传棒人，顺其跑速接棒，然后再快速跑出。

第一棒采用蹲踞式起跑，持棒方法同 4×100m 接力第一棒。第二棒采用站立式起跑，通常站在接力区后沿的前面，头部转向后方，眼盯同队的传棒队员。如果传棒人最后仍有一定的速度，那么接棒人可以早些起跑；如果已较缓慢，则应晚些起跑；如果已筋疲力尽，则要主动接棒，并力争早些完成传接棒动作。第三、四棒的接棒方法基本同第二棒，只是要注意服从裁判安排，并注意在不影响其他队跑进的情况下从两侧退出跑道。

4×400 m 接力跑各棒次运动员的安排原则一般为：

（1）第一棒安排技术良好、实力较强的选手，力争在第一个 400 m 成为领先者，这样有利于第二棒运动员水平的充分发挥，并对全队士气起到鼓舞作用。

（2）第四棒应是全队实力最强的选手。接力跑的胜负有时会突出地表现在最后一棒运动员的竞争上。

（3）按运动员实力及竞技状态排序，一般为：乙—丙—丁—甲。

第三节 跳跃

跳是人类的基本活动技能之一，是全身肌肉协调用力，克服自身重量的运动。田径运动中的跳跃，是人体运用自身的能力或借助一定的器材，通过一定的运动形式，使人体腾越尽可能的高度和远度的运动项目，是周期性和非周期性相结合的混合性质的运动。不管是哪一个项目的动作过程，都可以划分为助跑、起跳、腾空、落地四个紧密相连的阶段，其中助跑和起跳阶段是影响跳跃成绩的主要阶段。本节主要介绍被列为高校体育主要教学内容的跳高、跳远（蹲踞式、挺身式、立定跳远）项目。

一、跳高

跳高是人体通过快速助跑和有力起跳，采用合理的过杆姿势，使身体腾越尽可能高的垂直障碍的运动项目。1864 年，跳高首次被英国作为一项竞技项目列入田径比赛。在跳高技术发展的一百多年里，曾出现过跨越式、剪式、滚式、俯卧式、背越式五种姿势。目前，在跳高竞技场上，背越式是最为流行的姿势。在学校体育教学中，跨越式和背越式经常被列为跳高项目的主要教学内容。

二、跳远

跳远也叫急行跳远，是人体通过快速助跑和有力起跳，采用合理的空中姿势和动作，使身体腾越尽可能远的水平距离的运动项目。据文献记载，在古希腊奥运会上，跳远就是五项运动比赛项目之一。在跳远技术的发展过程中，曾出现过蹲踞式、挺身式和走步式三种不同的空中姿势。三步半的走步是当今跳远竞技场上最为流行的姿势。但是，由于其动作难度较高，要求人体腾空后有较长的滞空时间，因此，在高校教学中多采用蹲踞式、挺身式和立定跳远三种方法。

（一）跳远的健身价值

跳远不仅是一项竞技运动项目，也是一种锻炼身体的手段，是现代学校体育教学的主要内容之一。经常练习跳远能有效发展速度、下肢快速力量和灵巧性，提高神经系统、心脏和血管的功能，增进健康，培养勇敢、顽强、果断等良好心理品质。

（二）跳远的动作方法

1. 蹲踞式跳远的动作方法

通过快速的助跑和起跳以后，形成空中“腾空步”姿势，在“腾空步”的基础上，摆动腿继续高抬，两臂向前摆动，在跳跃距离 1/3～1/2时，起跳腿向前上方提举与摆动腿靠拢，形成空中蹲踞姿势，然后两腿屈膝进一步向胸部靠近，准备下落着地，落地前两臂由体前经体侧摆到体后，接着两腿膝关节伸直，小腿尽量前伸落地（图 6-3-1）。

图 6-3-1 蹲踞式跳远

2. 挺身式跳远的动作方法

通过助跑起跳以后，在完成“腾空步”的基础上，起跳腿继续蹬伸留在体后，然后摆动腿展髋下放，与起跳腿靠拢，两臂外展，并挺胸、送髋使躯干成反弓形，形成展体并拉开身体前部肌群，然后两腿同时前收举腿。两臂开始时一前一后，当摆动腿继续向后运动，继而收腹举腿，两臂上举，准备做落地动作，落地时注意举大腿、伸小腿（图 6-3-2）。

图 6-3-2 挺身式跳远

第四节 投掷

田径运动中的投掷，是人体通过一定的运动形式，抛掷手持的规定器械，并尽可能获得远度的运动项目。它是以力量为基础、以速度为核心的田赛项目。虽然各种投掷项目的器械、场地、运动形式等有所不同，但都可以分成准备（包括握持器械和预备姿势）、预加速（包括助跑、滑步或旋转三种）、最后用力和结束（出手以后的身体平衡）四个紧密相连的技术阶段。正规的比赛项目有铅球、标枪、铁饼、链球四项。本节主要介绍被列为高校体育主要教学内容的铅球项目。

一、投掷运动的健身价值

投掷是一种表现人体力量和协调能力的运动项目。一般来说，从事投掷练习可使肌肉发达，改善肌肉机能的灵活性，提高速度和力量。大量研究证明：标枪运动员的大脑皮质的兴奋过程具有高度的均衡性，前庭分析器具有很高的稳定性。铅球运动员的动作具有很高的灵敏性、节奏感和速度感。经常参加投掷锻炼者，其身体动作具有很强的协调性和灵敏性，其中枢神经系统对快慢、轻重的反应快速。

二、推铅球技术

推铅球是速度力量型项目。目前在竞技体育比赛中，推铅球技术主要有两种，即背向滑步推铅球和背向旋转推铅球。在此仅介绍背向滑步推铅球技术。为了便于分析，把铅球技术分为握持铅球、滑步前的预备姿势、滑步、最后用力和维持身体平衡五部分（图 6-4-1）。

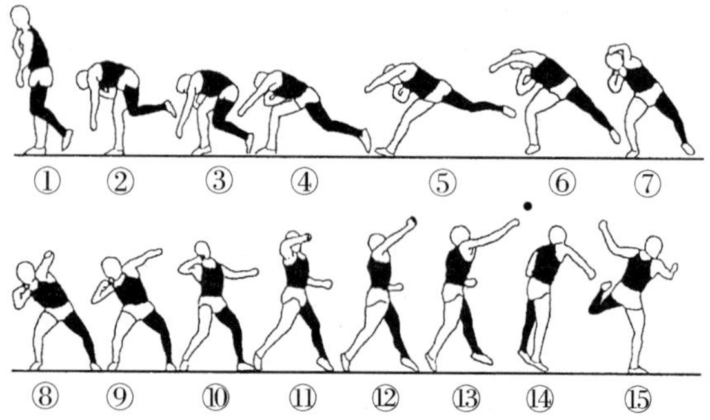

图 6-4-1　背向滑步推铅球

（一）握持铅球

（1）握球（以右手投掷为例）：五指自然分开，将球放在食、中、无名指指根处，拇指和小拇指扶在球的两侧，手腕背屈。

（2）持球：握好球后，将球放在锁骨窝处，贴于颈部，下颌向右转，右臂屈肘，掌心向内，上臂与肩齐平或略低于肩，左臂自然上举，两眼平视前方。

（二）滑步前的预备姿势

预备姿势是滑步前的准备动作，它对铅球运行距离的长短和身体的平衡有重要的作用，并为顺利地进入滑步动作创造良好的条件。滑步前的预备姿势可分为高姿和低姿两种，大多数人采用高姿预备姿势，即持球后，背对投掷方向，两脚前后开立，右脚在前，脚尖贴近投掷圈的后沿；左脚在后，左膝稍屈，以前脚掌或脚尖轻轻点地，上体正直或稍前倾，目视前下方，身体重心压在右腿上。待身体平稳后，上体逐渐前倾，左腿向后上方抬起，左臂自然下垂。然后，右腿弯曲，左腿收回，形成“团身”姿势。这时，上体要与地面基本保持平行，右膝的投影点要在右脚脚尖的前面，铅球的投影点要在右膝的前面，左膝收至右膝腘窝处，身体重心落在右脚前脚掌上，眼睛看前下方 2～3 m 处。

（三）滑步

滑步的目的是使铅球获得一定的水平速度，并为最后用力创造良好的条件。滑步推铅球技术好的运动员，其滑步推铅球的成绩可以比原地推铅球远 1.5～3 m。决定滑步效果的因素主要有三个方面：一是左腿摆动的力量、速度和方向；二是右腿蹬地的力量、速度和角度；三是左腿摆动与右腿蹬地的协调配合。预备姿势完成后，臀部带动身体重心略向投掷方向移动，使其移离身体的支撑点（右脚），便于滑步和避免身体重心起伏过大。接着，左腿以大腿带动小腿迅速向抵趾板方向摆出并外旋，右腿积极蹬伸，并及时拉收、内旋，两腿摆蹬协调配合，推动身体向投掷方向快速移动，形成最后用力前的良好姿势。

滑步开始时，右脚蹬地的方法有两种：一种是脚前掌蹬地，另一种是脚后跟蹬地。前者动作简单、省力，便于拉收右腿，容易掌握；但右腿蹬地不充分，力量小，蹬地角度大，滑步时易造成身体重心上下起伏较大。后者右腿蹬地充分，力量大，蹬地角度小，能减少滑步时身体重心的起伏，更好地发挥水平速度，但对腿部的力量和灵活性要求较高，拉收右腿动作难度较大。

（四）最后用力

最后用力是从左脚落地前开始至铅球离手。最后用力是推铅球技术的关键环节，它对铅球出手初速度的贡献率高达 80%～85%，并直接影响着铅球出手角度和出手高度。

当滑步结束右脚着地时，右腿迅速蹬转，左脚积极着地。滑步结束后，右髋向投掷方向转动，努力保持肩轴与髋轴的扭紧姿势，上体在转动中逐渐抬起。为加快上体转动和抬起，左臂由胸前向投掷方向牵引摆动，使身体由背对投掷方向转至侧对投掷方向。此时肩轴仍落后于髋轴，左臂和左肩高于右肩，体重大部分仍在弯曲而压紧的右腿上，身体形成侧弓姿势，拉长的肌群成待发之势，为躯干最后用力动作创造有利条件。

身体形成侧弓后，右腿继续蹬伸，加速右髋向投掷方向转动和上体的前移，体重逐渐移至左腿，左膝被动微屈。左臂由上向身体左侧靠压制动，同时快速转体，挺胸抬头，用力推球。当铅球将要离手时，右手屈腕，手指有弹性地拨球，以加快铅球出手速度。铅球出手角度一般是 35°～39°。

最后用力前，髋轴在前，肩轴在后，使躯干肌群充分扭紧。最后用力开始后，右腿用力蹬伸，推动右髋转动，使肩轴更加落后于髋轴，从而使躯干肌群得到最大限度的预先拉长。当髋轴转至接近正对投掷方向时，肩轴迅速转动，赶超髋轴，形成自下而上的用力顺序，使下肢和躯干肌肉的力量得到充分的发挥。最后用力过程中，右腿正确的蹬伸用力，能保证髋部正确的运动，而髋部动作直接影响着转体和身体侧弓动作的形成。左腿的支撑动作非常重要，它可以有效地保证动量转换，从而加快上体和铅球向前上方运动的速度，提高铅球的出手高度，并使铅球获得较大的垂直分力，进而达到理想的出手速度和出手角度。

（五）维持身体平衡

铅球离手后，两腿前后交换，身体左转的同时降低身体重心，以便减缓向前冲力，维持身体平衡，避免出圈犯规。

思考题

1. 北欧竞步兴起于哪个国家？它跟普通的行走有什么区别？

2. 短跑的特点和锻炼价值如何？

3. 长跑锻炼对人体的健康有哪些促进作用？评价人体的心肺功能有哪些手段？

4. 蹲踞式跳远、挺身式跳远技术动作是什么？

5. 经常参加投掷项目的活动，对改善人体机能和中枢神经系统有什么好处？

第七章　球类运动（一）

【学习目标】

1. 掌握篮球基本技、战术，培养良好的心理素质和团队精神。

2. 掌握排球基本的技、战术，提高整体配合意识。

3. 掌握足球基本技、战术，能够运用掌握的足球知识看懂比赛和参加比赛。

4. 掌握橄榄球基本技、战术，培养勇于拼搏的精神和团队协作精神。

第一节　篮球运动

篮球运动是一项具集体性、趣味性、观赏性的活动游戏，是广大青年学生十分喜爱的体育运动项目之一。现代竞技篮球运动，已经发展成为一项科学的、技艺化的国际大众性的竞技项目，参加篮球运动能增进健康、发展身体素质、促进心理修养、培养集体团队精神。

一、篮球基本技术

篮球运动技术是在篮球比赛中为了一定目的所运用的各种专门动作、方法的总称，篮球技术是战术的基础，它制约着篮球战术的运用，可简单分为进攻技术与防守技术两大部分，包括移动、运球、传接球、突破、投篮、防守和抢篮板等。

（一）移动

在篮球运动中，移动是指队员为了改变位置、方向、速度和争取高度等所采用的各种脚步动作方法的总称。

1. 基本站立姿势和起动

（1）基本站立姿势：两脚平行或前后开立，与肩同宽，两膝自然弯曲，身体重心的投影点在两脚之间，上体正直稍前倾，两眼平视，时刻保持起动状态（图 7-1-1①）。

（2）起动：身体重心向跑动方向移动，后脚（向前起动）或异侧脚（向侧起动）的前脚掌突然刚力蹬地，同时上体迅速前倾或侧转，手臂协调地摆动，充分利用蹬地的反作用力，迅速向跑动方向迈出（图 7-1-1②）。

图 7-1-1　基本站立姿势

2. 滑步

滑步是篮球运动中个人整体防守移动技术中的基本脚步动作，有侧滑步（图 7-1-2）、前滑步（图 7-1-3）、后滑步（图 7-1-4）三种。

图 7-1-2　侧滑步

图 7-1-3　前滑步

图 7-1-4　后滑步

3. 急停

指队员在跑动过程中与接球技术结合运用成面向对手的姿势，或在徒手跑动时用于摆脱对手的方法。常用的有跨步急停、跳步急停两种。

(二) 持球手法

(1) 双手高手持球手法：两手手指自然张开，两拇指相对成“八”字形，用指根以上部位握球的两侧后下方，手心空出（图 7-1-5①）。

(2) 双手低手持球的手法：持球的两侧，两小拇指相对成“八”字形，手心空出（图 7-1-5②）。

（3）单手高手持球手法：五指自然张开，球置于手上，以指根以上部位接触球，手心向前并空出（图 7-1-5③）。

（4）单手低手持球手法：与高手持球手法相同，只是掌心向上（图 7-1-5④）。

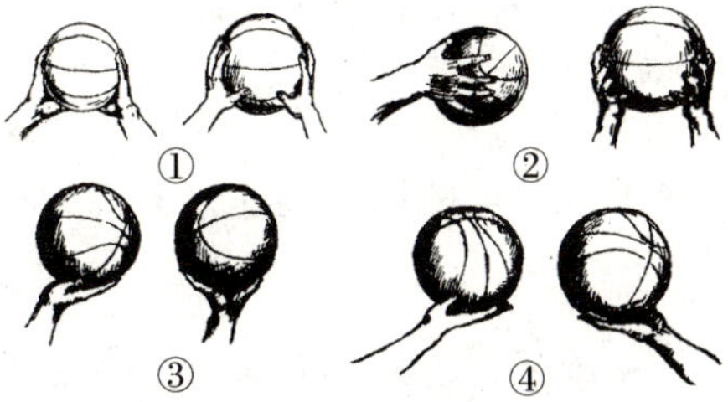

图 7-1-5 双手持球手法

（三）传、接球

1. 双手胸前传球

双手持球，两拇指位于球后侧且成“八”字形，其余四指分开置于球侧，掌心不要触球，传球时，迅速向传球方向伸臂，重心前移、拇指用力下压、手腕前屈、食指和中指拨球（图 7-1-6）。

图 7-1-6 双手胸前传球

2. 单手肩前传球

在单手持球的基础上，借助蹬地和重心前移的力量，手臂向前方挥动，手指快速拨球，使球向目标方向飞出（图 7-1-7）。

图 7-1-7 单手肩前传球

3. 双手接球

接球时，注视来球，手指自然分开，手心空出，双臂向前伸出。在手触球时，双臂顺势随球后引缓冲来球的力量（图 7-1-8）。

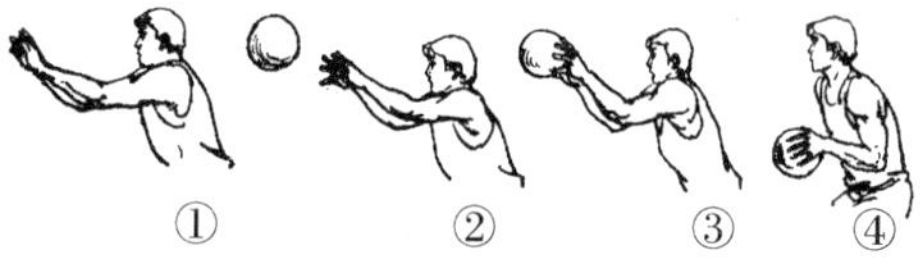

图 7-1-8　双手接球

4．单手接球

伸手迎接来球，当手接触球的同时迅速借来球惯性将球后引至胸前，成双手接球姿势（图 7-1-9）。

图 7-1-9　单手接球

（四）运球

原地或行进中用单手连续按拍地面上的反弹球的动作方法。运球的方式有原地运球、行进间运球、运球急停急起、体前变向运球、运球转身、背后运球、胯下运球等。

学练方法：

（1）原地运球，使手腕和手指流畅地拍按球，注意不要猛力地拍打球。手腕和手指要灵活，学会凭感觉运球，而不是依靠视觉帮助运球，然后逐渐过渡到行进间运球。

（2）不断地变换运球的高度、方向，做各种运球姿势、动作。

（五）持球突破

进攻者运用脚步的灵活动作与运球技术结合起来，快速超越对手的一种攻击技术。

简单分为体前变向运球突破、变速运球突破、背后运球突破、后转身运球突破（图 7-1-10）。

学练方法：

（1）在假设有防守的情况下做基本动作练习，先熟练地掌握一些基本技术，然后可在消极防守或固定模式的防守情况下，进行过渡性练习。

（2）在一名防守对手的干扰下进行接近实战的练习，并最好结合投篮或传球，养成突破后及时、正确地处理球的习惯。

图 7-1-10 体前变向运球突破

(六) 投篮

进攻队员为将球投入对方球篮而采用的各种动作方法的总和。投篮是整个篮球技术体系的核心，可简单分为原地投篮、行进间投篮、跳起投篮、扣篮等（以下动作以右手为例）。

1. 单手肩上投篮

右手依照单手高手持球手法持球于肩上，左手扶球的左侧，右臂屈肘，上臂与地面接近于水平。两脚前后或左右开立，两膝微屈，重心落在两脚之间。投篮时，下肢蹬地发力，身体向前上方伸展，采用单手高手出球手法将球投出，球出手时身体随投篮出手方向自然伸展（图 7-1-11）。

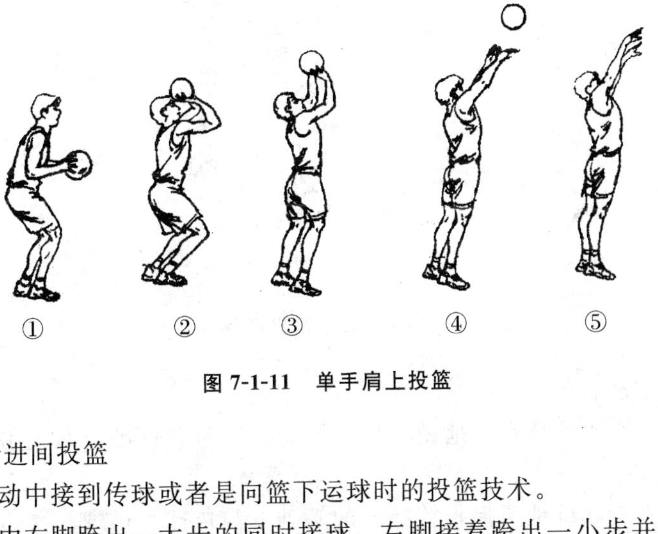

图 7-1-11 单手肩上投篮

2. 行进间投篮

在移动中接到传球或者是向篮下运球时的投篮技术。

跑动中右脚跨出一大步的同时接球，左脚接着跨出一小步并用力蹬地起跳，右腿提膝，双手向前上方举球。当身体腾空接近最高点时，采用低手将球投出，投篮时身体尽量向篮圈方向伸展（图 7-1-12）。

3. 跳起投篮

跳投的准备动作是面对球篮，双脚与肩同宽，屈膝，双脚的脚尖朝向球篮，然后双脚蹬地向上跳起，与此同时，举球上引至额前，在接近最高点时，

图 7-1-12　行进间投篮

手臂上摆，抖腕拨球，球出手后保持手臂与手跟进投篮动作（图 7-1-13）。

图 7-1-13　跳起投篮

学练方法：

（1）一个人持球在原地做模仿投篮动作练习，也可以两人用一个球对做投篮动作。

（2）在较熟练地掌握投篮技术的基础上与传球、运球、突破等技术结合起来练习，然后再过渡到有防守干扰情况下的练习。

二、篮球基本战术

（一）战术基础配合

指在篮球比赛中，队员二三人之间有目的、有组织、协调行动的简单攻守配合方法，它是组成全队战术配合的基础。战术基础配合包括进攻战术基础配合和防守战术基础配合两个部分。

1. 进攻战术基础配合

进攻战术基础配合包括传切、掩护、策应和突分配合。

（1）传切配合：进攻队员之间利用传球和切入技术组成的配合。

a. 一传一切配合。⑤传球给④后，立刻摆脱对手黑 5 向篮下切入，接同伴④的回传球投篮（图 7-1-14）。

b. 空切配合。④传球给⑤时，⑥乘对手不备之机，突然横切或从底线切向篮下接⑤的传球投篮（图 7-1-15）。

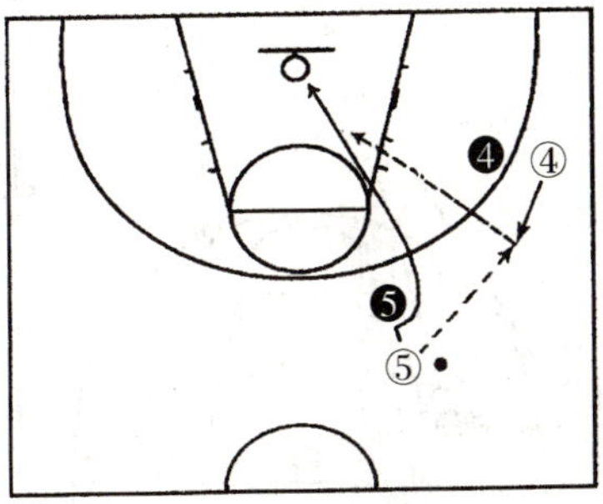

图 7-1-14　传切配合

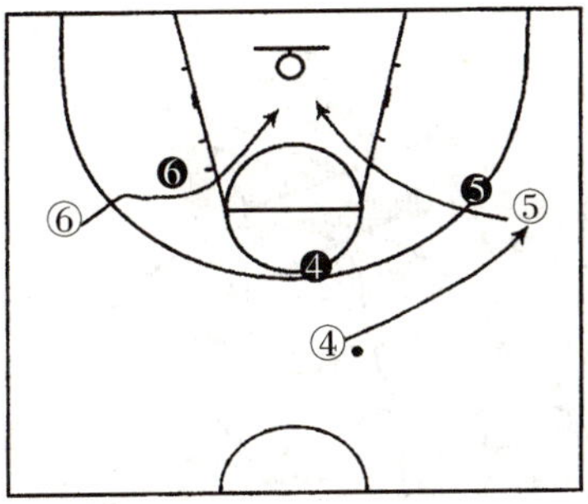

图 7-1-15　空切配合

（2）掩护配合：掩护队员采用合理的行动，以自己的身体挡住同伴的防守者的移动路线，使同伴借以摆脱防守的一种配合方法。

a. 前掩护配合。⑥跑到黑 5 的前面给⑤做前掩护，⑤利用掩护拉出，接④传来的球投篮或做其他攻击动作（图 7-1-16）。

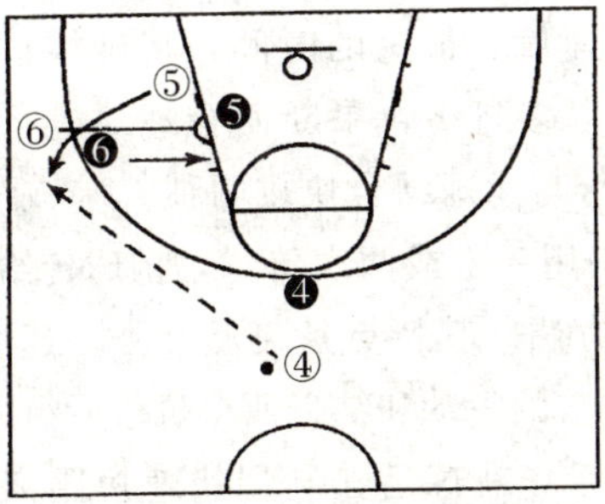

图 7-1-16　前掩护配合

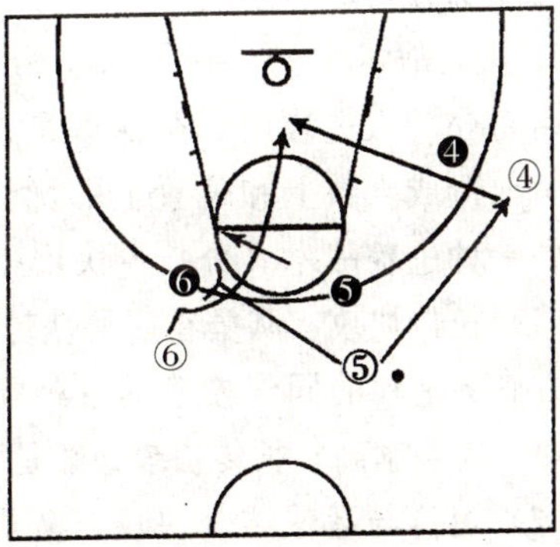

图 7-1-17　侧掩护配合

b. 侧掩护配合。⑤传球给④后，即向相反方向跑动给⑥做侧掩护，当⑤的侧面掩护到位时，⑥摆脱防守切入篮下接④的传球投篮（图 7-1-17）。

2. 防守战术基础配合

在篮球比赛中二三人之间为了破坏对方进攻配合所组成的简单配合，防守战术基础配合包括抢过、穿过、绕过、关门、夹击、补防和交换防守配合等。

(1) 抢过配合：是破坏掩护配合的积极有效方法之一。④传球给⑤后给⑥做掩护，黑 6 在④靠近自己的一刹那，迅速抢前一步贴近⑥，从⑥和④中间抢过去继续防守⑥（图 7-1-18）。

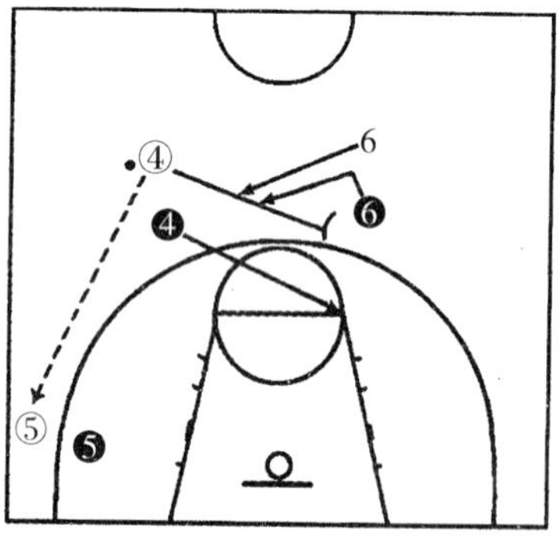

图 7-1-18　抢过配合

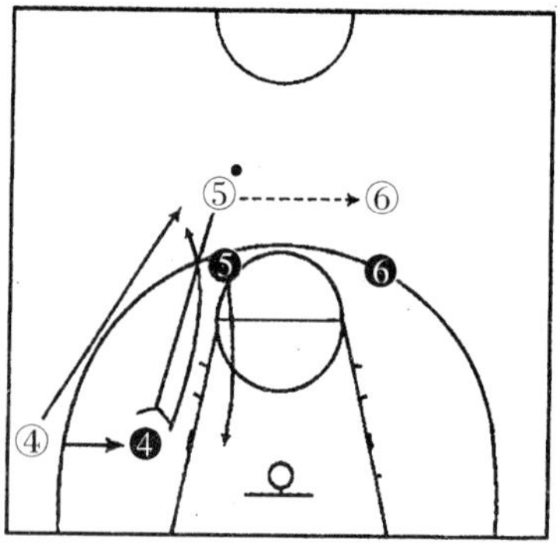

图 7-1-19　穿过配合

(2) 穿过配合：是破坏掩护配合并及时防住自己对手的一种配合。⑤传球给⑥后立即给④做掩护。黑 4 当⑤给④掩护到位前一刹那主动后撤一步，从⑤和黑 5 中间穿过去，继续防守④（图 7-1-19）。

(二) 快攻与防守快攻

1. 快攻战术

由防守转入进攻时，全队以最快的速度、最短的时间，将球推进至前场，争取造成人数上和位置上的优势，以多打少，果断而合理地进行快速攻击的一种进攻战术。分长传快攻和短传与运球结合快攻两种。

(1) 长传快攻：队员在后场获球后，用一次或两次传球，将球传给快速向对方篮下跑动的同伴投篮的一种配合方法。其特点是突然性强、速度快、时间短、成功率高。长传快攻一般是由快攻的发动和结束两个阶段所组成。

(2) 短传与运球结合快攻：队员在后场获球后，利用快速短距离传球或运球推进到前场进行攻击的配合方法。

2. 防守战术

(1) 防守快攻战术：由攻转守的瞬间及时组织防守阵形，主动阻止和破坏对方快攻的防守战术。防守快攻要从全力拼抢前场篮板球开始，在失去球权后，首先封堵第一传，堵截接应队员，边退边干扰，力求延缓对方的进攻速度，打乱对方进攻的节奏，推迟对方进攻的时间，借机及时组织全队防守。

（2）半场人盯人防守与进攻半场人盯人防守：篮球比赛中运用最广泛的攻防战术。半场人盯人防守战术是在每名防守队员分别防守一名进攻队员的基础上，相互协作的一种全队防守战术；而进攻半场人盯人防守战术是运用传切、掩护、策应及突分等基础配合组成的进攻战术。

（3）区域联防：由攻转守时，防守队员迅速退回后场，每名队员按分工负责防守一定的区域，严密防守进入该区域的球和进攻队员，并以一定的形式把每个防守区域的同伴有机地联系起来的全队防守战术。这种战术位置区域分工明确，有利于内线防守、组织抢篮板球和发动快攻。各种形式的区域联防都存在一定的薄弱地区，容易被对方在局部区域形成以多打少而陷于被动。

附：篮球比赛规则简介

（一）违例

1. 违反时间规则的违例

（1）3秒钟规则：控制球队的队员在对方限制区内停留时间不得超过3秒钟，否则为违例。

（2）24秒钟规则：在活球状态下，控球进攻方，必须在24秒钟内投篮出手，否则为违例。

2. 带球走、非法运球、脚踢球和拳击球违例

（1）带球走违例：持球队员超出持球移动的限制范围为带球走违例。

（2）非法运球违例：队员运球手有明显的翻腕动作或在手中有明显的停顿为非法运球违例。

（3）脚踢球和拳击球违例：为了防止危险和粗暴动作出现，凡在比赛中用拳头击球或主动踢球均属违例。

3. 队员出界和球出界违例

当队员身体的任何部分与界线上、界线上方或界线外的地面，或除队员以外的任何物体接触时，即是队员出界。当球触及界外的队员或任何其他人员，触及界线上、界线上方或界线外的地面或任何物体，触及篮板的支柱或背面，即为球出界。

4. 球回后场违例

位于前场的控制球队的队员不得使球回后场，否则为违例。

（二）其他犯规与判罚

1. 侵人犯规

指一种违反规则而与对方发生不合理的身体接触时的犯规。罚则：登记该队员一次犯规，并由对方在犯规地点最近的界线外掷界外球，如果是对投篮队员犯规，则执行罚球。

2. 双方犯规

指两名对抗的队员大约同时互相犯规的情况。罚则：双方各登记一次犯规，并由这两个队员在就近的圆圈内跳球。

3. 违反体育道德的犯规

指队员蓄意地对持球或不持球的对方队员造成侵人犯规。罚则：登记该队员一次犯规，并由被犯规的队员罚球，然后在记录台对面边线的中点处掷界外球。

4. 取消比赛资格的犯规

指恶劣的侵人犯规、技术犯规和违反体育道德的犯规以及恶劣的不道德行为。罚则：登记该队员一次犯规，令其去休息室或离开比赛场馆，并由被犯规的队员罚球，然后在记录台对面边线的中点处掷界外球。

5. 技术犯规

指不一定构成身体接触，但是有意的、不道德的或有投机取巧性质的犯规为技术犯规。罚则：登记该队员一次犯规，并由对方罚球两次。

6. 队员 5 次犯规或 6 次犯规

无论是侵人犯规，还是技术犯规，一名队员犯规共达 5 次（2×20 分钟的比赛）或 6 次（4×12 分钟的比赛），必须离开球场，不得再进行本场剩余的比赛。

7. 全队犯规

当全队犯规累计 4 次（每一节里）或 7 次（每一半场里），该队处于全队处罚状态。

8. 球队的名次

排列球队的名次要按胜负记录的积分来定，胜一场得 2 分，负一场得 1 分，弃权得 0 分。

（1）如果排列中两个队积分相同，则以两个有关队之间比赛的成绩来确定名次，胜者在前。

（2）如果两个以上的队积分相同，再次排列中只考虑积分相同队之间的比赛成绩。

（3）如果再次排列后仍相同，就只考虑同相同的队之间比赛的得失分率，并以此来确定名次。

(4) 如果排列仍相同，则用这些队在组内所有比赛成绩的得失分率来确定名次。得失分率是用除法来计算：

得分率＝总得分/总失分

第二节　排球运动

排球运动是由两支人数相等的球队，在被球网隔开的两个均等的场区内，根据规则以身体任何部位，将球从网上击入对方场区，而不使其在本方场区内落地的体育项目。群众排球运动的休闲娱乐性较强，深受广大群众喜爱；竞技排球比赛要求队员攻防技术全面，网上竞争激烈、观赏性强。参加排球运动可以增进健康，培养人的机智、灵敏、果断、沉着等心理品质和团队精神。

一、排球基本技术

排球技术是指运动员在比赛规则允许的条件下采用的各种合理的击球动作和配合动作的总称。排球技术有两种：一种是有球技术，包括传球、垫球、扣球、发球和拦网；另一种是无球技术，包括准备姿势、移动、起跳及各种掩护动作等。

（一）准备姿势和移动

1. 准备姿势

面对来球，双脚左右开立比肩稍宽，一脚稍前，脚跟稍提起，两膝弯曲成半蹲，上体前倾，两臂自然弯曲置于腹前，两眼注视来球（图 7-2-1）。

图 7-2-1　准备姿势

图 7-2-2　交叉步

2. 移动

移动是由起动到制动的过程。常用的移动步法有：并步与滑步、跑步、交叉步（图 7-2-2）、侧跨步和前跨步等。

（二）传球

传球是组织各种战术的基础，是用手指、手腕的弹击力将球传至一定目标的击球方法。传球分为正面传球、背传球、侧传球和跳传球。

小资料

排球持球手形

双手自然张开成球形，手腕后仰，以拇指、食指和中指托住球的后下部，两拇指相对成“一”字形，手指、手腕保持一定的紧张度；触球部位为拇指内侧、食指大部分、中指的二三指节、无名指的第三指节。

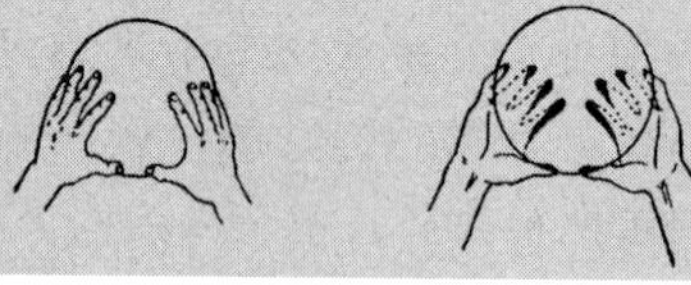

1. 正面传球

面对来球，双手抬起，置于脸前，击球点在额前上方约一球处，利用前臂的力量，配合双脚蹬地、伸膝和身体的协调动作将球传出。随着准备传出球的远近、方向、弧度等变化，击球点也应有所变化（图 7-2-3）。

图 7-2-3　正面传球

2. 侧传球

传球时，身体不转动，靠双臂向侧方传球，手形与正面传球相同，但击球点应偏向传出方向一侧；触球时，双臂向传球方向伸展，异侧手臂的动作幅度应大些，速度稍快些，同时上体也向传球方向倾斜、侧屈，将球传出（图 7-2-4）。

图 7-2-4　侧传球

3. 调整传球

当接发球和防守起来的球无法进行近网传球时，由二传队员或场上其他队员将球传给扣球队员进攻，这种传球称为调整传球。

学练方法：

（1）徒手做传球动作模仿练习。

（2）两人一组，一抛一传或对面连续传球。

（3）调整传球，5 号位专人抛球，2 号位队员从进攻线后跑上调整传球至 4 号位，要求传出的球要适合扣球。

（三）垫球

手臂或身体其他部位利用来球的反弹力将球击出的动作方法。垫球分为正面垫球、体侧垫球、跨步垫球、背垫球、滚翻垫球和鱼跃垫球等。由于两臂击球面持平，控制球面较大，故起球效果好，动作相对简单，便于初学者掌握。

1. 正面垫球

身体对正来球，成半蹲姿势，两臂置于腹前，两手掌紧靠，两手指重叠后互握，两拇指平行，手腕下压，手腕和小臂成一个平面；两脚开立，比肩稍宽，一脚稍前，另一脚稍后；当球到腹前一臂距离时，双臂夹紧插入球下，向前上方蹬地抬臂，用前臂腕关节以上 10cm 左右桡骨内侧，垫击球的后下部，身体重心随击球的动作前移（图 7-2-5）。

图 7-2-5 正面垫球

动作要领：上肢为插、夹、提，下肢为移、蹬、跟。

2. 体侧垫球

当球向左侧飞来时，右前脚掌内侧蹬地，左脚向左跨出一步，左膝弯曲，重心移至左脚上，两臂夹紧向左伸出，用向右转腰和收腹的动作，配合两臂在左侧截住球，垫击来球的后下部；当球向右侧飞来时，以相反动作击球，这种垫球可扩大控制范围，但不易控制垫球方向（图 7-2-6）。

学练方法：

（1）两人一组，一个传球于腹前，另一人用正面垫球方法体会触球部位和用力，两人互换练习。

图 7-2-6　体侧垫球

(2) 个人自垫球或对墙、对网垫球。

(四) 发球

发球队员在发球区内，抛球后用一手将球从网上两标志杆内的空间击入对方场区的击球方法。具有攻击力的发球可直接得分或破坏对方一传。发球分为正面上手发球、正面上手飘球、勾手飘球、勾手大力发球、正面下手发球、侧旋球和跳发球等（以下动作以右手为例）。

1. 正面上手发球

面对球网，自然站立，左手在前将球平稳地向右肩上方抛起，高度适中，右臂随之抬起，屈肘后引，肘略高于肩，身体稍向右侧转移，然后蹬地发力，身体快速左转，同时收腹并带动手臂迅速向前上方挥动，用全手掌击球的中下部；击球时，手掌要自然张开吻合球，手腕要迅速、主动做推压动作将球击出（图 7-2-7）。

图 7-2-7　正面上手发球

2. 正面下手发球

面对球网，两脚前后开立；左脚在前，两膝微屈，上体稍前倾；左手将球平稳地向体前右侧抛起，离手高约 20 cm，右臂伸直，向后摆动，右脚蹬地，身体重心随着右手向前摆动，移至前脚，在身体腹前以全手掌击球的后下方；手触球时，手指、手腕紧张，手掌成“勺”形将球击出(图 7-2-8)。

学练方法：

(1) 抛球练习，在有一定参照物（球网、篮圈）下做抛球动作。要求抛球平稳。

(2) 面对球网，近距离发球，将球击向球网。体会发球动作的连贯性。

(3) 在端线后任一位置，做近、中距离发球，发向指定的不同区域。

图 7-2-8　正面下手发球

(五) 扣球

队员跳起，在空中将高于球网上沿的球击入对方场区内的击球方法，是进攻中最有效的技术，也是得分的主要手段。扣球分为正面扣球、单脚起跳扣球、勾手扣球、扣快球和自我掩护扣球。其中正面扣球是最常用的扣球方法。

正面扣球是队员面对球网起跳，在肩的前上方用手击球过网的方法。助跑时，左脚向前迈一步，右脚再迅速跨出一大步，左脚再及时并上。在助跑跨出最后一步的同时，两臂经体侧向后引，左脚在并上踏地制动过程中，双臂由后积极向前摆动，在向上摆臂的同时，两腿从弯曲制动的最低点，用力蹬地向上起跳；起跳后，挺胸展腹，手臂上举，提肩抬肘，身体成反弓形，左臂稍屈，置于体前，右臂屈肘举起，肘关节高于肩关节，右手置于头的侧上方，手掌自然张开成勺形；击球时，用全手掌击球的中上部，利用转体收腹，大臂带动小臂，手腕如鞭打动作，带动手臂快速挥击，将球扣入对方场区；落地时，前脚掌先着地，并顺势屈膝、收腹，以缓冲身体下落的冲力（图 7-2-9）。

图 7-2-9　正面扣球

学练方法：

(1) 两人一组，原地面对面扣球练习，体会扣球时腰腹、大小臂发力动作。

(2) 在 3、4 号位轮流扣球（由一人抛球），体会扣球时两步助跑扣球。

(六) 拦网

队员在球网上空拦阻对方击球的动作方法，是防守的第一道防线，也是得分的主要手段。成功的拦网会直接造成对方队员心理上的压力，削弱对方的锐气和气势。拦网分为原地起跳拦网和助跑起跳拦网、单人拦网和集体拦网。

1. 单人拦网

当判断到对方进攻点的位置时，防守队员应立即移动选位准备起跳。一般采用顺网平行移动。其步法有：并步移动、交叉步、向前或斜前移动等（图 7-2-10）。

图 7-2-10 单人拦网

2. 集体拦网

二三人配合的拦网方法。一般以双人拦网运用最多，是在单人拦网动作基础上组成的。集体拦网的关键是协调配合，以发挥集体的威力。

二、排球基本战术

比赛双方运用进攻与防守对抗，并结合临场变化，合理地运用技术，组织有针对性的配合行动。排球基本战术分为个人战术与集体战术两种。

(一) 基本阵型

1. 阵容配备

阵容配备是指合理地搭配场上队员技术力量的组织形式，目的在于充分发挥本队集体力量，提高本队的战斗力。

阵容配备有以下几种形式：“三三”配备、“四二”配备、“五一”配备（图 7-2-11）。

2. 位置交换

位置交换是为了解决某些轮次上进攻和防守力量的搭配及阵容配备上的某些缺陷，以便有效地组织攻、防战术。在发球击球后，双方队员可以在本场区内任意交换位置。

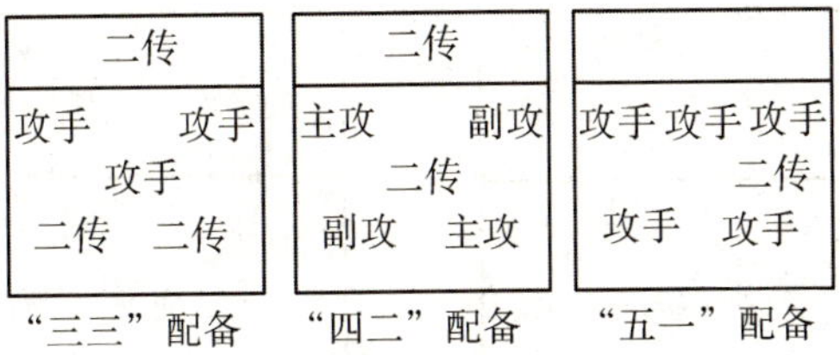

图 7-2-11 阵容配备

3. 接发球站位

接发球的站位直接关系到“一攻”战术能否组成和组成的质量，站位方法应根据本方采用的进攻战术来确定，同时也要考虑到对方发球的方法和特点。

（1）本方采用“中一二”进攻时，接发球站位可采用“一二三”形式（图 7-2-12）。

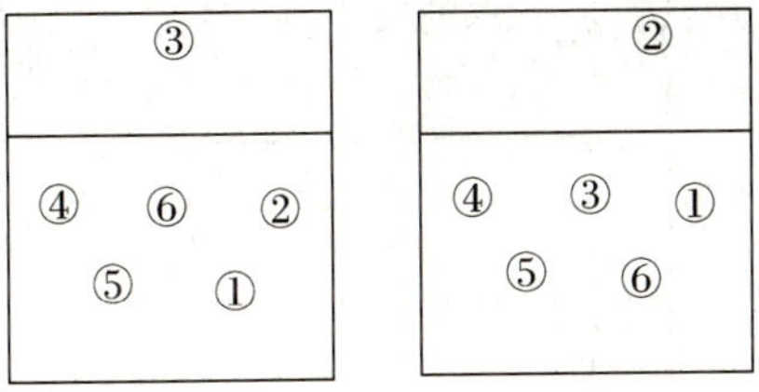

图 7-2-12 “一二三”站位

（2）本方采用“边一二”进攻时，接发球站位可采用“边一三二”形式（图 7-2-13）。

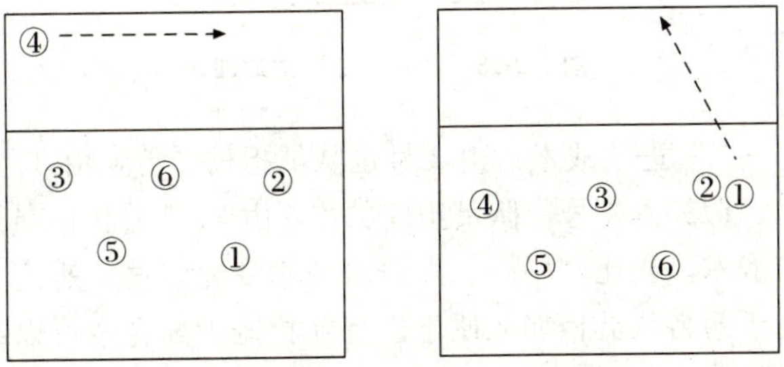

图 7-2-13 “边一三二”站位

（3）本方采用插上进攻时，接发球站位可采用“三二”形式，插上队员可在 1 号、6 号、5 号位置上（图 7-2-14）。

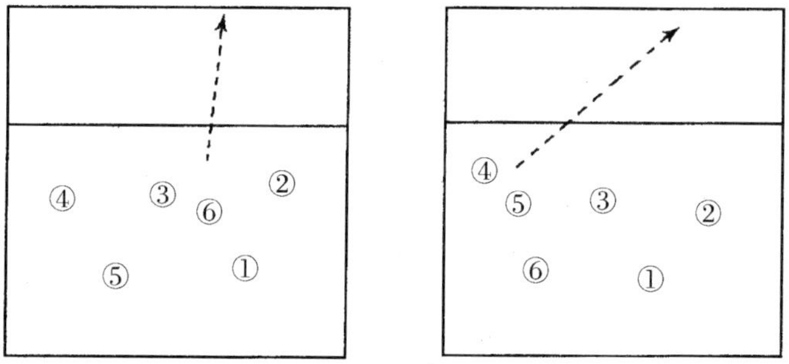

图 7-2-14　“三二”站位

（二）基本战术

1. 进攻战术

（1）“中一二”进攻战术：由 3 号位队员作二传，2、4 号位队员扣球进攻，其特点是比较容易组织，初学者容易掌握。但由于只能两点进攻，变化少，进攻意图易被对方识破，战术的突然性和攻击性不大（图 7-2-15）。

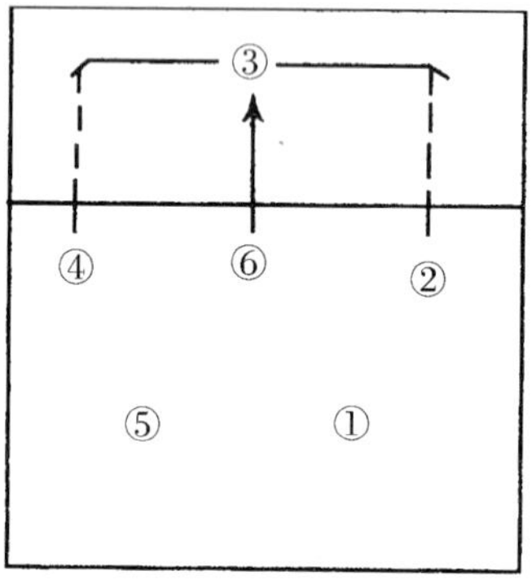

图 7-2-15　“中一二”进攻战术

（2）“边一二”进攻战术：由 2 号位队员担任二传，由 3、4 号位队员扣球的进攻战术。假如由 4 号位队员担任二传，由 2、3 号位队员进攻称为“反边一二”进攻战术。它比“中一二”进攻战术变化多些，难度大、战术配合也较复杂，由于两名队员相邻，便于进行互相掩护配合，可以组织更多的战术配合，突然性和攻击性程度比“中一二”进攻战术高（图 7-2-16）。

2. 防守战术

（1）“边跟进”防守战术：前排不参与拦网，队员要后撤参加防守，与后排 3 名队员要形成面对进攻点的弧形防守区域，并明确各自的防守区域和范围。前排两名拦网队员组成拦网，后排 1 号或 5 号位队员跟进到进攻线附近准备保护（图 7-2-17）。

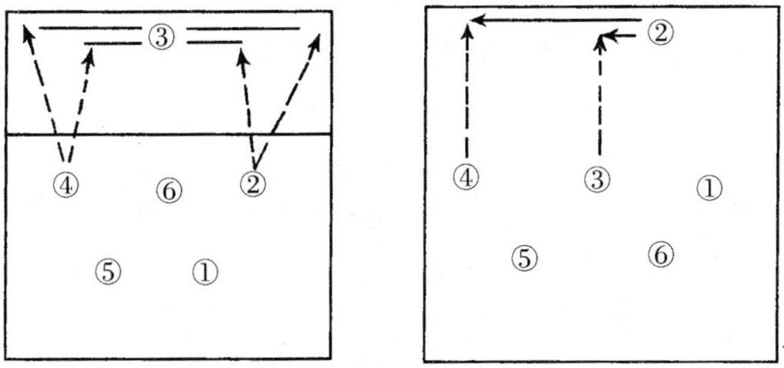

图 7-2-16　“边一二”进攻战术

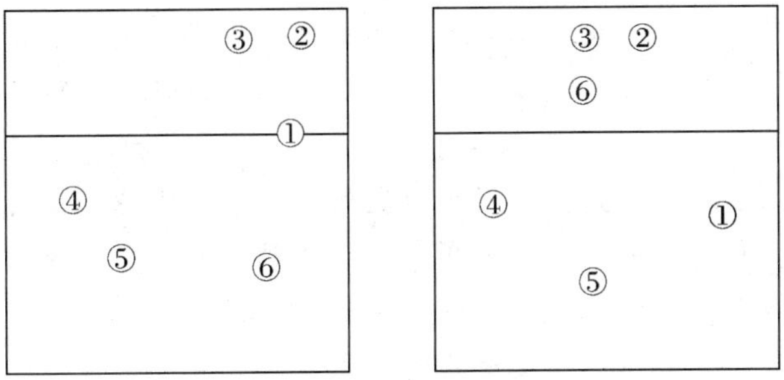

图 7-2-17　“边跟进”防守战术

（2）“心跟进”防守战术：是由 6 号位队员跟进保护、防轻吊球的防守形式，适用于对方进攻力量太强，善于打吊结合时采用。“心跟进”防守方法：前排不参加拦网的队员要及时后撤到进攻线以后准备防守，后排 1、5 号位队员应随着对方进攻点的不同而正确取位（图 7-2-18）。

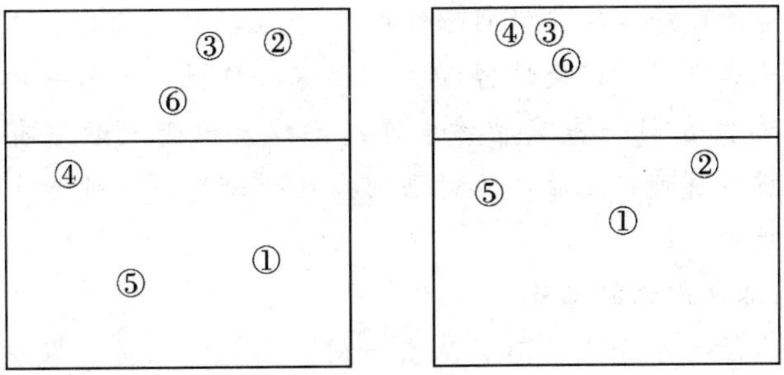

图 7-2-18　“心跟进”防守战术

附：排球比赛规则简介

（一）计分

比赛采用每球得分制，胜一球即得一分。比赛的前 4 局以先得 25 分，并同时超出对方 2 分的队为胜一局。决胜局采用 15 分制。正式比赛采用 5 局 3 胜制，先胜 3 局的队为胜一场。

（二）界内、界外球

(1) 球触及比赛场区地面包括界线为界内球。

(2) 球触及界线以外、场外物体为界外球。

（三）发球犯规、重新发球、发球击球后犯规

(1) 发球犯规：未按照位置表所登记发球次序；裁判员鸣哨后 5 秒之内未将球击出；球未抛起或没清楚离手后击球；击球时脚踏端线或踏过发球区短线。

(2) 重新发球：裁判员鸣哨前的发球；因特殊情况，裁判员认为有必要停止比赛；球被抛起或持球手撤离后，未触及发球队员而落地，被认为发球试图，发球队员必须在再次鸣哨后的 3 秒之内将球发出。

(3) 发球击球后犯规：发出的球触球网、触及发球队员；没有通过球网的垂直平面；发球队的队员不得利用掩护阻挡对方观察发球队员和球的飞行路线。

（四）位置错误

当发球队员击球时，双方任何一名队员不在其规则规定的位置上，则构成位置错误犯规。上述规定，均以队员身体着地部分来判断。

（五）击球时犯规

一个队连续触球 4 次（拦网除外）；队员在场内借助同伴或任何物体的支持进行击球；击球时，使球停滞为“持球”犯规。在第一次击球时，允许身体不同部位在同一击球动作中连续触球，但两次触球有先后，则判“连击”。后排队员可以在后场区对任何高度的球完成进攻性击球但不得参与前排进攻性击球。

（六）在球网附近的犯规

只有击球活动在进攻区时，队员触网为犯规。队员无意识、轻微、不影响比赛的触网和由于球被击入球网而造成球网触及队员则不判犯规。拦网时，允许越过球网触球，但在对方进行进攻性击球前或击球时，在对方空间触球则判过网击球。队员在不妨碍双方比赛的情况下，允许队员在网下穿越进入对方空间，但妨碍对方比赛则判犯规。

（七）暂停与换人

每局每队可请求两次暂停，每次时间限30秒。每局每队最多可替换6人次，可以同时替换1人或替换多人。某一队员受伤不能继续比赛时，需进行合法替换，如果不可能进行合法替换时，可采用特殊替换。如果合法替换和特殊替换均不能进行时，则给予受伤队员3分钟恢复时间，如仍不能进行比赛时，该队被宣布为阵容不完整，比赛结束，保留该队所得分数和局数。

第三节　足球运动

足球运动是一项两队相互对抗、激烈而又富有战斗性的球类运动，是世界体育运动中最为广泛、影响最大的体育项目，被誉为“世界第一运动”，深受世界各国人民的喜爱。足球运动技术复杂、战术多变、参加比赛的人员多、场地大、时间长、运动员能量消耗大，是一项极具对抗性与战斗性的集体项目。

一、足球基本技术

足球技术是指运动员在足球竞赛规则条件下，运用身体的有效部位合理完成各种动作方法的总称。随着当今足球运动的发展，足球技术不仅在内容上更加丰富，而且动作难度也在不断增加。足球技术可分为有球技术和无球技术。

（一）踢球技术

踢球技术的动作过程包括助跑、支撑、摆腿、击球和随前动作五个技术环节。

1. 脚内侧踢球

脚内侧踢球的动作特点是触球面积大，可控性强，出球平稳准确，是短距离传球和射门常用的脚法。其动作方法如下：

（1）踢定位球：直线助跑，支撑脚踏在球侧约15 cm处，膝微屈，脚趾指向出球方向；踢球腿以髋关节为轴由后向前摆动，膝踝外展，脚尖稍翘，以脚内侧部位对准来球，当膝关节接近球体上方时，小腿加速前摆；击球一刹那，脚跟前顶，脚型固定，用脚内侧部位击球的后中部(图7-3-1)。

（2）踢地滚球：要根据来球的速度、方向以及摆腿的时间，确定支撑脚的选位，保证踢球腿能充分地摆踢发力。

（3）踢空中球：大腿抬起，小腿拖后，利用小腿的加速前摆击球，抬

图 7-3-1 脚内侧踢定位球

腿的高度与来球高度相适应，摆腿的时间与来球速度相对应，并根据出球的目标调整击球的部位。

2. 脚背正面踢球

脚背正面踢球的动作特点是踢摆幅度大，动作顺畅，便于发力。但出球路线及性能缺乏变化，适用于远距离的传球和大力射门。其动作方法如下：

（1）踢定位球：直线助跑，支撑脚踏在球侧约 15 cm 处，脚趾指向出球方向，膝微屈，眼睛注视球；在支撑脚前跨的同时，踢球腿大腿顺势后摆，小腿后屈：前摆时，大腿以髋关节为轴带动小腿前摆，当膝关节摆近球体上方时，小腿加速前摆，脚背绷直，脚趾扣紧，以脚背正面击球的后中部；击球后，踢球脚顺势前摆落地（图 7-3-2）。

图 7-3-2 脚背正面踢定位球

（2）踢反弹球：要准确判断球的落点、反弹时间和角度，选好支撑脚的位置，在球落地的一刹那，踢球腿小腿加速前摆击球，在球反弹离地时击球后中部。

（3）踢地滚球：支撑脚应正确选位。踢两侧地滚来球时，脚趾应对准出球方向，击球部位应准确，以保证击球能发上力。对速度较快的来球，要通过加大摆踢力量和调整出球方向，消除其初速度对出球方向的影响。

（4）踢空中球：支撑脚的选位要稍远，以踢球脚能顺利踢摆发力为原则，并可根据来球角度或出球目的选用抽击、弹击或摆击等方法。

3. 脚背内侧踢球

脚背内侧踢球的动作特点是踢摆顺畅，幅度大，脚触球面积大，出球平稳和线路富于变化，是中远距离射门和传球的重要方法。

（1）踢定位球：斜线助跑，助跑方向与出球方向约成45°，支撑脚踏在球侧后方约25 cm处，膝微屈，脚趾指向出球方向，重心稍倾向支撑脚一侧；在支撑脚踏地的同时，踢球腿以髋关节为轴，大腿带动小腿由外后向前内略呈弧线摆动，膝、踝关节稍外旋，当膝关节摆至接近球的内侧上方时，小腿加速前摆；击球时，膝向前顶送，脚背绷直，脚趾扣紧斜下指，以脚背内侧击球的后中下部，击球后踢球脚顺势前摆着地（图7-3-3）。

图 7-3-3　踢定位球

（2）踢地滚球：要注意调整身体与出球方向的角度关系，以便踢球腿摆踢。

（3）搓踢过顶球：踢球脚背略平，插入球的底部做切踢动作，击球后脚不随球前摆。

（4）踢内弧线球：击球点应在球的后外侧，击球一刹那，踝关节内旋发力，脚趾勾翘，使球内旋并呈弧线运行。

4. 脚背外侧踢球

脚背外侧踢球的动作特点是预摆动作小，出脚快，能利用膝、踝关节的灵活变化改变出球的方向和性质，是实用性较强的技术手段。

（1）脚背外侧踢球：动作方法类似于脚背正面踢球，只是摆踢时，脚面绷直，脚趾向内扣紧斜下指，用脚背外侧击球的后中部；击球后，顺势前摆着地（图7-3-4）。

（2）踢地滚球：踢球脚同侧的来球多采用直线助跑，支撑脚在球侧后约25 cm处落位，异侧来球则多采用斜线助跑，支撑脚一般距球约10～15 cm。其他动作则类似踢定位球。

（3）踢外弧线球：支撑脚踏在球侧后约15～20 cm处，踢球腿略呈弧

① ② ③ ④ ⑤

图 7-3-4 脚背外侧踢球

形摆踢，作用力方向与出球方向约成 45°角，脚型同踢定位球，击球点在球的内侧后部。击球后，踢球脚向支撑侧斜摆，以加大球的外旋力量。

学练方法：

（1）各种踢球模仿练习。

（2）两人一组，相距 15 m 用脚的各个部位相互踢定位球。

（3）两人相距一定距离在移动中踢球。

（4）设有标志物，离开一定距离进行踢准练习。

（二）接球技术

运动员运用身体的有效部位，将运行中的球有目的地接控在所需位置上的动作方法，它是运动员获得球的主要手段。良好的接控球能力能为球队创造更多的进攻机会，也是保证进攻战术顺畅的重要因素。接球是将运动状态的球控制住的一个过程，一个完整的接球动作应包括判断选位、支撑、触球动作、接球后跟进四个技术环节。

（1）脚部接球技术：接地滚球时，身体对正来球，选好支撑脚的位置，接球脚要适当抬起，膝踝关节外旋，脚趾稍翘，用脚内侧对准来球，触球刹那，接球部位后撤引球，将球控制在所需位置上。技术特点是接球平稳，可靠性强，动作灵活多变，用途广泛（图 7-3-5）。

① ② ③ ④ ⑤

图 7-3-5 脚部接球技术

（2）胸部接球技术：适用接一定高度的球，接球时，对正来球，两脚自然开立，膝关节微屈，上体稍后仰与来球成一定的角度，触球刹那，胸部挺送，使球向前上方弹起落于体前。技术特点是触球点高、面积宽、接球稳定，适用于接胸部以上的高空球（图 7-3-6）。

①　②　③　④

图 7-3-6　胸部接球技术

（3）大腿接球技术：身体面对来球，用大腿正面迎接球；触球刹那，大腿后引，将球的冲力缓解掉，控制好来球。技术特点是接触球部位面积大，且肌肉有弹性，动作简便易做，适用于接有一定弧度的落降高球(图 7-3-7)。

①　②　③　④　⑤

图 7-3-7　大腿接球技术

学练方法：

（1）两人一组，原地模仿练习，纠正错误动作。

（2）一个抛球一个用上面所介绍部位接球，将球控制好。

（3）移动中队员相互传接各种球，反复练习。

（三）运球技术

运动员在跑动中为将球控制在自身范围内，用脚部进行推拨球的动作方法。采用此类方法突破防守队员，称为运球过人。运球技术包括跑动与触球两方面要素，一个运球动作过程包含支撑脚踏地蹬送、运球脚前摆触球、运球脚踏地支撑三个阶段。

(1) 脚背外侧运球技术：灵活性、可变性强，可做直线、弧线和变向运球，易于控制运球方向和发挥运球速度，便于对球进行保护。

(2) 脚背正面运球技术：直线推拨、速度快，但路线单一，运球时前方需有较大的纵深距离。

(3) 脚背内侧运球技术：自然跑动，步幅稍小，上体略前倾并向球侧稍转，两臂协调摆动。运球腿屈膝提起，脚尖稍外转，前摆，用脚背内侧部位向侧前推拨。其动作特点是控球稳，运球速度较慢，适用于掩护性运球或运球变向。

学练方法：

(1) 走或慢跑中用脚进行各种技术运球。

(2) 运球练习绕过障碍物。

(3) 两人一组，一个人运球，一个人消极退防，然后增加难度练习。

(四) 头顶球技术

运动员有目的地用额部将球击向预定目标的动作方法。头顶球是一个自下而上全身协调发力的动作过程，完成这一动作过程应包括判断与选位、蹬地与身体摆动、击球动作、击球后身体的控制四个方面。

1. 额正面顶球技术

触球部位平坦，动作发力顺畅，容易控制出球方向，出球平稳有力（图 7-3-8）。

图 7-3-8　额正面顶球技术

2. 前额侧面顶球技术

动作快捷、变向突然、出球线路难以预测，对球门的威胁性极大；但动作难度较大，侧摆发力不足，出球方向较难控制，适用于应急时破坏球和接传中球顶射门（图 7-3-9）。

①　②　③　④

图 7-3-9　前额侧面顶球技术

学练方法：

（1）自己抛球，自己顶球练习。

（2）两人一组，一人抛球，另一人用所学顶球技术顶球。

（3）在教学训练中，反复运用顶球技术。

（五）抢、断球技术

防守队员有目的地运用身体的某一部位，将对手控制下或传递中的球夺过来、踢出去、破坏掉的技术动作方法。它是运动员获得球的主要手段之一，是球队转守为攻的主要途径，是运动员个人防守能力的综合体现。抢、断球包含抢球和断球两种技术成分，但从其动作过程分析，都是由判断选位、上步抢断、衔接动作等环节所构成（图 7-3-10）。

①　②　③　④

图 7-3-10　抢、断球技术

二、足球基本战术

在足球比赛中，为了战胜对方，根据主客观情况所采取的个人行动和集体配合的方法。

（一）进攻战术

在比赛中，为了战胜对手所采取的个人进攻行动和集体配合方法。

（1）个人进攻战术：在比赛中，为了战胜对手采取的符合整体进攻目的的个人行动，它包括传球、射门、运球突破、跑位等。

(2) 局部进攻战术：进攻中两个或几个队员之间的配合方法，它是集体配合的基础。基本配合形式有：传切配合、交叉掩护配合和二过一配合。

(3) 整体进攻战术：为了完成进攻战术任务所采用的全局性的进攻配合方法，包括边路进攻、中路进攻、转移进攻、快速反击进攻、层次进攻和破密集防守的进攻。

(4) 定位球进攻战术：比赛开始或比赛中出现死球后恢复比赛时所采用的战术配合方法，包括中点开球、任意球、角球、掷界外球、球门球和点球的进攻战术配合方法。

(二) 防守战术

在比赛中为了阻止对方的进攻和重新控球所采取的个人防守行动和集体配合的方法。

(1) 个人防守战术：为了控制对手所采用的个人战术行动，包括选位与盯人、断球、抢球、封堵。

(2) 局部防守战术：两个或两个以上防守队员之间的配合方法，它是集体防守战术的基础，基本配合有保护、补位和围抢。

(3) 整体防守战术：全队所采取的防守战术，按形式分为区域盯人防守、人盯人防守和混合盯人防守；按打法分为向前逼压式打法，层次回撤式打法和快速密集式打法。

(4) 定位球防守战术：包括中点开球、任意球、角球、掷界外球、球门球和点球的防守战术配合方法。

(三) 比赛阵型

比赛场上队员的位置排列、攻守力量搭配和职责分工的形式。阵型的序列一般是从后卫排向前锋。守门员的人数、职责固定，一般不予计算。例如，“三五二”阵型从后至前3条线，后卫线3名队员，前卫线5名队员，前锋线2名队员。目前，足球比赛中经常采用的比赛阵型有“四三三”阵型、“四四二”阵型、“五三二”阵型、“三五二”阵型和“三五一一”阵型。

附：足球比赛规则简介

(一) 越位位置

(1) 处于越位位置的三个条件：①在对方半场内；②球更接近于对方球门线；③在该队员与对方球门线之间，对方队员不足两人。

上述三个条件中，若缺少任何一条，队员均不属于处于越位位置。

(2) 判断是否处于越位位置的时间是同队队员踢或触球的一瞬间，而不是该队员得球的一瞬间。

（3）越位犯规：处于越位位置的队员，在同队队员踢或触及球的一瞬间，裁判员认为其有下列情况时才被视为越位犯规：①干扰比赛；②干扰对方；③利用越位位置获得利益。位置是前提，触球瞬间是判断的时机，行为和效果是构成越位犯规的依据。

（二）任意球

裁判员可以根据场上运动员犯规情况和性质判罚任意球。可分为直接任意球和间接任意球。

（1）直接任意球：可以直接射入对方球门得分的球（直接射入本方球门，不算进球，应由对方踢角球）。

如果队员违反下列10条中任何一种，将判给对方踢直接任意球：①踢或企图踢对方队员；②绊摔或企图绊摔对方队员；③跳向对方队员；④冲撞对方队员；⑤打或企图打对方队员；⑥推对方队员；⑦为了得到对球的控制而抢截对方队员时，于触球前触及对方队员；⑧拉扯对方队员；⑨向对方队员吐口水；⑩故意手球（不包括守门员在本方罚球区）。

（2）间接任意球：不能直接射门得分，必须经场上其他队员触及后进入球门内才算进一球（直接射入对方球门，由对方踢球门球）。如果守门员在本方罚球区内违反下列四种犯规中任何一种，都将判给对方踢间接任意球：①当手控制球时，在发出球之前持球超过6秒；②在发出球之后未经其他队员触及、再次用手触球；③用手触及同队队员故意踢给他的球；④用手触及同队队员直接掷入的界外球。队员有下列情况任何一种的，也将判给对方踢间接任意球：①动作具有危险性；②阻挡对方队员；③阻挡对方守门员从其手中发球。

另外，如果队员在比赛中被判有开球、球门球、角球、界外球、任意球、越位犯规，也将在犯规地点以间接任意球恢复比赛。

罚任意球时除守方在本方球门线上外，对方队员必须至少距球9.15 m（主罚队不要求对方退9.15 m时，裁判员可不必维持这要求）。球一经被踢动，比赛恢复。

（三）掷界外球

比赛进行中，当球的整体从地面或空中越过边线时即为球出界。此后，应由出界前最后触球队员的对方队员在球出界外边线外1 m范围内，站立将球掷向场内任何方向。

（四）球门球

队员将球的整体从空中或地面踢出对方球门线（不属于进球得分）时，由对方在球门区内任何一点踢球门球。踢球门球时，对方队员应退出罚球区。

（五）角球

比赛中，队员将球的整体由地面或空中踢出本方球门线（不属于进球得分）时，由对方在出界一边的角球弧内踢角球。角球可以直接射入对方球门得分。

第四节　橄榄球运动（英式）

橄榄球运动是一项对抗剧烈而又富有观赏性的球类运动项目。经常参加橄榄球运动能有效地发展身体素质，增强体质，培养勇敢顽强、机智果断、坚韧不拔、勇于克服困难的优良品质和团结协作的集体主义精神。

一、橄榄球基本技术

（一）原地传、接球技术

1. 传球技术

运动员有目的地用手把球传向预定目标的动作，是组织攻防战术的基础。

（1）持球方法：五指自然张开，握球体两侧，两拇指相对成“八”字形，在球体中心凸出部的位置，两食指置于球体两侧，平行于球体纵轴线，其余手指自然伸张；掌心空出，用五指有力地控制球；两臂微屈，腕部伸直，使肘关节保持灵活自如地将球持于腰部的位置（图 7-4-1）。

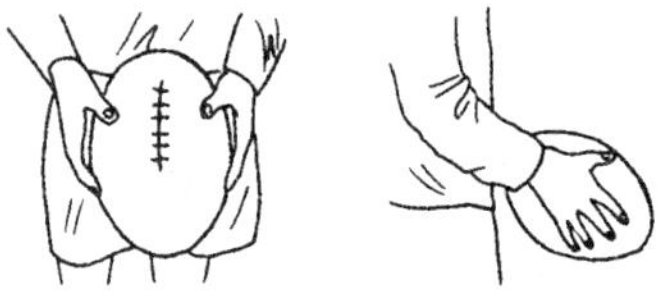

图 7-4-1　持球方法

（2）站立传球法：两脚左右开立，两膝微屈；传球时，腰部向传球方向扭转，重心移至支撑脚上，两臂屈压向后摆动，通过下肢蹬地力量，带动上体协调用力，两臂以肩为轴摆动发力，当球摆至体前最低点时，腕部伸张开始发力，最后通过手指力量把球弹拨送出（图 7-4-2）。

2. 接球技术

面对来球，屈膝，上体略前倾，头和两肩对正传球者，两臂伸直，注视来球，用离球较远的手接球，另一只手迅速压住球。

图 7-4-2　站立传球法

（二）跑动传、接球技术

（1）跑动传球：传球前两步将头对准接球者的方向，用手腕和手指将球传出，传球的目标在接球者腰的前部，传球后向着抢球者的背部移动（图 7-4-3）。

图 7-4-3　跑动传球

（2）跑动中接球：接球者尽可能跑得与传球人成一条平行线，保持 3～5m 的距离，不要为了接球缩小与传球人的距离。跑在斜行路线时，接到球后，重新建立进攻路线，三步内进入下一次的传球。

（三）踢球与接踢球的技术

踢球是具有攻击作用的技术。踢球是作为扩大地域或缩小对方防线的手段，但球权不易控制。反弹踢球和定位踢球的水平直接影响得分的多少，提高踢球质量对取得比赛胜利是十分重要的。

（1）碰踢：踢球时让球从手中落地，在球接触地面前把球踢出的动作（图 7-4-4）。

（2）反弹踢球：持球者将手中的球有目的地掉落到地上，在球反弹升起时把球踢出的动作（图 7-4-5）。

（3）定踢：达阵后的射门及对方严重犯规罚踢射门时，均采用定踢技术。球的摆放有两种方式（图 7-4-6）：①圆形，短踢时使用；②堤岸形，长踢时使用。

图 7-4-4　碰踢

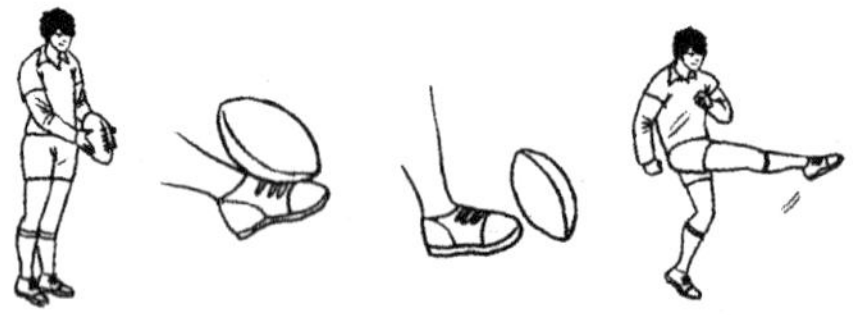

图 7-4-5　反弹踢球

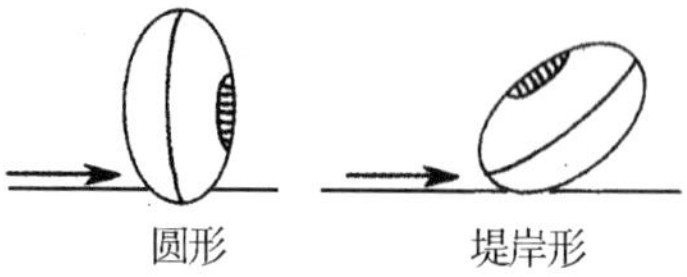

图 7-4-6　定踢

图 7-4-7　接高球

(4) 接踢球：由于橄榄球飞行轨迹不规则，来球的速度、力量、高低、方向等也不同，因此正确判断，选择时机与位置就非常重要，必须反复实践才能掌握。

①接高球。全速跑到球下落的预想地点主动伸双手迎接球，手掌举到头部的高度，肘关节向内收紧；当接球后，用手掌牢牢压住球，抱入怀中(图 7-4-7)。

②巧接。队员在本方 22 m 线内或阵区内，至少单脚着地，直接把对方所踢的球接住，同时喊“马克 (Mark)”，动作方法参照接高球。

(四) 扑搂技术

扑搂是防守技术的一种，是指一个带球队员在比赛中被无球队员擒捉，带球队员倒在地上或球触地。即使带球队员单脚或双脚跪地或坐在地上，扑搂皆成立，带球队员必须放开球。

(1) 侧面扑搂：由侧面接近对方，注视目标，单脚蹬地，把对方大腿作为目标，头插到对方臀部附近，用肩撞击对方大腿。同时双手环绕到对方膝关节部位，用力拉紧直到对方倒地 (图 7-4-8)。

（2）正面扑搂：把自己的脚和身体移到对方一边，使用内侧肩部和手腕把对方搂住，把头部滑向外侧去插入、扭倒对方，使扑搂者变成在上面（图 7-4-9）。

图 7-4-8　侧面扑搂

图 7-4-9　正面扑球

（3）后面扑搂：这种扑搂撞倒对方的力量与其跑进的方向一致，只有快速并紧紧地抱住对方大腿后，对方才会倒下。如果来不及撞倒对方，用双手抓住对方腰部，然后用力抱紧（图 7-4-10）。

图 7-4-10　后面扑搂

小资料

美式橄榄球和英式橄榄球的区别

英式橄榄球通常指拉格比（Rugby）运动。美式橄榄球实际上是在拉格比的基础上逐渐演变出不同的规则、装备。美式橄榄球和英式橄榄球采用的球都是椭圆形，但美式橄榄球更小、更长。美式橄榄球运动竞争激烈，动作粗野，为防止受伤，运动员要戴头盔、肩垫、肘垫、臀垫、膝垫、股垫、护手、护胫等护具。英式橄榄球的运动员则不需要佩戴头盔和身体护垫。英式橄榄球的规则与美式橄榄球的规则也有很大差别。

二、橄榄球基本战术

橄榄球运动是由 15 人组成一队的集体运动项目。按不同位置将队员分为四个部分：前锋、接锋、中锋和殿锋（图 7-4-11)。由于位置的不同在场上要求掌握的技术也有所侧重。

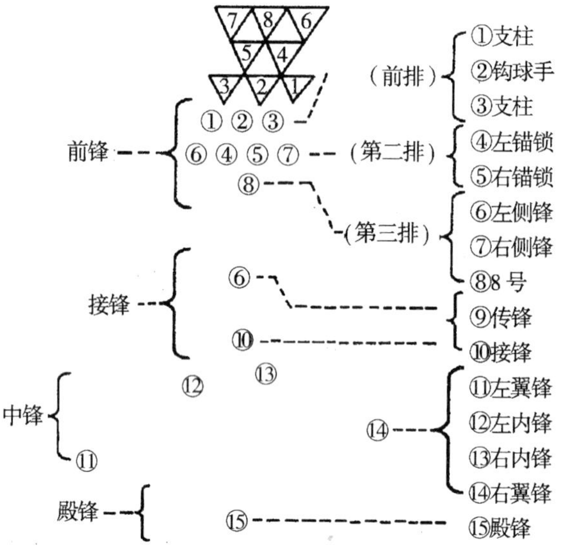

图 7-4-11　橄榄球队员位置

（一）队员位置

1. 前锋

①～⑧号为前锋。在比赛中的司克栏争球（注：队员组成的顶牛方阵）由这些队员组成。规则要求司克栏前排由 3 名队员组成。①号、③号为前排左右支柱。②号是钩球手，由他将投入方阵的球用脚钩进自己的阵型中。④号、⑤号是司克栏的中心。⑥号、⑦号是侧锋，由行动敏捷与健壮的队员担任。⑧号是前锋的首脑人物，头脑清晰、战术意识强。

2. 传锋与接锋

传锋与接锋的位置是指前锋与后锋之间的位置，由⑨号、⑩号队员组成。⑨号传锋必须敏捷灵活、体力好，他要完成对司克栏的投球，对接锋的传球及从冒尔（Mull）、勒克（Ruck）中将球传出的任务。

3. 内锋与翼锋

⑫号、⑬号为内锋，是锋位线上的核心，如何组织左右翼锋向前突破是技术的关键；⑪号、⑭号为翼锋，是全队速度最快、动作最敏捷的队员，

也是主要的得分手。

4. 殿锋

⑮号为殿锋，位于本方最末尾，是防守中坚，同时担任参加中锋线的攻击重任。

（二）橄榄球比赛中特有战术简介

1. 司克栏战术

在橄榄球比赛中争球是以司克栏的形式来完成的。两队各由8名队员组成特殊阵型，意义在于通过双方的用力，设法将球控制在自己的阵型中（图7-4-12）。

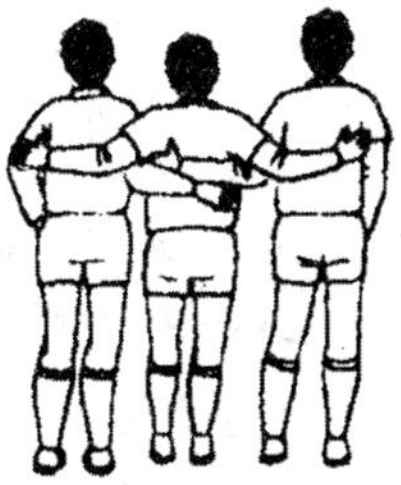

图7-4-12　司克栏战术

2. 冒尔和勒克战术

（1）冒尔战术：冒尔是指在比赛中的一种集团结构，规则上表述是由两队各一名或更多的站立队员身体互相接触围绕着一个带球队员所形成。参加冒尔的队员肩、肘及头部不得低于臀部，冒尔过程中任何队员如有倒地，裁判会令其进行司克栏争球（图7-4-13）。

图7-4-13　冒尔战术

（2）勒克战术：勒克与冒尔的动作要点大致相同，但技巧有所不同，做勒克技术时，球是在地上，处理勒克中的球是由未倒地者用脚将球钩出。

附：橄榄球比赛规则简介

（一）队员与装备

比赛时，每队上场不得超过15人，司克栏争球不得少于5人；每场比赛最多各换3人。比赛时运动员的服装和鞋不许带金属物品。

（二）开球与得分

上下半场开球，双方各在中线中点作定踢，球必须达到10 m线，否则对方可选择重新开球，或在中场进行司克栏争球，对方得球后做反弹踢。如果球落在界外，达阵线外或在球线外，对方可选择重开球或司克栏争球。达阵得5分；达阵后射门2分；罚球射门3分；反弹踢射门3分（达阵是进攻一方在对方阵区内持球触地）。

（三）反攻踢

反攻踢只判给防守方，必须在22 m线上或之后进行，否则重新再来。踢出的球必须超过22 m线，否则对方选择反攻踢或22 m线中央司克栏争球。

（四）越位

如果有队友在他身后踢球、触球或持球则该队员就越位；不参加司克栏争球的队员必须保持在争球队员后脚跟之后，否则越位，放球员除外。参加争边球队员在其他人接触球后，如未夺得球队员超出界线，即判越位。

（五）粗暴行为

粗暴行为是在比赛中使用危险动作，不公平竞赛，行为不检等等。例如，跑在持球队员前阻碍对方，故意拖延比赛时间，将球掷出界外，殴打对方，踢人，绊人，踩踏倒地队员等。

（六）罚踢

如有严重犯规，对方可得罚踢球机会，踢球点在犯规点上或该点直线之后，踢球点距对方阵区不得少于5 m，踢球方向任选，射门须向裁判员示意。

（七）自由踢

在接球或对方轻微犯规后，可得自由踢球。可委派任何队员主踢，但直接射门不得分。

（八）裁判员

裁判员是比赛中所发生事实及规则的唯一裁判者，他/她依据双方犯规行为鸣笛暂停比赛。除非事后发现巡边员已经举旗，否则决定以后不得更改。所有队员必须尊重裁判员的判决，不得抗辩。

（九）巡边员

橄榄球比赛中有两名巡边员执法，其职权是指示掷球员踏入比赛场内；由未经指定的球队掷球；达阵或罚踢射门时，必须帮助裁判员标示射门结果，如果球飞越横杆就举旗示意；对犯规行为应举旗报告，并指向犯规地点。

思考题

1. 简述篮球有哪些基本技术。
2. 什么是篮球区域联防？有哪些优缺点？
3. 简述排球正面上手发球的动作方法。
4. 用图示表示排球接发球基本站位方法。
5. 足球踢球的动作方法有哪些？
6. 简述足球越位位置的条件及越位犯规的判罚。
7. 橄榄球比赛的得分形式有哪些？如何判断？
8. 橄榄球的基本战术有哪些？

第八章　球类运动（二）

【学习目标】

1. 领会乒乓球运动的锻炼价值，掌握乒乓球的基本技术和战术。
2. 领会网球运动的锻炼价值，掌握网球的基本技术。
3. 领会羽毛球运动的锻炼价值，掌握羽毛球的基本技术和战术。
4. 了解毽球运动，学会欣赏毽球比赛。

第一节　乒乓球运动

乒乓球是由两名或两对选手用球拍在中间有隔网的球台的两端轮流击球的一项室内运动，主要有直拍和横拍两大类打法。1988 年，乒乓球正式成为奥运会比赛项目。乒乓球运动的特点是速度快、变化多、设备简易，不受年龄、性别、身体条件的限制。经常参加乒乓球运动可以发展人的灵敏性和协调性，改善心血管系统的能力，增强体质；培养勇敢顽强、机智果断、沉着冷静，敢于拼搏等优良品质；还能有效地调节紧张的情绪，缓解工作、学习所带来的精神压力，是一项深受广大群众喜爱的体育运动项目。

一、乒乓球基本技术

（一）握拍方法

分直拍握法和横拍握法两种，不同的握法各有其优缺点，从而产生各种不同的打法。初学者可以根据各自的习惯和爱好，选择适合自己的握拍方法。

1. 直拍握法

根据不同的技术动作分为近台快攻型握拍法、弧圈球型握拍法、直拍削球型握拍法等，但无论是哪一种握法其基本的手指动作大致相似：拍前，以食指第二节和拇指中段扣拍；拍后，三指弯曲贴于拍的 1/3 上端。这种握法又称为中钳式（图 8-1-1）。

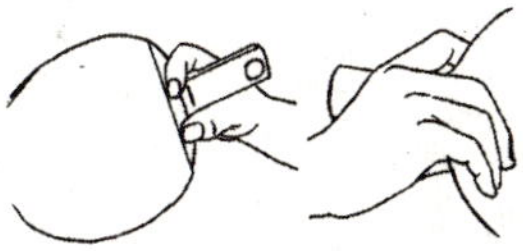

图 8-1-1　直拍握法

2. 横拍握法

虎口贴拍，食指在拍前，拇指在拍后。正手攻球时食指向上移动；反手攻球时拇指向上移动。这种握法又称为“八”字式（图 8-1-2）。

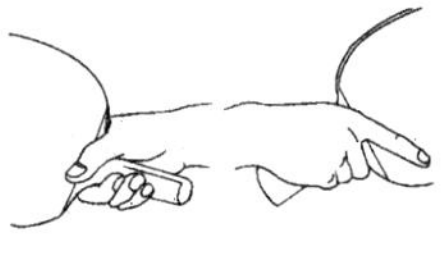

图 8-1-2　横拍握法

（二）发球与接发球技术

1. 发球（以下动作以右手为例）

（1）反手平击球：发球时右脚在前，左脚在后，身体稍向左转。左手掌心托球，置于身体左侧，右手持拍于体前。抛球后，球拍开始后撤，待球将回落时，小臂从身体左后方，向前挥击球的中上部，整个过程是“抛一拉一打”。

如果在球拍触球的刹那，球拍前倾，小臂加快挥拍速度，手腕配合外展，使球拍正对左角，则成为反手斜线急球。同样，如果手腕向左扭动，使球拍正对右角，则就成为反手直线急球。

（2）上旋球：球拍用力向前上方移动，摩擦球的中上部。球拍接触点应比网稍高或等高。

（3）下旋球：球拍用力向前下方切削，摩擦球的中下部，球拍接触点应比网高。在发近网下旋球时，用力下切动作要快，落点距网较近；发远网下旋球时，除用力下切外，还应略加向前的力量。

（4）左、右侧旋球：发左侧旋球时，将拍面稍向左倾斜，用力向身体左方发力，擦击球的中部；发右侧旋球时，将拍面稍向右倾斜，用力向身体右方发力，擦击球的中部。

（5）左侧上、下旋球：发左侧上旋球时（正手），身体站于球台左角，稍向右侧。将球抛起后，球拍由右上方向左下方摆动。然后，小臂和手腕同时发力，在离台面约 15 cm 处触球。拍面触球点从球的中部到中上部，小臂需做后旋运动，手腕协助使球拍向内、向左上方钩球，将球击出。发左侧下旋球时，手臂则从右后上方向左前下方直接做擦击动作，触球的中下部（图 8-1-3）。

图 8-1-3　左侧下旋球

（6）右侧上、下旋球：右侧上旋球又称“奔球”。将球抛起后，持拍的手向后引拍，小臂放松，使球拍高度顺势下降，好像把球拍在体侧做一次向后的小绕环动作。在球下降离台约 15 cm 时，整个手臂迅速向左前方用力，同时拇指用力扣拍，使拍面沿着球的曲线向右侧上部摩擦。右侧下旋球的挥拍弧线是由左后上方向右前下方，而球拍则由球的中下部向右侧下部转移（图 8-1-4）。

图 8-1-4　右侧上旋球

2. 接发球

接发球常用推、搓、削、拉、抽等方法来回击。推、搓、削时用旋转和变化落点去抑制对方的攻势，并带有一定的防御性质。拉球和抢攻时可以直接破坏对方的攻势，打法积极主动。所以，在接发球时应根据不同的情况做到时搓时拉，忽攻忽守，只有这样才能充分掌握比赛的主动权。

（三）基本击球动作

1. 推挡球

推挡球以反手推挡球为主，其中又分高压推挡球（大力推挡）、下旋推挡球、侧上旋推挡球等。

（1）快推：击球时，小臂向前推击的同时，手腕外旋，食指压拍，拇指虽放松但要紧贴拍柄，使拍前倾。在上升期时击球的中上部，把球快推过去。除此之外，还有一种加力推，就是在球来之前先向后拉球拍，球来之际猛由后向前迎击球。推过去的球力量大、速度快，往往能压住对方的进攻，也能为自己侧身抢攻创造有利条件，推完球后要迅速还原（图 8-1-5）。

图 8-1-5　快推

（2）减力挡：准备姿势和推挡动作相同，拍要前倾，当球由台面刚弹起后，球拍贴近来球并高于来球，这时前臂不仅不往前发力，相反还要随着来球的方向迅速后撤，以缓冲球的反弹力，使球落于近网。在对攻的相持中，当对方离球台远时，可用减力挡吊对方一个近网球，迫使其前后奔跑，然后用正手抢攻。

2. 攻球

攻球是一项最基本的击球技术，也是最具有威慑力的得分手段。攻球可分为正手攻球和反手攻球；按站位又可分为近台、中台和远台攻球；按击球点和击球时间又可分为拉、抽、拨、带、扣、杀等方法。常用技术有：

（1）正手近台攻球：站位靠近球台，出手快、动作小，从速度上夺得优势并为扣杀创造有利的条件。

①正手拉球。这是回击下旋球的主要进攻技术，能为发力攻击创造条件。提拉球的回落期，用大臂和小臂由右后方向左前上方挥击，击球时小臂迅速向内收，配合手腕内旋动作，用球拍摩擦球的中上部（图 8-1-6）。

图 8-1-6　正手拉球

②正手扣杀。击球的动作幅度大、力量重，是得分的主要手段。击球时，由小臂带动大臂由右后方向左前方加速挥击，击球前用右脚蹬地，配合转腰力量形成一股合力去击来球的高点期；如遇到上旋球时，拍面稍前倾，击球的中上部；击下旋球时，球拍略低于来球，击球的中上部。

③侧身正手攻球。首先要移动脚步，左脚在前，右脚在后，使身体位于球台左侧，上肢收于腹前，上身略前倾。根据来球特点酌情拉或扣杀（图 8-1-7）。

图 8-1-7　侧身正手攻球

④正手攻弧圈球。回击弧圈球的时机极为重要，所以首先要判断来球的落点、旋转，捕捉好击球的战机。攻打加转弧圈球时，先拉开手臂，球刚弹起时尽快挥拍向前下方迎击，拍面要前倾，与台面约成 60°的夹角，击球的中上部。

（2）反手攻球：直拍反手攻球是中国的独特击球技术。其特点是：动作小、出手快、能抢先上手、争得主动而为正手大力扣杀创造机会。（图 8-1-8）。

图 8-1-8　直拍反手攻球

（3）搓球：搓球是一种近似削球手法的台内短打技术，又称小削板，是一种可以解除削球逼角威胁的手段。

①反手搓球。搓球前两脚平行站位，离台 50 cm 左右。当来球将要到达台面时，大臂开始向胸前右侧贴近，略下垂。拍柄与小臂成直线，球拍后仰与球台成 100°角，置于腹前右方。大小臂之间夹角为 100°～200°。小臂引拍，由后向前下方发力，做铲击动作（半圆弧动作）。球拍触球的一刹那，手腕配合小臂向前下方抖动球拍，擦击球的中下部，将球送出（图 8-1-9）。

图 8-1-9　反手搓球

②正手搓球。站位与反手搓球相同。大臂引向身体右侧，与身体成 45°角。小臂持拍外伸，迎向来球方向。球拍与球台成 100°角，大、小臂夹角为 90°～120°。等来球从台面反弹至最高点时，小臂向前、向内收缩发力，同时手腕配合由外向内扭动，球拍由右上方向左前下方削击来球。触球时，手腕协助加快球拍的擦击速度，摩擦球体，将球送出（图 8-1-10）。

图 8-1-10　正手搓球

3. 弧圈球

（1）加转弧圈球：击球前，左脚在前，右脚稍后，身体向右倾斜与球台约成 45°角，两膝微屈，球拍贴近臀部，右肩略低于左肩，手臂自然下垂，手指紧握球拍，手腕比较紧张地固定球拍角度，身体重心在两脚之间。当来球从桌面弹起时，小臂先向前迎球，然后小臂和大臂同时由下向上垂直挥动擦击球的中部，腰部又由后方急剧向上扭转。球拍与桌面约成 80°

角，拍面与球的擦击间隙愈薄愈好。在触球的一刹那，加速用力，使球成较高弧线飞出。球拍顺势挥动至额前，然后放松还原（图 8-1-11）。

图 8-1-11　加转弧圈球

（2）前冲弧圈球：屈体与桌面成 75°角。球拍拉至身后，约与桌面齐高，手指握拍同前。当来球着台后，手臂向前上方迅速挥出，手腕使球拍前倾，与桌面成 50°角，擦击球的上部。腰部向前上方扭动，协助球拍加速摆动，使球沿一条较低弧线落于对方台面，球拍顺势前摆至面部为止，然后放松还原。

（四）学练方法

1. 球感的练习

（1）对墙任意击球：从定位开始，逐渐后退击球，或前进和后退结合对墙击球。

（2）拍面击球：自抛自打的单面击球；也可反复转动正、反两面来击球。

（3）对墙击定点球：在上述基础上，把球击在固定的区域中，提高控制球的能力。

2. 挡球的练习

（1）不定点的挡球练习：掌握短挡球的手法。

（2）正面、左右面的挡球练习：一人固定送球，其他练习者轮流击球。

（3）圆圈跑动击球练习：做顺时针或逆时针方向跑动挡球动作。

3. 推挡球的练习

（1）单线推挡（中线、直线、斜线）：推挡单线球，掌握动作。

（2）推挡不同点到多点球。

（3）推挡球结合大力推挡。

4. 正手攻球的练习

（1）由一人抛球或自抛球，进行正手攻球，掌握正手攻球手法。

（2）正手攻挡球的定点球练习。

（3）正手斜线对攻球练习：远抽对远抽，近抽对近抽，远抽对近抽，近抽对远抽，远抽近抽交叉进攻的打法等。

5. 反手攻球的练习

（1）反手攻挡球或推挡球的练习：掌握反手攻挡的手法，挡球的速度可逐渐加快。

（2）反手二点打一点练习：在 1/2 台面内做反手二点打一点。

（3）推挡结合反手攻球。

6. 搓球的练习

（1）自抛或对方发球的搓球练习：对方发下旋球或自己抛球，练习搓击动作。

（2）正、反手搓斜线球或直线球练习：反手斜线对正手斜线，反手斜线对正手直线，正手斜线对正手斜线，正手直线对正手直线。

（3）反手（正手）一点对二点。

7. 削球的练习

（1）接正、反手平击球的削球练习。

（2）正手削斜线、直线球练习。

（3）反手削斜线、直线球练习。

8. 发球的练习

发球要考虑落点、速度、力量、旋转。这四者要结合得好，可以加强发球的攻击性，为下一步的进攻创造良好条件。

（1）发远台 3 落点练习。

（2）发近台 3 落点练习。

（3）发同长异短球练习。

（4）发异长同短球练习。

（5）用相同手法发转与不转球的练习。

（6）用相似手法发抖动式上、下旋球的练习。

二、乒乓球基本战术

（一）攻对攻战术

以攻为主的战术运用主要是以力量为基础，结合速度、落点和旋转的变化。打对攻时，往往为争夺一个比分而有几个来回。运动员应根据不同情况采取不同策略，灵活使用战术以争取主动权。

1. 两面攻对左推右攻

因对方是左推右攻的打法，球速较快，所以一般采用以猛制快，力争主动的策略去对付。在战术上是以狠、变为主，结合快、准的打法。左推右攻的主要弱点在左边，所以各种战术都应以压住对方左边为重点，同时谨防对方侧身抢攻。

(1) 发下旋的端线长球至对方左边，破坏对方的第一板推挡。或发上旋底线长球，使对方不能挡成近网短球。

(2) 以反手猛攻对方左边，再伺机突击中路。

(3) 猛攻左边后，突击右方空位。

(4) 正反手交替攻对方左、右角，伺机扣杀空当。

(5) 猛攻左边，使对方回高球至中央或左角时，侧身扣杀右角。

2. 左推右攻对两面攻

因对方攻球技术比较全面，不宜采用稳扎稳打的办法，而应充分发挥推挡球中“快”的特长以克制对方。通常采取以快打慢、以远制近、调动对方、力争主动的策略。战术的具体运用是以快速多变为主，结合狠、准。

(1) 一般发追身的中间急球，迫使对方后退，接着回近网轻球，引其上前；或者发中间靠右角轻球，引其向前，然后猛攻左边。

(2) 通过快而有力的推挡，压住对方中间或追身急球，破坏对方两面起板的节奏。

(3) 快速推挡，配合长短球，扰乱对方步法；伺机快速侧身抢攻，争取主动。

(4) 快推对方中路或追身，侧身猛攻左边。

(5) 快速推挡，突然变线（直线)，引对方回斜线球后，以正手抽杀对方中间或左边。

(二) 攻对削的战术

(1) 拉两角，突击中间：先左、右做试探性进攻，然后拉两角突击中间。

(2) 拉两角，突击左或右方直线：打法与“拉两角，突击中间”相同。

(3) 拉中间，突击两角，结合短球：用大角度球把对方逼离台面后，突然放短球，致使对方来不及上步，而接球失误。

(4) 拉两角，突击追身：反复拉两角，伺机突击追身。

(5) 拉搓结合的战术：当对方削球加转或回短球难以实行进攻时，可用搓球过渡。

(三) 削对攻的战术

1. 紧逼一角，突袭空当

(1) 先用加转球逼住对方左角，在对方重心位置逐渐左移时，突然送球至右方直线。

(2) 当对方往左移动时，突然使用一连串削球紧逼对方右角，当对方跑右角时，又回左角。

（3）用相反球路交叉逼角，逢斜变直，逢直变斜。在逼角中，使对方在移步不及回击高球时，伺机扣杀。

2. 用转与不转的削球变化来扰乱对方，伺机扣杀

（1）加转中突然送不转球过去，使对方拉球过高或抽球出界，伺机扣杀。

（2）稳削中突然加转，使对方回球落网。

3. 以轻重不同力量和落点控制对方攻势，伺机反攻

（1）先送底线长球，逼对方后退拉球，再突然削近台短球，引对方上台。

（2）先长后短，先短后长，交叉使用，迫使对方忙于移动，不易于加力扣杀，在对方移步不及时，就能伺机反攻。

附：乒乓球比赛规则简介

（一）合法发球

（1）发球时，球应放在不执拍手的手掌上，手掌张开和伸平。球应是静止的，在发球方的端线之后和比赛台面的水平面之上。

（2）发球员须用手把球几乎垂直地向上抛起，不得使球旋转，并使球在离开不执拍手的手掌之后上升不少于 16 cm。

（3）当球从抛起的最高点下降时，发球员方可击球，使球首先触及本方台区，然后越过或绕过球网装置，再触及接发球员的台区。在双打中，球应先后触及发球员和接发球员的右半区。

（4）击球时，球应在发球方的端线之后，但不能超过发球员身体（手臂、头或腿除外）离端线最远的部分。

（5）无论是否第一次或任何时候，只要发球员明显没有按照合法发球的规定发球，他将被判失一分，无须警告。

（二）比赛次序

（1）在单打中，首先由发球员合法发球，再由接发球员合法还击，然后两者交替合法还击。

（2）在双打中，首先由发球员合法发球，再由接发球员合法还击，然后由发球员的同伴合法还击，再由接发球员的同伴合法还击，此后，运动员按此次序轮流合法还击。

（三）重发球

（1）如果接发球员或同伴未准备好时，球已发出，而且接发球员或其同伴均没有企图击球。

(2) 裁判员或副裁判员暂停比赛。

(3) 在双打时，运动员错发、错接。

(四) 试分

在一局比赛中，先得11分的一方为胜方；10平后，先多得2分的一方为胜方。

第二节 羽毛球运动

羽毛球是一项为广大群众喜爱的体育运动项目，它具有球小、速度快、变化多等特点。经常参加羽毛球运动不仅可以发展人的灵敏性和协调性，改善心血管系统的机能，而且有助于培养人的勇敢顽强、机智果断等品质。

一、羽毛球基本技术

(一) 握拍方法

1. 正手握拍法（以下动作以右手为例）

正确的握拍与握手姿势非常相似。虎口对着拍柄内侧的小棱边，拇指和食指贴在拍柄的两个宽面上，中指、无名指和小指并拢握住拍柄，掌心不要紧贴，拍柄末端与小鱼际肌相平，拍面与地面基本垂直（图 8-2-1）。

2. 反手握拍法

在正手握拍的基础上，拇指和食指将拍柄稍向外转，食指稍向中指收拢。拇指第二关节顶贴在拍柄内侧的宽面上，中指、无名指和小指并拢握住拍柄，柄端靠紧小指根部，使手心留有空隙（图 8-2-2）。

图 8-2-1 正手握拍法

图 8-2-2 反手握拍法

(二) 发球与接发球技术

1. 发球技术

发球可分为正手发球和反手发球两种。根据球在空中飞行的弧线，可分为高远球、平高球、平快球、网前球等。

(1) 正手发高远球：正手发高远球站位应靠近中线一侧，距前发球线约 1 m 处。左脚在前，右脚在后，左肩侧对网，两脚与肩同宽，身体重心放在右脚上。发球时，右臂后引，由上而下向右前方挥拍，同时左手放球。挥拍过程中，重心由右脚转至左脚。当球拍挥至右侧稍向前下方时（击球点），右前臂加速，紧握球拍，手腕由后伸经前臂稍内旋到屈收，急速向前上方闪动击球。击球后，球拍随势向左上方减速收回至胸前（图 8-2-3）。

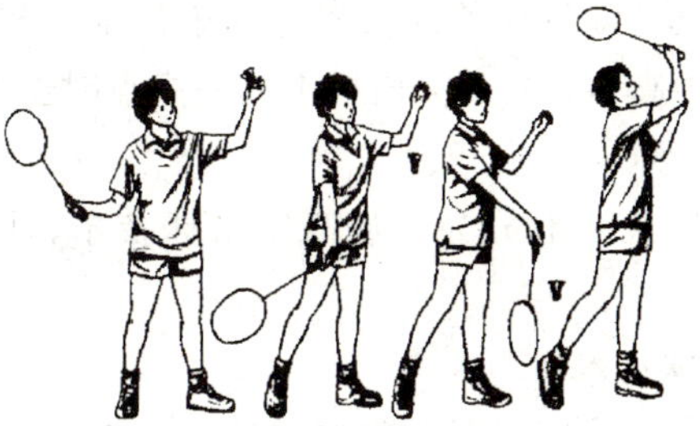

图 8-2-3　正手发高远球

（2）正手发网前球：正手发网前球技术基本动作与发高远球相仿，但站位稍前。由于球飞行距离短、弧线低、用力轻，因此前臂挥动的幅度和手腕后伸的程度要比发高球小，球拍触球时，拍面从右向左推送击球，使球刚好越网而过，落在对方前发球线附近。

（3）反手发网前球：反手发网前球时站位靠近前发球线，左脚或右脚在前均可，身体重心在前脚，上体前倾，后脚跟提起。右手反握在拍柄稍前部位，肘关节提起，手腕稍前屈，球拍低于腰部，斜放在小腹前；左手持球在球拍前方。发球时，球拍由后向前推送击球，使球的最高弧线略高于网顶，球过网而下落在对方前发球线附近。

（4）发球的练习方法：

①徒手做发球前的准备姿势，模仿发球的动作练习。

②在场上两人对练发球或在空地上用多球做发球练习。

③先练习发直线球，后练习斜线球；先练习发定点球，后练习发不定点球。

2. 接发球技术

正手及反手接发球技术见图 8-2-4、图 8-2-5。

图 8-2-4　正手接发球

图 8-2-5　反手接发球

（1）单打站位：通常站位要站在距前发球线约1.5 m靠近中线的位置。左脚在前，右脚在后，双膝微屈，身体重心放在前脚上。后脚跟稍抬起，左肩半侧向球网，球拍举在胸前，两眼注视对方。

（2）双打站位：由于双打发球区较单打发球区短，发高远球易于出界和被对方扣杀。所以，双打发球多以发网前球为主，接发球时应站在靠近前发球线的位置。双打接发球的准备姿势同单打基本相同，略有区别的是身体前倾较大，球拍高举，在球来自网上的最高点时击球。

（三）基本击球技术

羽毛球的基本打法一般分为后场高空击球技术、网前上手击球技术、下手击球技术等。

1. 后场高空击球技术

后场高空击球技术是打好羽毛球的主要手法之一。根据其技术的性质特点不同，通常可分为高球、吊球、杀球（扣杀）。

（1）高球：高球分为高远球和平高球。高远球是指将球击得高而远，球飞至对方底线上空垂直落在有效场区内。平高球是从高远球发展而来的，它的飞行速度比高远球快，弧线比高远球低，是后场进攻的有效技术之一。

①正手击直线高球和对角高球。在右后场区的位置上击球，左脚在前，右脚在后，稍屈膝。侧身对网，重心在右脚前掌上，左手自然上举，抬头注视来球，右手持拍于身体右侧。击球前，重心下降准备起跳。起跳的同时右臂后引，展胸。当球落至额前上方击球点时，上臂向右上方抬起，肘部领先，前臂自然后摆，手腕尽量后伸，前臂急速内旋向前上方挥动，手腕向前闪动发力（手指由松突然紧握球拍）击球托，球即朝拍面所指方向飞去。击球后，手臂随势自然收至胸前。

②头顶击直线高球和对角高球。由于来球是飞往左后场区，击球点应选择头顶部位。准备姿势和动作要领基本与正手击高球相似，但击球前要求上体稍弓身后仰，以便更好地发力。右上臂右后上抬，球拍由右后绕过头顶，前臂向前上方经内旋带动手腕突然屈收闪动发力。头顶击对角高球时，握拍稍有改动，即用拇指和食指向内捻动拍柄，使虎口对准拍柄靠外的小棱边，球拍仍由右后绕过头顶，前臂向右前方内旋带动手腕屈收闪动发力，击球托的左部。击球后，由于前臂内旋明显，惯性作用大，手臂自然往前摆动。回收球拍时，前臂稍外旋，将拍置于胸前。

③正手、头顶击平高球。准备姿势与动作要领基本与正手击高远球相似，主要区别在于击球点较击高远球稍前，拍形角度稍前倾（图8-2-6）。

图 8-2-6　正手、头顶击平高球

④高球的练习方法。

a. 徒手练习击高球的模仿动作，体会动作要领。

b. “一点打一点”，即固定直线或斜线对打。

c. “一点打两点”。

（2）吊球：把对方击来的高球，从后场轻击、轻切或拦吊到对方的网前区称为吊球。吊球按飞行的弧线和击球动作的不同主要分为劈吊、轻吊和拦截（都有正手、头顶和反手）等。

①正手劈吊直线和对角线球。直线劈吊的击球前动作和击直线高球、杀球相似。击球时用力较轻，带有劈切动作，落点一般离网较远。不同点是击球的瞬间前臂突然加速，用手腕的闪动向前下方切击球托的右侧下部，使球越网下坠。击球后，手臂随势自然回收至胸前。对角线劈吊的击球前动作同正手击对角高球。不同点是击球瞬间，用加速的力量把球向对角方向切击。击球后，球拍随势自然回收胸前。

②正手轻吊直线和对角线球。轻吊击球前动作和劈吊动作相似，不同点是落点离网较近。击球时拍面正对来球，在接触的瞬间，轻切来球，使球一过网即下坠。

③吊球的练习方法。

a. 按动作要领进行模仿练习，体会动作要领。

b. 通过击定点球练习，体会“切击”动作，即采用“挑一点、吊一点”。

c. 做变方向的吊球练习，即“挑一点、吊两点”。

（3）杀球（扣杀）：杀球时把高球用力向前下方重压、重切或重“点”击球，球飞行的弧线较平，落地快，对对方的威胁较大。杀球从手法上可分为正手扣杀、头顶扣杀和反手扣杀；从动作结构上可分为重杀、劈杀、点杀。

①正手扣杀直线和对角线球。准备姿势和动作要领与正手击高球技术大体相同。不同点是右脚起跳后，身体后仰呈反弓后收腹用力。前臂带动

手腕用力下压，球拍正面击球托，击球点较击高球稍前，无切击，使球沿直线向前下方飞行。击球后立即回动，右脚向前跨步要大。正手扣杀对角线球的准备姿势和动作要领与正手扣杀直线球相同。不同点是起跳后身体向左前方转动用力，协助手臂向对角方向击球。

②头顶扣杀直线和对角线球。准备姿势和动作要领与头顶击高球技术相同。不同点是挥拍击球时，要集中全力往直线方向或对角方向下压。球拍面和击球方向水平面夹角小于 90°。

③杀球的练习方法。

a. 按动作要领进行模仿挥拍练习，体会动作要领。

b. 通过向前下方用力投掷羽毛球（或垒球），体会鞭打动作。

c. 做定位扣杀练习，即“杀一点或两点”的固定练习（或用多球进行固定杀球练习），并注意准确性。

2. 网前上手击球技术

（1）放网：运用网前放网技术使球回击对方网前区域的击球，通常可分为正、反手两种放网。

①正手放网前球。侧身对右边网前，右脚跨前成弓箭步，重心在右脚上。右手持拍于右侧体前约与肩高，拍面右边稍高斜对网，左臂自然后伸。击球前前臂稍内旋，手腕外展引拍至右侧前。击球时手腕稍内收，食指和拇指控制拍面和用力大小，轻切球托把球轻送过网。击球后，在身体重心复原的同时，收拍至胸前。

②反手放网前球。侧身对左边网前，右脚跨前成弓箭步，重心在右脚上。右手反手握拍，持拍于身侧前约与肩同高，拍面左边稍高斜对网，左臂自然后伸。击球前前臂稍内旋，手腕外展引拍。击球时手腕内收，拇指和食指分别贴在拍柄内、外侧的小棱边上，用拇指的推力轻托球把球送过网。击球后，随重心复原收拍至胸前。

③放网的练习方法。

a. 徒手挥拍模仿放网动作，体会动作要领。

b. 利用多球进行正、反手两个部位的放网练习。

c. 在本场区的中心位置进行上网放网练习。

（2）搓球：用网前搓球技术使球带旋转或翻滚而越网至对方前场近网区域内的击球。通常可分为正、反手搓球。

①正手搓球。准备姿势同正手放网。击球前前臂外旋，手腕外展引拍至右侧。击球时在正手放网动作的基础上，加快挥拍速度，切搓球托底或侧部，使球产生旋转或翻滚越网而过（图 8-2-7）。

②反手搓球。准备姿势同反手放网。击球前前臂稍往上举，手腕前屈，手背约与网同高，拍面低于网顶。击球时，手腕和手指控制拍面角度，用肘关节和腕关节前伸稍下降及前臂稍外旋的合力，搓切球托的侧底部。另外也可在反手放网前球动作的基础上，前臂稍伸直，手腕由外展到内收，带动球拍向前切送，击球托的后底部（图 8-2-8）。

③搓球的练习方法。

a. 徒手挥拍模仿搓球动作，体会动作要领。

图 8-2-7　正手搓球　　图 8-2-8　反手搓球

b. 利用多球进行正、反手两个部位的搓球练习。

c. 一对一站在网前，做送球、搓球或对搓练习。

（3）挑球：将对方击来的网前球、吊球、杀球（轻杀）等挑高过网回击至对方后场底线附近区域的击球。它是网前挑球技术的泛称，通常可分正、反手挑球。

①正反手挑球。准备姿势同正反手放网。正手击球前，前臂充分外旋，手腕尽量后伸。击球时，从右下向右前方至左上方挥拍击球。反手击球前，右臂向左后拉抬肘引拍。击球时，前臂充分内旋，手腕由屈至后伸闪动挥拍击球。正反手挑球技术见图 8-2-9、图 8-2-10。

图 8-2-9　正手挑球

图 8-2-10　反手挑球

②挑球的练习方法。

a. 徒手挥拍模仿挑球动作，体会动作要领。

b. 利用多球进行正、反手挑球练习。

c. 固定线路的吊、挑练习。

3. 下手击球技术

下手击球技术属于防守性技术。下手击球技术通常可分为接杀球、接吊球两种。

(1) 接杀球技术：对方扣杀过来的球，己方利用接杀球技术将球回击至对方场区内的接球技术。通常可分为正手、反手接杀球技术。这种技术在不同的位置上配合相应的步法和手法，可打出挡、勾、挑、抽球等不同的球。

(2) 接吊球技术：对方吊过来的球，己方利用接吊球技术将球回击至对方场区内的接球技术。通常可分为正手、反手接吊球技术。这种技术在不同的位置上配合相应的步法和手法，可打出放、挑、勾球等不同的球。

(3) 接杀球、接吊球的练习方法：

①按照动作要领进行正、反手接杀球、接吊球的放网、挡、挑等技术的模仿练习。

②利用多球进行练习。

③定位“一攻一守”练习(先左或右半场后再到全场)。

二、羽毛球基本战术

(一) 单打战术

1. 压后场战术

通过采用高远球或平高球反复压对方后场两角，造成对方被动，然后伺机采用杀球和吊球攻击对方空当。此战术用来对付初学者和后退步法慢或急于上网的对手较为有效。

2. 发球抢攻技术

主要是以发网前球和平快球为主，限制对方的进攻，迫使对方挑球。然后用杀球和吊球进攻对方的空当和弱点。此战术主要用于对付防守较差的对手。

3. 控制网前战术

通过各种手段抢先放网或故意让对方先放网，然后上网重复放网，并将搓、推、勾、扑球结合运用，造成对方网前直接失误或被动挑球，此时抓住有利时机大力扣杀和快速吊球。此战术是用来对付后场技术较好而网前技术较差的对手。

4. 打四方球结合突击战术

以快速准确的落点控制对方场区的四个角落，迫使对方前后左右奔跑，当对方来不及回中心位置或身体失去平衡时，抓住空当和弱点进行突击(扣杀)。此战术对付步法移动慢、灵活性差和体力较差的对手最有效。

5. 打对角线

这种战术无论是进攻或防守前场或后场，都是以打对角线球为主。此战术主要用于对付灵活性较差、转体慢的对手。

（二）双打战术

1. 攻人

这是双打中常用的一种战术。对付两名技术水平不一的对手时，一般都采用这种战术。它集中攻击对方一名队员，常能取得成功。在另一名赶来协助时，又可以突袭他（她）。

2. 攻中路

守方左右站位时把球打在两人中间，可以造成守方两人抢接这一球或同时让球，限制守方在接杀时挑大角度的高球调动攻方，有利于攻方的封网。守方前后站位时把球下压或轻推在边线半场处，这多半是在接发网前球和守中反攻抢网时运用。这种球守方前场队员拦截不到，后场队员只能以下手击球放网或挑高球，后场两角便暴露空当。

3. 攻后场

这种战术常用来对付后场扣杀能力差的对手，把对方弱者调到后场时也可使用。此战术用高球、平高球、挑底线把对方一人紧逼在底线两角移动，在对方还击出半场和网前高球时即可大力扣杀。如在逼底线两角时对方同伴要后退支援，则可攻击网前空当或向后退者打追身球。

4. 后攻前封

后场队员积极大力扣杀，在对方接杀放网、挑高球或企图反击抽挡时，前场队员以扑、搓、推、勾控制网前，或拦截吊封前半场，使整个进攻连贯而又凶狠、凌厉。

5. 防守

（1）调整站位：为了摆脱被动，伺机转入反攻，首先要调整好防守时的站位。如果是网前挑高球，那么击球者应直线后退，切忌对角后退，另一名队员应该补到空当位。双打防守时的站位调整都是一名队员在跑动击球时另一名队员填补空当。特别是后场站位者，更要主动弥补空位。

（2）防守球路：攻方杀球者和封网队员在半边场前后一条直线上，接杀球应将球打到另半边前场或后场。攻方杀球者和封网队员在前后对角位上，接杀球可回击到杀球者的网前或封网者的后场。攻方杀球者杀大对角后，另一名队员想要退到后场去助攻时，接杀球可回击到网前中路或直线网前。把攻方杀来的直线球挑对角，杀来的对角球挑直线以调动杀球者。

以上几种球路，都是为了破坏攻方的连续进攻，在攻方杀球质量不高时即可平抽或蹲挡。在攻方站位混乱而出现空当时，守方也可以反守为攻。

附：羽毛球比赛规则简介

（一）单打

（1）每场比赛采取3局2胜制。

（2）率先得到21分的一方赢得当局比赛。

（3）如果双方比分打成20：20，获胜一方需超过对手2分才算取胜。

（4）如果双方比分打成29：29，则率先得到第30分的一方取胜。

（5）首局获胜一方在接下来的一局比赛中率先发球。

（6）当一方在比赛中得到11分后，双方队员将休息1分钟。

（7）两局比赛之间的休息时间为2分钟。

（二）双打

（1）改双发球权为单发球权。

（2）后发球线保留，现行规则适用。

（3）比赛开始前，双方通过投掷硬币方式确定由哪一方来选择先发球。

（三）国际羽联最新规则（21分制）双打规则

（1）A和B对C和D的双打比赛：A和B赢了挑边并选择了发球。A发球C接发球。A为首先发球员，而C则为首先接发球员（图8-2-11）。

（2）A和B得1分（1：0）：A和B交换发球区，A从左发球区再次发球。C和D在原发球区接发球（图8-2-12）。

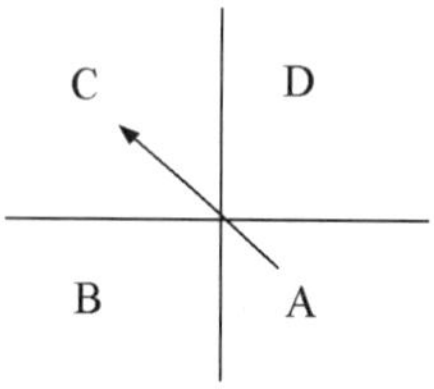

图8-2-11

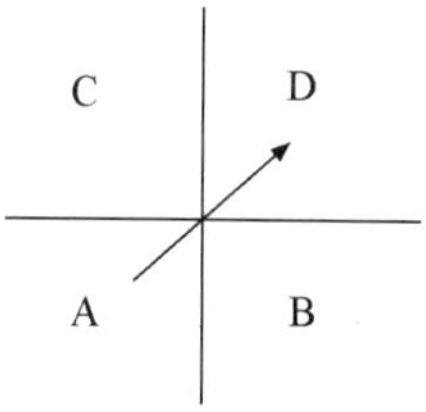

图8-2-12

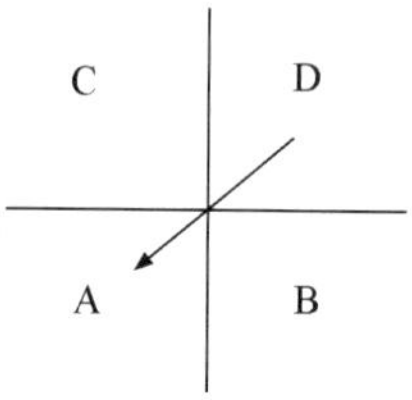

图8-2-13

（3）C和D得1分（1：1）并获得发球权：两人均不改变各自原发球区（即原站位）从左发球区发球（因发球方的分数为单数）（图8-2-13）。

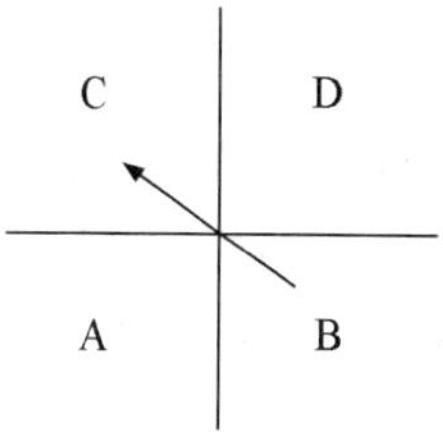

图8-2-14

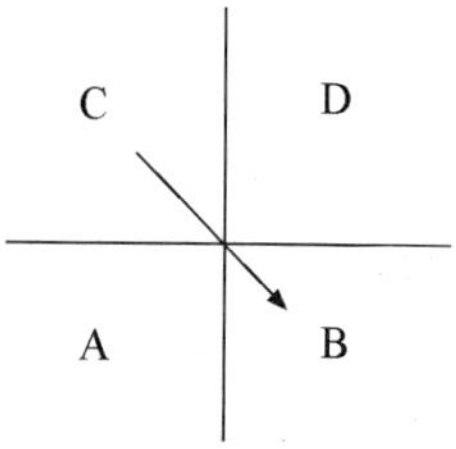

图8-2-15

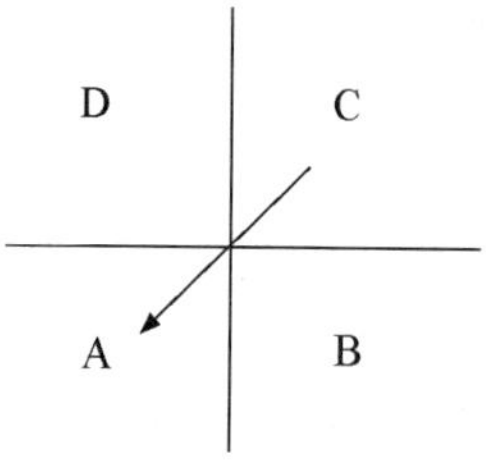

图8-2-16

(4) A和B得1分（2∶1）并获得发球权：两人均不改变各自原发球区（即原站位）从右发球区发球（因发球方的分数为双数）（图8-2-14）。

(5) C和D得1分（2∶2）并获得发球权：两人均不改变其各自原发球区（即原站位）从右发球区发球（因发球方的分数为双数）（图8-2-15）。

(6) C和D得1分（3∶2）：C和D交换发球区，C从左发球区发球。A和B不改变其各自原发球区（即原站位）从左发球区发球（因发球方的分数为单数）（图8-2-16）。

(7) A和B得1分（3∶3）并获得发球权：两人均不改变各自原发球区（即原站位）从左发球区发球（因发球方的分数为单数）（图8-2-17）。

(8) A和B得1分（4∶3）：A和B交换发球区，A从左发球区再次发球。C和D不变其各自原发球区（即原站位）从右发球区发球（因发球方的分数为双数）（图8-2-18）。

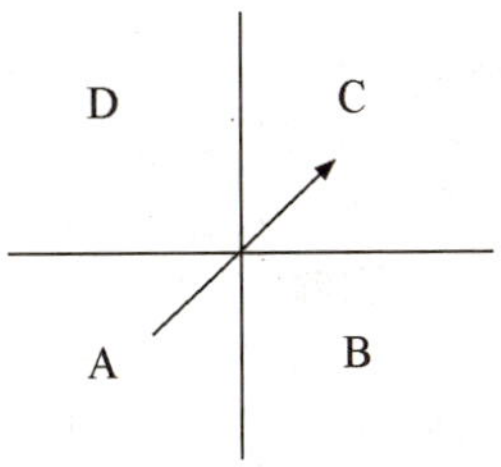

图8-2-17

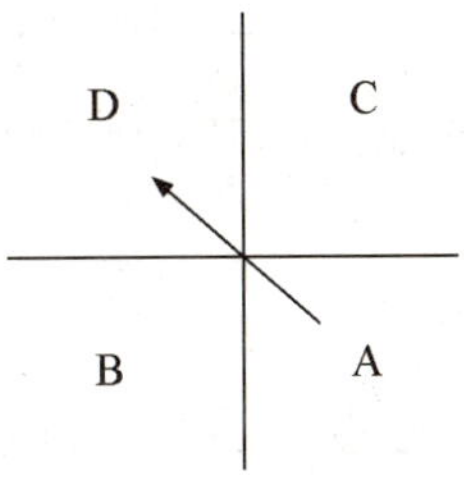

图8-2-18

以上规则表明：发球员的顺序与单打中的顺序一样，即以分数的单数或双数来决定，只有发球方在得分时才交换发球区。除此以外，运动员继续站在上一回合的各自发球区不变，以此保证发球员的交替。

第三节 网球运动

网球运动孕育于法国，诞生在英国，开始普及和形成高潮在美国，被称为世界第二大球类运动。比赛场地有草地、硬地、泥沙地、塑胶或用沥青涂塑等材料制成的场地。网球运动的锻炼价值很高，既是一种消遣和增进健康的手段，也是一种艺术追求和享受，还是一种扣人心弦的竞赛项目。经常参加网球运动可以提高速度、力量、耐力、灵敏等素质，对调节肌肉用力和肌肉感觉有良好的影响，对发展协调性也有积极作用。

一、网球基本技术

(一) 握拍方法

1. 东方式

(1) 正手握法：东方式正手握拍方法如同与对方握手一样。大拇指与食指间的“V”形虎口握在拍柄（图 8-3-1）的上平面偏右的位置。拇指的第一关节扣住拍柄的右平面，食指则轻绕至拍柄右侧至下平面。中指、无名指和小指紧握，并与大拇指接触。

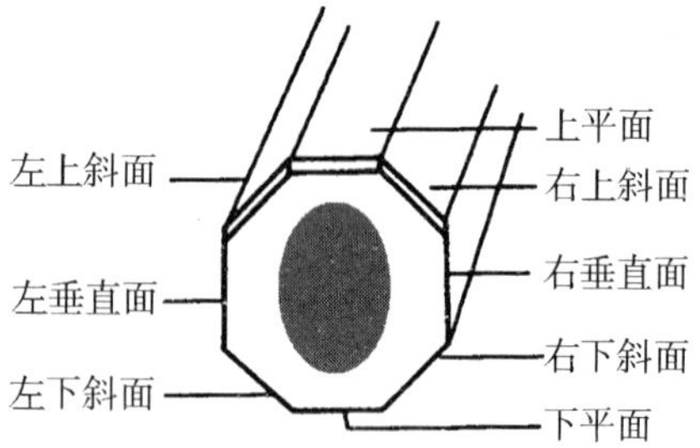

图 8-3-1　网球拍柄各部位名称

(2) 反手握法：使“V”形虎口对准拍柄左上斜面，拇指末节贴住左下斜面，食指第三指节压在右上斜面。

2. 西方式

将手掌“V”形虎口对准拍柄的右垂直面，正反手用同一拍面击球。

3. 大陆式

(1) 正手握法：手掌“V”形虎口正对拍柄的左上斜面，大拇指扣压住左平面，食指关节握住拍柄的上平面边缘和右上平面的位置。

(2) 反手握法：手掌“V”形虎口的位置与大陆式正手握拍方法相同，不同之处在于拇指略放松一些。

(二) 正手击球 (以下动作以右手为例)

右手从准备姿势开始，移动至来球位置，最后一步要保持右脚在前，身体右侧朝向来球方向。这时将球拍充分向后挥摆，拍头翘起，手臂伸展，眼睛注视来球。向前挥拍的迎球过程中，由低向高挥动，击球点在身体右前方，高度保持在腰与肩之间。拍触球时，拍面垂直或稍向前倾，击球的中部或中上部，手腕固定紧握球拍，大臂和腰部随身体转动向前上方协调配合用力，身体重心从左脚逐渐移到右脚。击球后球拍随势挥至身体的右侧前上方（图 8-3-2）。

图 8-3-2 正手击球

(三) 单手反手击球

当来球飞向反手方向时，移动到位的最后一步，要保持右脚在前，身体右侧朝向来球方向，球拍向左后挥摆。这时持拍手臂的肘部保持适当弯曲，拍头稍翘起，在迎球过程中，挥拍手臂与向右转体动作相配合，使球拍由低向高挥动，拍与球碰撞的击球点在身体左前方，高度在腰间。拍触球时，手腕固定紧握球拍，拍面垂直或稍后仰，击球的中部附近部位。击球后球拍随势挥至身体的右侧前上方，身体重心从左脚逐渐移到右脚，然后迅速还原成准备姿势（图 8-3-3）。

图 8-3-3 单手反手击球

(四) 双手反手抽球

当判断来球是飞向反手方向时，在移动到位的最后一步应保持右脚在前，身体右侧朝向来球方向，双手握球拍向左后挥摆，右臂伸展较大，左臂弯曲。在迎球过程中，挥臂与转体动作配合，使球拍由低向高挥动，拍与球碰撞的击球点保持在髋前。拍触球时双手握紧球拍，两肩和两髋随着转动，拍面垂直或稍后仰，击球的中部位置。击球后随势挥至右侧头部高度，身体重心从左脚移到右脚，动作完成后迅速还原，恢复成准备姿势（图 8-3-4）。

图 8-3-4 双手反手抽球

(五) 发球

发球可分为大力发球、侧上旋发球和削击球等。

正确发球动作的程序是：站在规定位置→抛球→拍触球→球越网落在对方对角的发球区。

两脚自然开立，侧向球网，前脚与端线约成45°角，身体重心置于右脚。抛球时球拍开始靠近膝关节向后下方挥动，左臂和左肩上举将球抛起，这时右肘弯曲，使球拍在背后下垂。向上挥拍击球时，充分伸展手臂，抬头朝前，在右肩上空击中自上下落的球。发球动作结束时，球拍向左下挥过身体，后脚摆过端线（图8-3-5）。

图8-3-5　发球技术

1. 大力发球

大力发球的特点是出球力量大、速度快、落点深、威力强。

发球时球拍从后开始挥击，在背后下垂拍头。其目的是为了增大摆幅，以求获得足够的加速距离。身体适当前倾，有利于扩大命中范围。大力发球时，先将球向右侧上方抛起，然后球拍下垂从背后开始挥拍迎球，挥拍过程中力争球拍瞬时速度最快的片刻，在头上合适高度用球拍触球，击球后继续使拍向目标挥动，头部保持随球移动，拍随势挥过身体左侧，身体重心随之向前进入球场。

2. 侧上旋发球

侧上旋发球是结合手腕爆发力发出的一种带侧上旋性质的球。球向上旋转力强，在空中高弧线飞行，准确性高。如右手发左侧上旋球，该球落到对方发球区后，弹起较高，并向接球员的左侧拐弯。这种发球适于对付反拍差的对手，也易于发球后上网截击。

3. 削击发球

这种发球的击球点不是很高，击球时球拍多由上向下削切，发出的球后旋较强，飞行弧线曲度较大，容易控制落点，球落地后向对方场地一侧的角上跳动，可起到拉开对方，造成对方接发球困难的作用，比赛中常作为第二次发球用。

（六）接发球

（1）站位：一般位于端线附近，力求在接发球时向前移动击球。

（2）准备姿势：保持着两脚平行站位，比肩略宽。右手持拍者一般右脚稍前，两腿微屈，上体稍前倾，脚跟提起，将球拍置于体前。

(3) 注意：①在接发球的过程中眼睛始终要注视来球，直到完成回击动作。②对方第一次发球时多采用大力发球，站位应稍后一些，如果第二次发球时可略向前移，以利于采取进攻性的回击。

(七) 截击球

截击球是网前技术中的一种攻击性击球方法，即当球在落地之前将球击回到对方场地。它回球速度快、力量重、威胁大，目前国内外优秀网球运动员都普遍采用发球上网或接发球上网战术。

1. 正手截击

截击时站在网前2.5～3.5 m位置，准备姿势与一般击球大体相同，但球拍要举得高一些，约与眼部同高。截击时后摆动作要小，击球点保持在身体前方，拍触球瞬间手腕固定，用力握紧球拍，略加向前推击的动作即可。截击较近的球，左脚跨出一步，截击较远的球要跨出一大步（图8-3-6）。

图 8-3-6 正手截击

2. 反手截击

准备姿势同正手截击，区别在于反手截击的击球点要靠前一些，因此要及早跨出右脚，重心也要置于右脚。击球时手腕固定，用力握紧球拍，拍面稍后倾，触球的中上部。击球后右臂伸展，向前下压送（图8-3-7）。

(八) 高压球

高压球分为原地高压球、跳起高压球和后退高压球。动作与发球动作相似，只是没有向后拉拍的回拍动作，而是直接把球拍引向头后。在向来球方向跑动中，抬头仰视球，上体右转，同时使球拍垂向背后，完成击高压球的准备动作。当球下落到合适高度时，左脚蹬地起跳，在头部上方，跳起向前下挥击，完成高压动作（图8-3-8）。

图 8-3-7 反手截击

图 8-3-8 高压击球

(九) 挑高球

挑高球技术可分为进攻性挑高球和防守性挑高球两种。

1. 进攻性挑高球

挑高球动作要尽可能和底线正手、反手上旋抽击球动作一样。完成拉拍动作时，要使手腕保持后屈。在挥拍击球时，拍面垂直，拍头低于手腕位置，采用手腕与前臂的滚翻动作，由后下向前上挥拍，做弧线形鞭击球动作，使球拍在击球的瞬间进行擦击，以产生强力的上旋，击球点在身体的侧前方，重心落在后脚。击球后，球拍必须朝着自己设想的出球方向充分跟进，随挥动作要放松并在身体的左侧结束（图 8-3-9）。

图 8-3-9　进攻性挑高球

图 8-3-10　防守性挑高球

2. 防守性挑高球

击球时拍面朝下，击球点在球的中下部，由后下方向前上方平稳挥拍击球，尽量使球在球拍上停留的时间要长一些，动作要柔和。随挥动作与底线正、反手击下旋球一样，跟进动作充分（图 8-3-10）。

小资料

获得击球力量和稳定性的捷径——降低重心

你是否奇怪为何职业网球选手有如此大的击球力量和如此迅速的起动和奔跑速度。现代化的力量训练帮助他们拥有了常人无法匹敌的身体素质。这一点多数业余选手是无法实现的。但是，有一些技巧却是可以借鉴的，并且可以迅速帮助你提高力量和速度。那就是降低重心。

准备时尽量将双脚分开，与肩同宽或略宽。

弯曲膝盖。身高越高，越需要这样去做。

降低重心后将身体略向前倾，使身体重心落在前脚掌。

二、网球基本战术

（一）单打战术

1. 发球

发球要考虑落点、力量和旋转等因素的变化才能有良好的效果。如果发出的球有角度而使球反弹出边线，就能迫使对手离开基本位置。若对手离中线较近，可发球至接发球人的中线附近，以牵制对方。第一次发球应稳健，以保持较高的命中率。

2. 接发球

在第一回合的较量中，对手发球角度大而弹出边线时，若球速较慢，可用进攻方法回击，亦可回击大角度球，以牵制对手发球后抢攻。接大角度球时，不要向后跑，而应向前迎球，用拉球回击。接发球时应选择合适位置，其标志是使正手和反手各有 1/2 的机会接球。切忌在中场等球，应将中场视为接球时不站人的区域。

3. 把球打深

把球打深是指打出的球其落点要靠近球场端线附近。在单打比赛中，把球打深能将对手压在底线附近，防止对手上网，使自己有充分的时间为下次击球做好准备。另外，还能使对手回击的角度减小。这里应当注意，在底线击球想把球打深，就应使球在网的上空较高处通过，大约离网上空至少 1.5 m。

4. 调动对手

把对手调离其能较好发力击球的位置，使其在场上出现空当，这样就能争取比赛的主动权。一般通过打斜线球和打直线球达到调动对手的目的。

5. 网前截击

当队员处于较有利的网前位置时，可充分发挥网前快速截击的威力，截击时采用变线打法，能够向空当回击，取得良好效果。所谓变线打法就是对手打斜线球，用直线球回击，或者对手打直线球，用斜线球回击。

（二）双打战术

1. 基本站位

双打时除发球和接发球队员在端线附近外，一般都站在网前位置。有时发球的同伴也可以站在端线附近，位于发球队员的另一侧。有时接发球的同伴不直接站在网前，而是站在发球线附近，当对手打球后再向左前或右前扑接球。

2. 发球

双打发球落点要深，如果发球有足够深度，就能控制对手冲到网前进行截击。第一个发球采用大力发球，发球后随球上网，这时动作要迅速，先前冲三四步，然后停下来，准备截击。

3. 接发球

双方发球时，接发球的同伴一般站在发球线附近，接发球队员回球的情况将直接影响其同伴的动作。如果接发球队员能有效地接过发球，并且能够上网，这时两个人都应同时上网；如果接发球回击的力量较弱，这时接发球队员的同伴就应立即退到端线附近，不要停在原地。如果两人同时在后场站位时，应保持使球落在中间地带以减小对手回球的角度。

4. 及时补位

双打比赛中，两个人及时补位很重要，它可以补救场上出现的薄弱区域。例如，发球队员的同伴冲过中线时，发球队员就应及时向空当补位。如果遇到两个对手同时上网时，同伴向中路回球较低，被对手截击，这时处在截击队员对面的网前队员应及时截抢。如果接球队员将球打给网前队员，这时接球队员的同伴应迅速后退到中场。

附：网球比赛规则简介

（一）发球

(1) 发球员在整个发球动作中，不得通过行走或跑动改变原站的位置，两脚只允许站在规定位置，不得触及其他区域。

(2) 每局开始，先从右区端线后发球，得或失一分后，应换到左区发球。

(3) 发出的球应从网上越过，落到对角的对方发球区内，或其周围的线上。

(4) 发球员第一次发球失误后，应在原发位置上进行第二次发球。

(5) 发球触网后，仍然落到对方发球区内或接球员未作好接球准备均应重发球。

(6) 第一局比赛终了，接球员成为发球员，发球成为接球。以后每局终了，均依次互相交换，直至比赛结束。

（二）通则

1. 交换场地

双方应在每盘的第 1、3、5 等单数局结束后，以及每盘结束双方局数之和为单数时，交换场地。

2. 失分

发生下列任何一种情况，均判失分。

(1) 在球第二次着地前，未能还击过网。

(2) 还击的球触及对方场区界线以外的地面、固定物或其他物件。

(3) 还击空中球失败。

(4) 故意用球拍触球超过一次。

(5) 运动员的身体、球拍，在发球期间触及球网。

(6) 过网击球。

(7) 抛拍击球。

3. 压线球

线被认为是场地的一部分，所有落在线上的球都算界内球。

（三）双打

1. 双打发球次序

每盘第一局开始时，由发球方决定由何人首先发球，对方则同样地在第2局开始时，决定由何人首先发球。第3局由第1局发球方的另一球员发球。第4局由第2局发球方的另一球员发球。以下各局均按此次序发球。

2. 双打接球次序

先接球的一方，应在第1局开始时，决定何人先接发球，并在这盘单数局继续先接发球。双方同样应在第2局开始时，决定何人先接发球，并在这盘双数局继续先接发球。他们的同伴应在每局中轮流接发球。

（四）计分

1. 胜1分

遇到下列情况时，判对方胜1分：

（1）发球员连续两次发球失误或脚误时。

（2）接球员在发来的球没有着地前用球拍击球，或球触及自己的身体及所穿戴的衣物时。

（3）在球第二次落地前未能还击过网时。

（4）还击球触及对方场区界线以外的地面、固定物或其他物件时。

（5）还击空中球失败时。

（6）在比赛中，击球员故意用球拍拖带或接住球，或故意用球拍触球超过一次。

（7）“活球”期间运动员的身体、球拍（不论是否握在手中）或穿戴的其他物件触及球网、网柱、单打支柱、绳或钢丝绳、中心带、网边白布或对方场区以内的场地地面。

（8）还击尚未过网的空中球（过网击球）。

（9）除握在手中（不论单手或双手）的球拍外，运动员的身体或穿戴的物体触球。

（10）抛拍击球。

（11）比赛进行中，运动员故意改变其球拍形状。

2. 胜1局

运动员每胜一球得1分，先胜4分者胜1局。如遇双方各得3分时，则为“平分”。“平分”后，一方先得1分时，为“接发球占先”或“发球占先”。占先后再得1分，才算胜一局。

3. 胜 1 盘

一方先胜 6 局为胜 1 盘。双方各胜 5 局时，一方净胜 2 局为胜 1 盘。如遇双方局数为 6 平时，以平局决胜制计分（也称“抢 7”）。先得 7 分者为胜该盘。当双方比分为 6∶6 时，胜对方 2 分为胜该盘（比分记为 7∶6）。“抢 7”局的发球顺序为发球员在右区发第 1 分球，然后换对方在左区和右区发第 2、3 分球，然后轮流发两分球，直到比赛结束（比分报 1∶0 或 0∶1，不报 15∶0 或 0∶15，依次类推）。

第四节　毽球运动

毽球运动是一项新兴的民族传统体育项目，它集羽毛球的场地、排球的规则、足球的踢法、踢毽子的技巧以及健身、娱乐为一体，成为近年来深受广大群众欢迎的运动之一。经常参加毽球运动对发展和培养人的判断能力、反应能力、灵敏性和动作协调能力有积极的作用。通过运动式多人合踢，又能培养组织纪律性和团队合作精神。

一、毽球基本技术

（一）发球

1. 脚正面发球

脚正面发球又可分为原地脚正面发球和上步脚正面发球（图 8-4-1）。

2. 脚内侧发球

身体和球网约成 45°角站立。左脚在前与端线成 45°角，右脚在后与端线平行站立，膝关节微屈。左手将球垂直抛于体前，约离身体一臂远，身体重心移至左脚上，踢球的右腿以髋关节为轴，屈膝外转，脚掌与地面平行，小腿迅速前摆，用脚内侧踢球，两臂自然摆动（图 8-4-2）。

图 8-4-1　脚正面发球

图 8-4-2　脚内侧发球

图 8-4-3　脚正面发弧线球

3. 脚正面发弧线球

身体侧面对场地，做弧线助跑，最后一步左脚位置与端线成 45°左右的斜角。踢球时，右腿用力向左前方向做弧线摆动，脚面绷直，用脚面把球踢出。在球接触脚的一刹那，用力要突然、集中、短促，用脚面闪击球。

击球后，脚向左前方向摆出（图 8-4-3）。

4. 脚正面凌空发球

身体侧对出球方向，左脚尖指向出球方向。左手将球垂直向上抛出，球高过头顶。球落到腰部高度时，上体侧倒向支撑脚一侧，大腿提起与地面平行。同时，大腿带动小腿急速摆动，脚面绷直，用脚正面击球。击球后，身体随之转向出球方向（图 8-4-4）。

（二）踢球与触球

踢球与触球是毽球基本技术的主要组成部分。用膝关节以下部位击球为踢球，主要包括内脚踢、外脚踢、正脚踢和后踢四种。用膝关节以上除两臂以外的身体任何部分击球为触球，主要包括触球、胸球、头球等。

1. 内脚踢

支撑腿的膝关节微屈，踢球腿以髋关节为轴屈膝，小腿迅速向内摆，脚内翻，用脚内侧对准来球方向。当脚接触球的一刹那，小腿加速上摆，把球踢出。踢出的球要垂直或控制出球的方向（图 8-4-5）。

2. 外脚踢

小腿迅速抬起，尽量靠近大腿，脚外翻。同时，迅速高抬大腿，以大腿带动小腿，用脚外侧击球（图 8-4-6）。

图 8-4-4 脚正面凌空发球

图 8-4-5 内脚踢

图 8-4-6 脚外侧踢

3. 正脚踢

膝部应尽量伸直，大腿带动小腿，脚面要绷直，利用踝关节的力量，用脚背正面击球（图 8-4-7）。

4. 后踢

后踢一般适宜对付高过头顶的球。后踢时，正面对着来球方向，球飞过头顶后，上体前倾，眼看着球，大腿后摆，小腿迅速折向大腿，用脚的前脚掌击球，使球飞过头顶（图 8-4-8）。

5. 触球

如左脚为支撑脚时，右腿迅速插入下落球的下面，小腿立即向大腿夹紧，大腿快速上抬，用大腿部位击球（图 8-4-9）。

6. 胸球

胸球是触球的一种。胸部面积大，有弹性、位置高，能接触高于胸部的球和与胸部等高的球。胸部触球时，两脚前后开立或左右开立，两膝微屈，上体稍向后仰。当胸部接触球时，胸部上挺或双脚轻轻跳起，用胸部把球击出（图 8-4-10）。

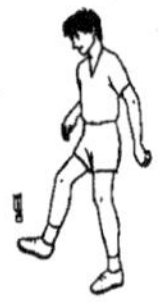

图 8-4-7　正脚踢

图 8-4-8　后踢

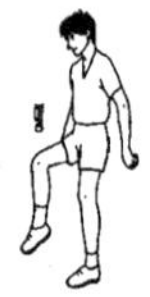

图 8-4-9　触球

图 8-4-10　胸球

7. 头球

用头击球时，身体正对来球，两脚前后或左右开立，两膝微屈，上体稍后仰，眼看着球。当球下落到身体上方垂直部位时，后脚用力蹬地，收腹屈体，上体快速前摆，借腰腹及颈部力量，用前额正面将球击出（图 8-4-11）。

（三）接发球

接发球是组织进攻的开始，是实施战术的先决条件，是夺取发球权的重要环节。

1. 准备姿势

准备姿势起动和移动是各种接发球及传球的基础动作，无论是接发球、防守、接应传球、进攻和拦网，都必须保持正确的准备姿势，以便做到尽快地起动和移动到位。准备姿势主要有平行站法和前后站法两种（图 8-4-12、图 8-4-13）。

图 8-4-11　头球

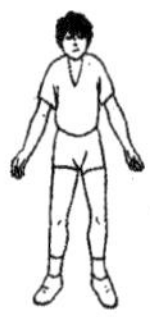

图 8-4-12　平行站法

图 8-4-13　前后站法

2. 起动和移动

起动是移动的开始，移动是起动的继续。起动之后一般有以下几种移动步法。

（1）滑步

分左、右滑步（图 8-4-14）和前滑步（图 8-4-15）。右滑步的动作要求是：一脚先向右侧方迈出一步，另一脚迅速跟着滑动，移动后身体仍保持正确的准备姿势，以便快速击球。

（2）跨步

移动时，一脚蹬地，另一脚迅速向前或向侧前方跨出一步，重心移至前脚上，后脚迅速跟上并触球或踢球（图 8-4-16）。

（3）交叉步

交叉步又分左交叉步和右交叉步两种。右交叉步是左脚向右侧迈出一步，右腿迅速抬起触球或踢球。在实际应用中，通常将它和滑步一起用（图 8-4-17）。

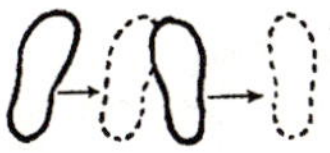
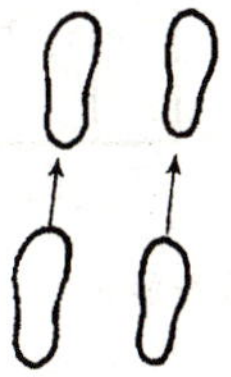

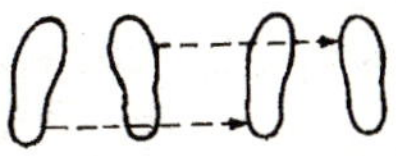

图 8-4-14　右滑步　图 8-4-15　前滑步　图 8-4-16　跨步　图 8-4-17　右交叉步

（4）后退

移动时，身体应保持较低的准备姿势后退步，重心仍保持在身体前面。

（5）跑动

跑动是运用以上移动方法都不能很快接近来球时采用的一种起动移动形式。跑动时，两臂应用力摆动，以加快速度，争取用最快的速度接近球的落点，以便做出相应的击球动作。

（四）进攻

进攻的主要技术是倒勾。倒勾的技术比较复杂，可分为调整传球、起跳、空中击球和落地四个步骤。调整传球传出的球有一定的高度，使球垂直下落，根据落点左脚迈出一步，右脚迅速跟上并步，随即蹬地迅速摆左腿起跳。当球与脚面接触的一瞬间，利用在空中收腹、上摆腿、勾脚尖的力量，把球击过网。击球后，左脚先落地，右脚随之落于左脚右侧，迅速转身面对球网。眼睛看球，并做好下一次击球的准备动作。另外，落地时要尽量控制好身体平衡，不要触网（图 8-4-18）。

图 8-4-18　倒勾

（五）保护与防守

保护与防守是毽球比赛中传球、踢球、触球等技术在各种条件下的具体运用。其准备姿势、移动大致与接发球相似，但也有其特殊性。

1. 准备姿势

身体重心比接发球的准备姿势要更低一些，以便快速起动。

2. 站立位置

保护队员应根据拦网的形式站在不同的位置。如果是双人拦网，保护队员应站在拦网队员身后 2 m 左右的位置上；如果是单人拦网，保护队员则应站在拦网队员的左侧或右侧，稍向后一点的地方（图 8-4-19）。

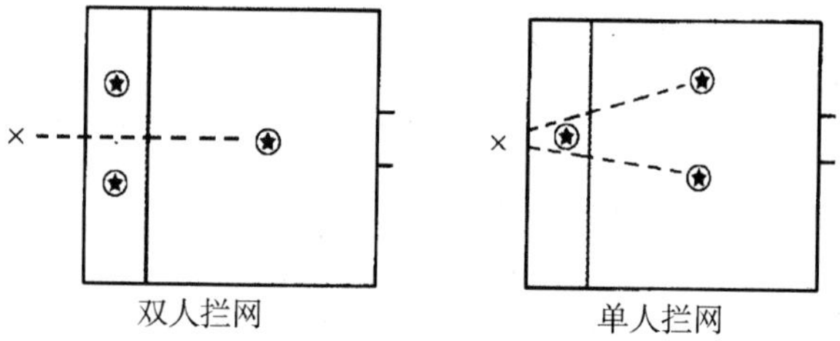

图 8-4-19　防守队员站位

3. 准确判断，随机应变

保护队员判断要准，反应要灵敏，起动要快，踢球、触球动作幅度要小。尤其对对方的轻吊球，应迅速移动到位。

4. 在跑动中救球

保护队员要善于根据球的突然变化，快速跑动或移动，迅速急停或立即改变移动方向，在规则允许的范围内，用胸、腹、腿等身体各部位击球。

二、毽球基本战术

1. "一、二"进攻战术

"一、二"进攻战术是由 3 号位（或 2 号位）队员在网前进攻，1 号位队员在后排防守，2 号位（或 3 号位）队员跟进保护。实战中主要由 1 号位或 2 号位队员接发球。如果 1 号位队员接球，则 2 号位队员向前移动，保护进攻队员。1 号位队员接球后，把球直接传给 3 号位队员，3 号位队员开始进攻（图 8-4-20）。

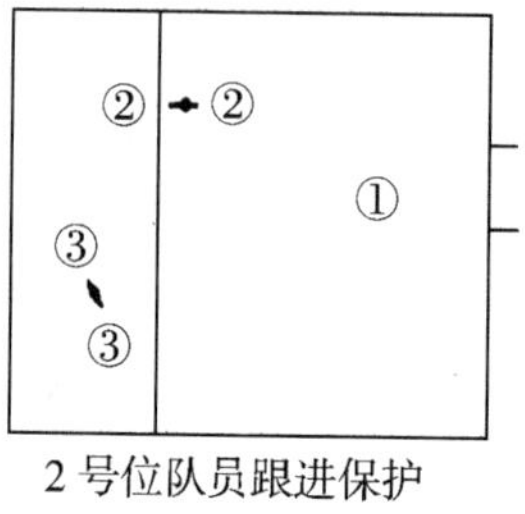

图 8-4-20　"一、二"进攻战术

2. "二、一"进攻战术

"二、一"进攻战术是由 1 号位队员接发球后传给 2 号或 3 号位队员，由两人组织进攻。其战术变化和"一、二"进攻战术的变化基本相同。

附：毽球比赛规则简介

（1）每局先得 15 分的队为胜。如果比分为 14 平时，比赛应继续进行，若再出现 14 平之后的其他平局时，仍继续进行比赛，直到某队领先 2 分为止。

(2) 比赛采用3局2胜制。决胜局开始前，双方队长重新选择场区或发球权。任何一队先得8分时两队应交换场区。

(3) 接发球失误，应判对方得1分。发球失误则判换发球。

(4) 发球队员应站在本方发球区内，将球抛起后用脚踢向对方场区。发球时，2号位、3号位队员之间的距离不得少于2 m，并不得有任何掩护动作，否则判对方发球。

(5) 发球队员延误时间超过5秒，应判对方发球。

(6) 每队在将球踢入对方场区前，在本场区只能有3人4次击球，每个队员可连续踢球或触球2次，3次为连击。不得用手和臂触球。球在队员身上任何部位有明显停留均为持球违例。

(7) 比赛中，球触及标志杆以内的网面均为好球，触及标志杆以外的网面为失误。

(8) 比赛中，场上队员身体的任何部位触及标志杆以内的网面为触网违例。

(9) 过网击球为犯规。在拦网时，不允许队员身体的任何部位进入对方空间。用头击球，必须在限制线外进行，落地时允许两脚落在限制线内。

(10) 在比赛进行中，双方队员的脚不准越过中线。

(11) 必须按顺序发球。如果在球发出以后，裁判员发现该队发球顺序错误，则判该队失去发球权。如犯规队发球已经得分，则应取消所得分数，并令其队员恢复正确的站位。

(12) 运动员应尊重和服从裁判。比赛中。只有队长才可以对裁判员的裁决当场提出询问或要求解释，正裁判员应及时予以说明。如对裁判员的裁判不服或对其裁决仍有争议，应在比赛后向组织比赛的仲裁委员会提出书面申诉，比赛进行中心服从裁判的裁决。

思考题

1. 乒乓球运动的特点及锻炼价值是什么？
2. 乒乓球的旋转有哪几种？结合图示举例说明其中一种旋转产生的原因。
3 羽毛球运动的特点及其锻炼价值是什么？
4. 在羽毛球比赛中如何争取主动权？
5. 网球有哪些基本技术？
6. 试述网球正手击球的动作技术要领。
7. 毽球运动的锻炼价值是什么？
8. 毽球的基本技术有哪些？

第九章　水上运动

【学习目标】

1. 领会蛙泳、自由泳技术的动作要领，掌握基本技术。
2. 了解皮划艇运动和龙舟运动的基本概况。

第一节　蛙泳

蛙泳是最古老的泳姿之一，属于“易学难精”的一种游泳方式。游蛙泳时，由于身体俯卧在水面上，上、下肢对称地交替划水和蹬水，身体比较平稳，动作省力，呼吸方便，适合长时间、远距离游泳。

一、基本技术

身体保持平卧姿势，两肩与水面平行，两臂和两腿的所有动作是同时的、对称的，始终保持在同一平面上进行。

（一）身体姿势

蛙泳时身体要俯卧在水中，微抬头，稍挺胸，身体的纵轴与水平面成 5°～10°角（图 9-1-1）。抬头吸气时，头部和肩部应处于水面上的最高点。

图 9-1-1　蛙泳的身体姿势

（二）臂部动作

蛙泳手臂划水路线近似“桃”形（图 9-1-2）。

（1）抱水：两手平行前伸，在体前形成一个抱水的支撑面。

（2）划水：掌心向外，双臂向斜下方划水，逐渐屈臂提肘，同时用力加速沿弧线做屈臂划水动作。

（3）收手：前臂和手向内，双肘逐渐向内、向下靠近身体，双手手掌倾斜相对（图 9-1-3）。

（4）前伸：两手臂迅速前伸，身体向前滑行。

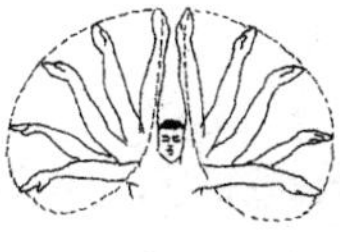

图 9-1-2　蛙泳划水路线

图 9-1-3　蛙泳收手

（三）腿部动作

蛙游腿部动作可归纳为四句话：边收边分慢收腿，翻好脚掌对准水，向后用力蹬夹腿，双腿并拢漂一会儿（图 9-1-4）。

（1）收腿：身体滑行时，两腿逐渐边分边收，大腿与上体之间的夹角为 130°，两膝之间的距离约与肩同宽，两脚跟尽量靠近臀部。收腿速度要慢，以减少收腿所产生的阻力。

（2）翻脚：两脚掌外翻，两膝稍向内，脚尖朝外，脚掌朝天，脚掌和腿内侧之间形成一个最有利的蹬水支撑面。

（3）蹬夹水：以大腿发力，做鞭状蹬夹水动作。动作要用爆发力一气呵成。

（4）并拢滑行：随着蹬水动作的惯性，两腿并拢伸直，做滑行运动。

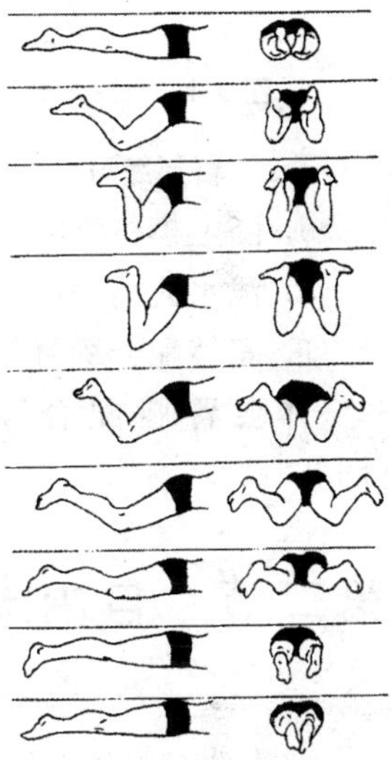

图 9-1-4　蛙泳腿技术

（四）臂、腿和呼吸的配合

蛙泳一般多采用臂划水一次、腿蹬夹一次、呼吸一次的配合技术。

二、练习方法

（一）腿部练习

1. 陆上模仿练习

（1）俯卧凳上腿部练习：要特别强调翻脚掌动作（图 9-1-5）。

（2）陆上坐撑腿部练习：两手在体后撑地，双腿做收、翻、蹬、停动作（图 9-1-6）。

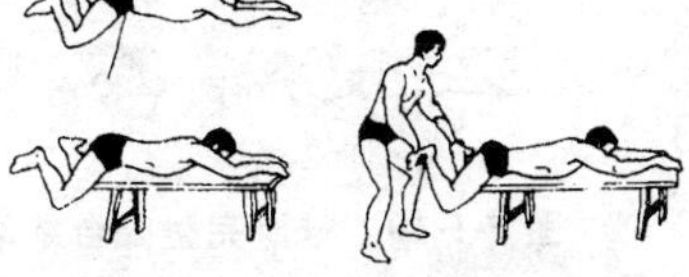

图 9-1-5　俯卧凳上腿部练习

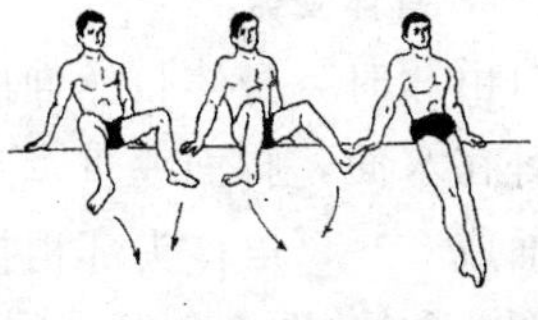

图 9-1-6　陆上坐撑腿部练习

2. 水中练习

(1) 扶池壁蹬腿练习(图 9-1-7)。

(2) 踩水蹬腿练习:两手扶竹竿等物进行踩水练习,体会收腿、翻脚掌、脚底蹬水的感觉。

(3) 扶板蹬腿练习:体会腿部动作的全过程和蹬腿的作用(图 9-1-8)。

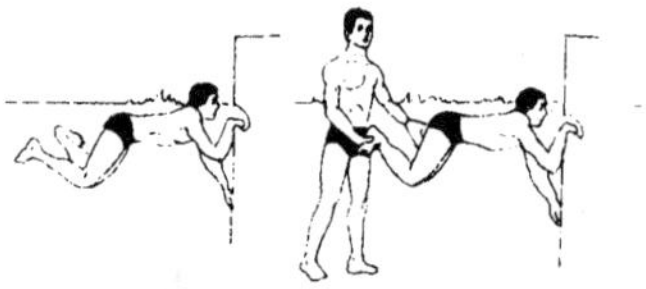

图 9-1-7 扶池壁蹬腿练习

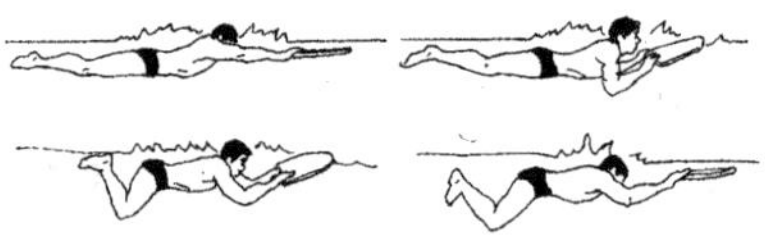

图 9-1-8 扶板蹬腿练习

(二) 臂部练习

1. 陆上模仿练习

2. 浅水区划臂练习(图 9-1-9)

3. 完整配合练习

体会臂腿配合和呼吸的方法与时机(图 9-1-10)。

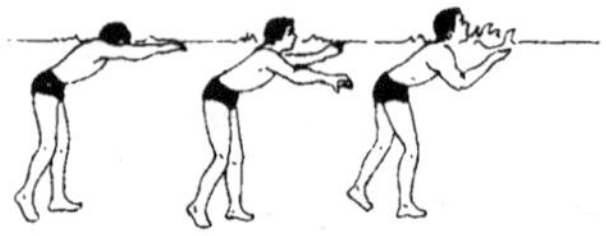

图 9-1-9 浅水区划臂练习

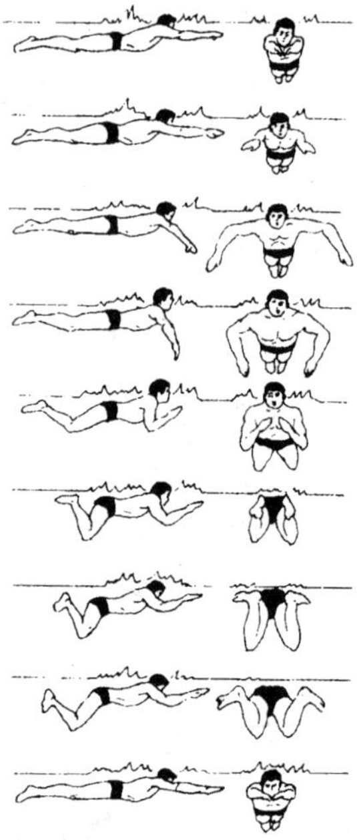

图 9-1-10 蛙游完整配合练习

第二节 自由泳

自由泳是身体俯卧在水中,两腿上下交替打水,两臂轮流划水而使身体向前游进的一种泳姿,是所有泳姿中速度最快、最易掌握的一种泳姿。

一、基本技术

自由泳技术由身体姿势、腿部动作、臂部动作、呼吸动作、完整动作五个部分组成。

(一) 身体姿势

自由泳时,身体自然伸展,几乎水平地俯卧在水面,脚面绷直,身体纵轴线与水平面成 3°~5°角;头部稍抬,目视前下方(图 9-2-1、图 9-2-2)。

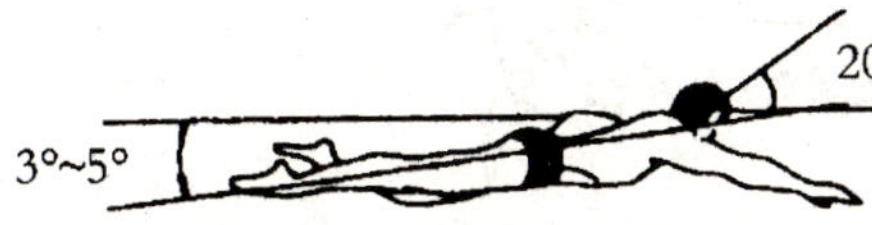

图 9-2-1 身体与水面角度

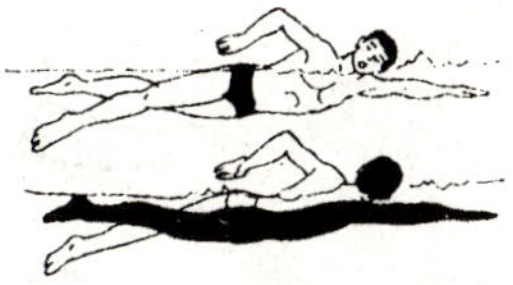

图 9-2-2 身体姿势及转动

(二) 腿部动作

自由泳向下打腿是产生推进力的主要动作。打腿时，两腿自然伸直，两脚应稍内扣，踝关节放松；由髋关节发力，传至大腿，带动小腿和脚，脚面伸直，做鞭状打水，动作应有力而有弹性(图 9-2-3)。

自由泳打水动作应该向下屈腿打水，向上直腿打水，打水幅度约 30～40 cm（图 9-2-4）。向下打水踝关节尽量伸直，而不要勾起，使脚背向后下方用力。使身体获得向前的反作用力和向上的升力(图 9 -2-5①)。如果勾脚打水，不但不能推动身体前进，反而给了身体向后的反作用力，使身体倒退下沉，破坏身体平衡（图 9-2-5②）。

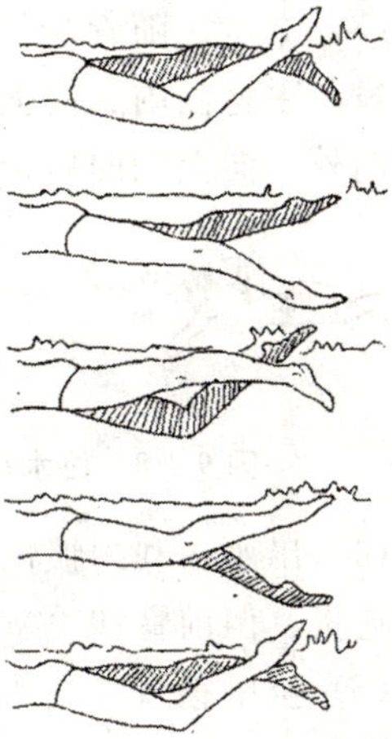

图 9-2-3 自由泳鞭状打水过程

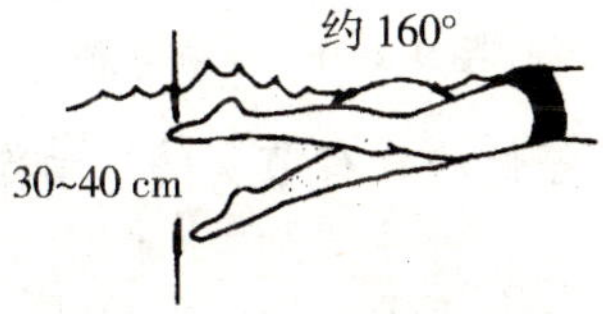

图 9-2-4 打水幅度示意

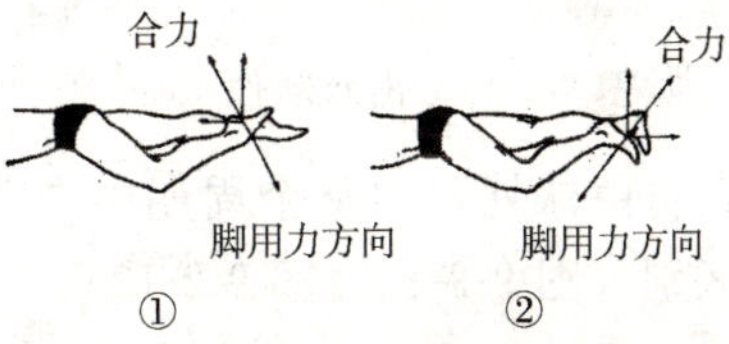

图 9-2-5 脚打水方向作用力示意

(三) 臂部动作

自由泳的划臂是推进身体前进的主要动力。

(1) 入水：五指自然并拢，伸直，斜插入水，然后前臂和上臂依次入水。手的入水点应在肩的延长线上或身体中线和肩延线之间，过宽或过窄都不利于划水（图 9-2-6）。

(2) 抱水：手臂入水后，积极插向前下方，就好像用手臂去抱一个大圆球一样。抱水开始时，手臂是直的，然后逐渐屈肘，使肘高于手（图 9-2-7）。

图 9-2-6 手的入水位置示意

图 9-2-7　抱水动作

（3）划水：随着身体的转动，屈腕、屈肘，分“拉水”和“推水”两个阶段。手臂向内、向上和向后拉水；手下划到身体下方最低点后，旋体，手臂向外、向上和向后推水（图 9-2-8、图 9-2-9）。

图 9-2-8　拉水动作

图 9-2-9　推水动作

（4）出水：利用惯性提肘将手臂提出水面（图 9-2-10）。出水动作应快速、连贯，但前臂和手掌应尽量放松。

（5）空中移臂：出水后，手臂自然、放松地向前移臂，始终保持肘部比肩高的姿势（图 9-2-11）。

图 9-2-10　出水动作

图 9-2-11　空中移臂

在自由泳划臂的整个周期中，动作是不停顿的、有节奏的，动作速度有所区别（图 9-2-12、图 9-2-13）。

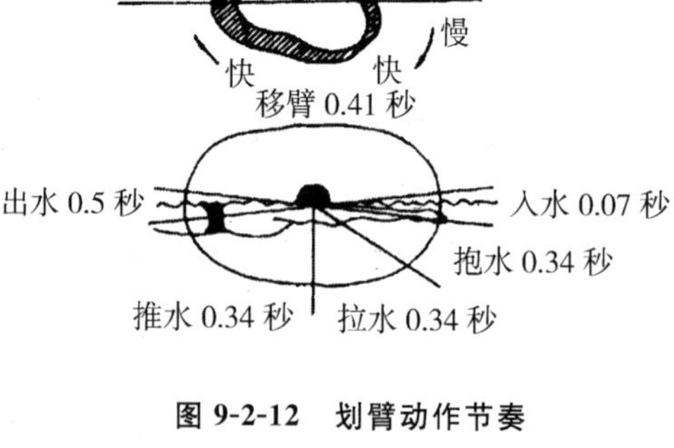

图 9-2-12　划臂动作节奏

划水时，依照双臂所处的位置不同，两臂配合技术可分为前交叉配合、中交叉配合和后交叉配合三种形式（图 9-2-14）。

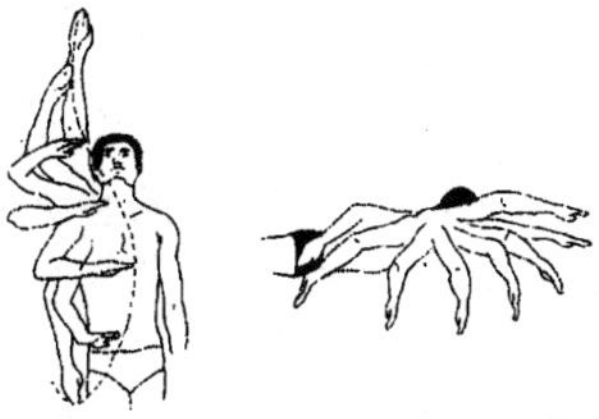

图 9-2-13　手臂在水下的曲线和屈臂划水动作

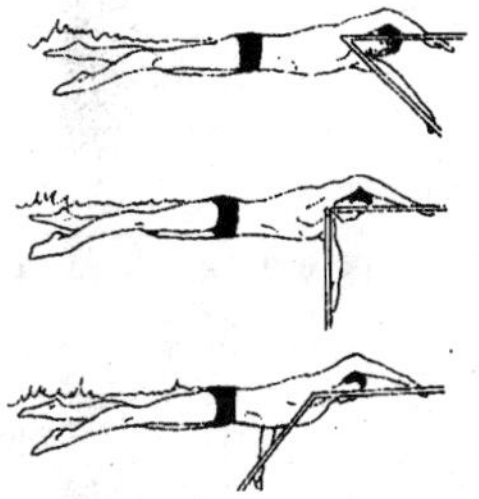

图 9-2-14　自由泳两臂配合的三种交叉形式

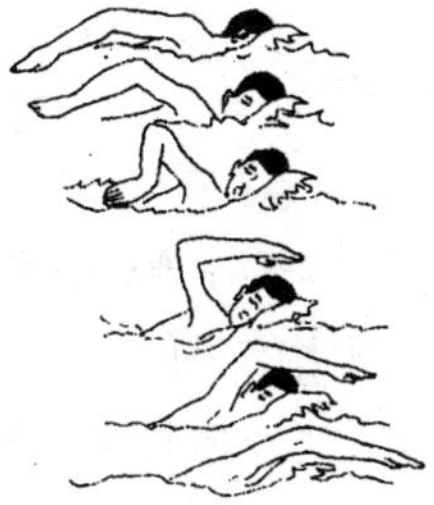

图 9-2-15　移臂和呼吸动作

初学者可采用第一种形式，以保持连续的推进力。

（四）呼吸技术

呼吸动作与身体的转动动作同时进行，交叉划臂一次，呼吸一次。以右侧吸气为例：右手入水后用口和鼻缓缓呼气，并随着身体转动幅度逐渐增大呼气幅度。右臂出水时，嘴露出水面，张口用嘴吸气。右手移臂时，头部随身体向左转动，复原到水中（图 9-2-15）。吸气时不能抬头，否则会使腿部下沉，破坏身体纵向的平稳性。

（五）完整动作配合

自由泳的配合技术有多种形式，其中 6∶2∶1 配合是较常见的一种，即 6 次打腿，2 次划臂，1 次呼吸（图 9-2-16）。

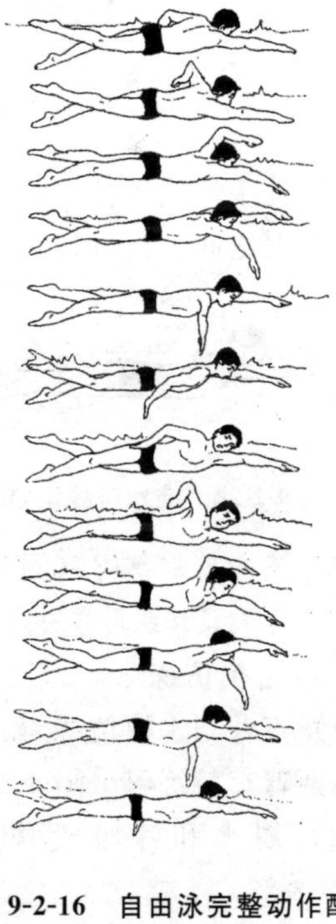

图 9-2-16　自由泳完整动作配合

二、练习方法

自由泳动作接近人们在陆上的行走动作，臂、腿动作简单易学。

（一）腿部动作练习方法

1. 陆上模仿练习

（1）池边坐撑打水练习：体会上下打水的感觉和双脚距离（图 9-2-17）。

（2）俯卧池边做大腿带小腿的打水练习（图 9-2-18）。

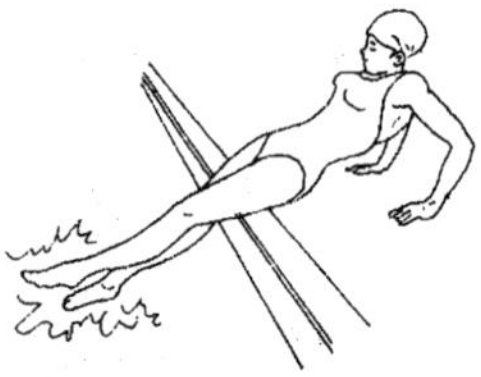

图 9-2-17　池边坐撑打水练习

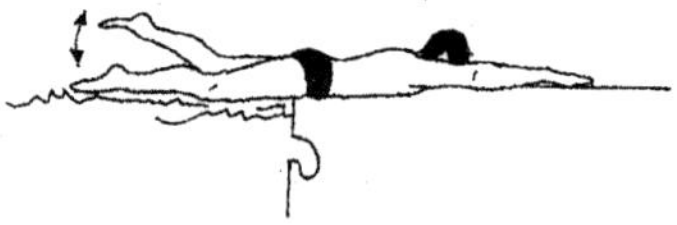

图 9-2-18　俯卧池边打水练习

2. 水中练习

（1）扶池槽打水练习：两臂伸直，将头放入水中，挺胸收腹，放松打腿，抬头吸气，低头入水，连续打腿（图 9-2-19）。

图 9-2-19　扶池槽打水

（2）徒手流线型打水滑行练习：身体俯卧水面，两臂伸直双手靠拢，头夹在两臂之间，进行打水练习，体会打水的推进作用（图 9-2-20）。

图 9-2-20　徒水流线型打水滑行

图 9-2-21　扶板打水

（3）扶板打水练习（图 9-2-21）。

（二）手臂动作练习方法

1. 陆上模仿练习

（1）直臂划水模仿练习：重点体会空中移臂和入水动作，可先单臂练习，后两臂交替练习（图 9-2-22）。

（2）划水和呼吸模仿练习：上体前倾，做划水、转头、吸气练习(图 9-2-23)。

图 9-2-22　陆上直臂划水模仿

图 9-2-23　划水和呼吸模仿

2. 水中练习

(1) 水中划臂体验练习：站立浅水中，做划臂练习，体会拉水、推水的感受（图 9-2-24)。

(2) 扶壁打水加单臂划水练习：边打水，边划水，再做划臂与呼吸的配合练习（图 9-2-25)。两臂可交换重复练习。

图 9-2-24　水中划臂体验

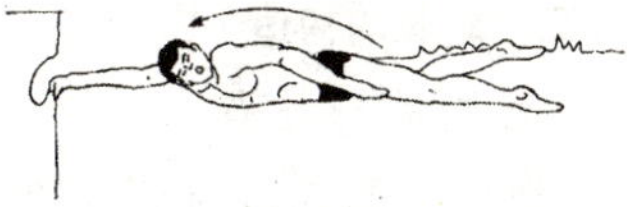

图 9-2-25　扶壁打水加单臂划水

(3) 短距离打水划臂练习：放松打腿，重点划臂，可先做两臂划水 6～8 次再吸一口气的练习。随着动作熟练和两臂、腿与呼吸动作配合协调，逐渐减少划臂次数，过渡到两臂各划一次、呼吸一次的练习（图 9-2-26)。

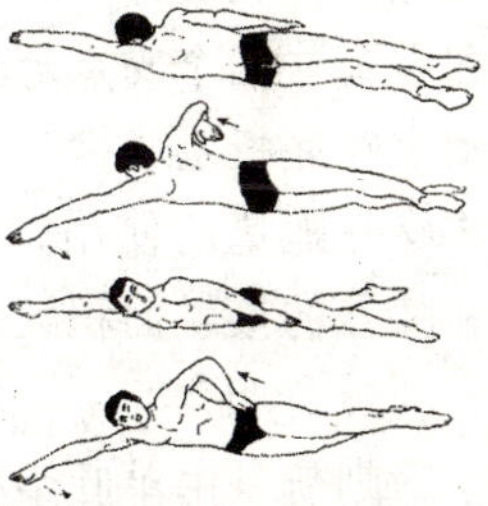

图 9-2-26　打水划臂练习

第三节　皮划艇运动

现代奥林匹克划艇运动有两种原型：用双叶桨推进的皮艇和用单叶桨推进的划艇。在奥运会比赛中，划艇有两个艇种：即单人划艇（C-1）和双人划艇（C-2)。许多国家在全国比赛中还使用 4 人、7 人和 10 人艇。国际划联的竞赛规则中，对划艇的推进方式所下的定义是，“划艇只能用单叶桨的桨推进，桨不能以任何方式固定在船上”。皮艇是一种又轻又窄、外形狭长的小船，船上面留出的空间恰好供运动员乘坐。除了运动员的座舱敞开以外，其他部分都用甲板完全封闭。运动员在座舱里双腿微微弯曲，脚蹬在舵杆和脚踏上。皮艇的操舵是由运动员的脚左右蹬动舵杆来完成的。按国际划联规则规定，“皮艇只能用双叶桨推进，桨不能以任何方式固定在艇上”，并且对皮艇的长、宽、重量都有严格的限制。

一、划艇

(一) 划艇的主要种类介绍

1. 单人划艇 (C-1)

单人划艇最大长度是5.2 m，宽度不小于75 cm，最小重量是16kg。规则对于船体的敞开、前后甲板的长度、船体横梁的数量也有规定。另外，船体还必须沿纵轴对称制造。

2. 双人划艇 (C-2)

双人划艇，两名运动员一前一后位于艇的中部，分别在艇的一边划桨，称之为左桨手和右桨手。双人艇长度为6.5 m，敞开部分和前甲板长度与单人艇略有不同。其他原则与单人划艇相同。

(二) 划艇的构造

1. 舱底板和跪垫

底板可在船底部提供一个平坦的表面，跪垫和脚蹬都要放在底板上。底板的长度足够运动员跪立所需要。为了舱的稳定性，底板的位置应尽可能低。一块设计合理制作完美的底板应重量轻、牢固，并能使前脚、跪膝和右脚这三个支点舒适、稳定。为了运动员安全起见，前脚和后脚都不能系牢在底板上，一旦翻船时运动员可以自由落水。近年来，由于半刚性泡沫材料跪垫的使用，不用底板的现象越来越普遍。跪垫必须柔软易变形，和膝盖的接触面积大，膝头所受压力均匀舒适。

2. 单叶桨

划艇是由单叶桨推进的，也就是说划艇的桨杆一端是手柄，一端是桨叶。规则对划艇桨的大小和形状没有限制，在桨的设计上允许创新。

(三) 划艇教学

在初期划艇教学中安全是极为重要的。在下水之前，必须检查学习者的游泳能力。划艇的练习必须遵从“陆上划桨练习→第一次翻船→学会平衡”的顺序，每一步都很重要。

在上船之前，应当进行陆上训练，这时需要确定运动员适合划哪一边，也就是说划左桨还是划右桨。

二、皮艇

(一) 皮艇的种类

在现代奥林匹克皮艇竞赛中，皮艇有三个艇种，即单人、双人和4人艇。

1. 单人皮艇（K-1）

单人皮艇的最大长度和单人划艇一样，均为5.2 m。最小宽度为51 cm，最小重量为12 kg。因为它的水线宽度比单人划艇窄，又用双叶桨推进，所以速度比单划快。

2. 双人皮艇（K-2）

双人皮艇形状与单人皮艇非常相似，最大长度为6.5 m，最小宽度为55 cm，位于第二个座舱的后面，从船头算起在全长的70%～75%处。考虑到船舷的曲率，两名桨手的位置应相对于船长的相对位置来布置。因为船体呈楔形，所以第二名桨手的划桨范围比领桨手宽些。两名桨手之间的距离为1.5 m，为了避免互相干扰和使用专门的技术，可以相应调整这一距离。由于两名运动员的体重不同，浮力分布不同，双人皮艇吃水差往往难于校准。一般来说，总是体重较大的运动员划第二桨位。为了获得比赛的胜利，建立正确的吃水差是最重要的问题。

3. 4人皮艇（K-4）

4人皮艇最大长度为11 m，最小宽度为60 cm。第四位桨手座舱位于从船头算起在总长75%～80%的位置。由于最小宽度的限制，这种艇的形状像雪茄烟。为了使4名运动员乘坐舒适，领桨手的座舱必须有足够的宽度，这个宽度尺寸是水线设计的关键所在。4人艇的最小重量为30 kg，但由于4人艇必须更加坚固结实，有较好的刚性，一般都大大超过了这个重量。

(二) 皮艇的构造

1. 座板与舵

从推进的方式来讲，在皮艇里坐着划是最理想的姿势。皮艇的座板是一块平滑的盘形模压板，通常由木头和塑料制成。新近的座板设计上增加了垂直和纵向的调节机构。座板与船底的相对高度一般为5 cm。座板既要调整得与运动员相适应，又要注意不破坏船体的吃水差。

标准座板有三个部件：底板、托座架、座板。底板的形状与船底板完全相似。如果座板底板的曲率小于船底板，座板就会滑动，所以一定要避免这种情况。两块托座架一前一后与底板和座板相连接。为了防止座板的前后移动，托座架有微小的倾角。托座架的高度决定了运动员的垂直位置。为了使座板前倾抵抗腿部的蹬力，后托座架一般比前托座架高一点。要想升高或降低座板，托座架可以装上也可以卸掉。如果艇重不符合要求，必要时可将永久性重物附着在前托座架上。

脚踏板是座舱里不可缺少的部分。对每个运动员来说，座板到脚踏板之间都有一段距离，这个距离是由运动员的腿长决定的。在划桨阶段，运动员有相当大的压力作用在脚踏板上，所以脚踏板必须有一定的强度和可调性。

单人艇和多人艇的第一个座舱的脚踏板上装有舵杆，脚踏板上开有一条夹缝以便舵杆穿出。夹缝要有足够的长度，以满足操舵所要求达到的角度。在多人艇的其他舱位里，脚踏板就是一块简单的平板，有的带有扣带以防止脚滑动。

舵机构是一个简单的控制皮艇方向的装置。它有舵杆，由运动员用脚操纵。舵杆绕一根固定在船上的轴旋转。当舵杆转动时，带动连接舵轮的拉绳运动。舵轮是紧紧地连接在船上的，从而带动舵叶转动。皮艇的舵有两种，船尾舵和船底舵。船尾舵已经从奥运会的短距离比赛中消失了，但它在长距离比赛中非常普及。船尾舵由于其所处的位置，操纵非常灵敏。虽然竞赛规则允许舵形成船长的延长线，但因厚度有所限制，由船尾舵产生的附加拖曳阻力，比水线加长而得到加速度还要大。

船底舵是一种不平衡的舵，比起老式舵来有更好的升力与牵引力之比，能为操舵产生更有效的升力。这种新舵的另一个特点是在大击力角的情况下，性能不会受影响，转的角度越大升力越大。到临界角度时，牵引阻力占上风，升力消失，舵的作用失效。舵相对于浮心的位置是很重要的。由升力或牵引阻力形成的转动力矩是力矩臂的函数，力矩臂是船体的转动中心到作用在舵上的转动力之间的距离。与双人皮艇和 4 人皮艇相比，单人皮艇的舵离船尾最远，这主要是因为单人皮艇的舵轮安装在船体里面，4 人皮艇的舵轮安装在甲板上面，以便创造更大的转动力矩。

座板和脚踏板是运动员和船体之间的接触点。运动员划桨时，产生的力都是通过这些接触点传递到船体上的，这些部件的任何滑动或损害都会影响力的传递效果。所以，那些易松动的接触点应当胶牢，木质部件的表面应当保持干燥，金属部件要有良好的润滑以防止生锈，而且要有备件，以便随时更换那些损坏或遗失的部件。

2. 双叶桨

皮艇桨与划艇桨不同，是桨杆两头有桨叶的双叶桨。皮艇桨两片桨叶的方向是彼此偏转的，分为右转桨和左转桨，可适应不同握桨习惯的运动员。

和划艇桨一样，皮艇桨对桨叶的大小和形状没有统一规定。桨叶形状习惯上是沿纵向对称的。皮艇桨叶面的设计是从它在水中的最大抓水效果来考虑的，只有勺形和匙形的最理想。在桨的控制手一端，桨杆的截面往往为椭圆形，其主轴与桨叶面垂直。皮艇桨杆的这一特性有两点重要作用：一是当桨在水中运行时保持桨叶面与船的中心线垂直；二是形成适当的转动，以便另一端桨叶成直角入水。在桨的相反一端，桨杆的截面为圆形，以便在手中自由旋转。桨杆的直径应当与运动员手的大小相适应。如果直径太小，作用在手指上的压力会引起肌腱炎。在划桨的过程中，桨必须保持不变形，所以桨的材料应当结实、坚硬而且要轻，尤其要考虑到桨杆的形状与硬度。桨的长度选择对每个运动员来说是十分重要的。

决定桨长的因素很多，最常用的方法是运动员站在平地上，让桨竖起，举起手臂用食指和中指能勾住顶端即为适合自己的桨长。选定桨长以后，就要决定握桨的位置。其方法是双臂侧举，小臂折回与上臂和桨杆垂直，两边握桨点至桨杆中点的距离相等。桨点决定后要做好记号，以免滑动。

对多人艇来说，所有运动员控制手的方向最好在同一边，这对出发时第一桨的起动特别有利。多人艇各运动员的桨长和桨宽与他的桨位有关，一般来说是从头到尾递增的。运动员应当确定一把桨叶旋转角度与自己相适应的桨。桨叶旋转角度在45°～90°之间，运动员可根据各人的身体条件和技术风格选用。

（三）皮艇教学

皮艇教学中一定要强调安全问题。学生在学习皮艇之前，首先要学会游泳。在上艇划船之前要进行陆上训练。陆上练习的目的有两个：第一，了解桨叶的方向性，学会桨的旋转方法；第二，掌握平桨的方法，即用桨背压在水面上形成船外支点来增加船的稳定性。陆上练习最好坐在长凳上模仿皮艇的正确姿势进行。当船加速时，为了抵消身体惯性，上体前倾角度是必不可少的，同时加长了划距。但过分前倾会压迫隔膜，降低肺通气量。为了有效蹬腿，运动员的膝部应高出座舱上缘10 cm，脚在脚踏板上与船底成50°～60°角。在划桨过程中，当脚跟向前运动时，这个角度加大，膝部夹角也变大，但脚踏板中心线的距离对每个运动员来说应当保持不变。

蹬腿与手臂的拉桨动作必须同步。桨抓水时，臀部向后运动可帮助有效转身并带动手臂拉桨。同一侧的膝部以同样的速度伸展打开，相对一侧膝部动作跟上，准备在另一侧划桨。

第四节　龙舟运动

一、龙舟运动的起源

关于龙舟运动的起源，目前学术界和民间的说法都不少，概括起来，有以下几种说法。

（1）纪念屈原说：持这种说法的学者最多，认为龙舟运动的起源是纪念屈原。这一说法在一些古籍中有所体现。

（2）龙图腾崇拜说：龙舟运动起源于龙图腾崇拜，是一个全社会共同参与的古老的祭祀节目。

（3）宗教说：龙舟运动起源于宗教活动。

（4）驱邪消灾说：龙舟运动起源于一种驱邪消灾的仪式。

（5）敬仰说：龙舟运动是人民对爱国者、勇敢者和义士的敬仰。

（6）祈子仪式说：龙舟运动起源于原始先民祈求多子多福的仪式。

（7）其他说法：越地说，龙舟运动是为了纪念复仇雪恨的越王勾践；吴地说，龙舟运动是为了纪念开国拓地的忠臣伍子胥；湘西苗族认为，龙舟运动是为了纪念祖先般木瓠；黔东苗族认为，龙舟运动是为了纪念烧死恶龙的民族英雄保。另外，傣、白、布依、水等民族都有各自的说法。

二、龙舟运动的发展

龙舟运动是深受我国各族人民喜爱的民间传统体育项目之一，有两千多年的悠久历史，积淀了中华民族的精神气质和审美意识。龙舟比赛是一项集健身、娱乐、竞技于一体的具有浓郁民族特色的群众性体育活动。我国最具代表性的龙舟竞渡有：长江流域的汉族龙舟竞渡，贵州清水江畔的苗族龙舟竞渡，居于云南澜沧江、瑞丽江边的傣族龙舟竞渡。过去，龙舟运动在我国南方各地盛行。如今，龙舟比赛打破了江南一统天下的局面，渐渐由区域性、地方性的少数民族娱乐活动变成全国性的正式的水上体育运动。

随着龙舟运动在我国的不断发展，它也正在以其激烈的竞技性和源泉的趣味性逐步走向世界体坛。在亚洲各国，特别是东南亚一些国家的龙舟活动有的正成为习俗并广泛开展，在英国、法国、美国、加拿大、德国以及澳大利亚等国家也开始盛行，比赛频繁举行。中国香港、新加坡等地区和国家已举办过多次国际龙舟赛。

三、龙舟运动竞赛简介

在“加强领导、积极提倡、改革提高、稳步发展”的民族体育方针指引下，国家体委于1984年将龙舟列为全国正式比赛项目，公布了《龙舟竞赛规则》和《龙舟竞赛裁判法》。

（一）竞赛规则

1. 起航

起航的龙舟数应根据水面的宽度来定，通常用6条航道比赛，每条航道的距离不小于10m。各航道及起点线与终点线均应有明显的浮标标志。航道的编号以离终点裁判席最近的为第1道，依次向外排列航道的号码次序。

起航前，比赛的龙舟必须固定在起航线后对齐。发令员发出预备口令或吹响号角后，参加本组比赛的龙舟做好起航准备，划手把桨举离水面（舵手除外）。各龙舟都处于稳定状态时，发令员再发出起航信号。听到起航信号后，划手才可将桨入水，违者则判为抢航犯规。连续两次抢航的龙舟队取消该场比赛资格。发令员发现抢航，马上鸣枪或鸣哨召回龙舟重新组织起航。每组比赛抢航不得超过3次，如果第三次起航时仍有抢航者，不管该龙舟是第几次抢航，均取消其该场比赛资格。若已经鸣枪才发现抢航，则继续比赛不再召回龙舟重新开始比赛；若在鸣枪前就发现抢航，则不再鸣枪，取消抢航龙舟后再发令起航。出现抢航后，凡拒绝听从发令员或监察员召回命令的龙舟队，取消其该场比赛资格。运动员本身起航失误或器材准备不足，不能作为重新起航的理由。如果气候恶劣，危及参赛者的安全时，裁判长有权决定停止比赛。

2. 途中

所有龙舟都应该自始至终严格按照自己的航道划行，如果某一龙舟穿越其他航道，但并未干扰阻碍其他龙舟比赛而及时划回本航道者，不判为犯规；否则判为犯规。不能用任何方式干扰、阻碍其他龙舟前进（包括不道德行为），否则判为犯规。在比赛时，禁止任何舟艇在航道外伴随或给予任何方式的场外指导。在比赛时，由于自身的原因引起翻船，允许运动员在不依靠外力的情况下重新上船继续比赛，但必须在该组比赛时间内到达终点。在比赛中，如果有龙舟队故意将其他龙舟弄翻或撞坏其他龙舟，除负责打捞修理外，应同时取消其比赛资格，情节严重者罚款处理。

3. 终点

当龙舟的龙头前沿部位到达终点线时，该龙舟划完全程，裁判员应及时停表计时。

龙舟必须从本航道过终点线。龙舟到达终点线时，由终点裁判员判定各龙舟到达的先后顺序。如果有运动员落水而不能及时回到龙舟上，该龙舟到达终点线成绩无效。龙舟到达后，应及时到指定地点接受裁判员的检查。如果一场比赛中，在决定参加复赛与决赛最后一名时，出现两支以上龙舟队的成绩相同，那么成绩相同的龙舟应增加一次比赛，优胜者参加下一轮比赛。

（二）竞赛项目、航道和器材

1. 竞赛项目

龙舟运动竞赛项目分为 400 m、600 m、800m、1000 m 直道竞速。民间竞赛可根据当地条件变更距离及竞赛方式。

2. 航道

（1）赛场设在静水水域，航道是直的。起航线与终点线平行，并与航道垂直。

（2）根据参赛队数和场地条件设 6 或 8 道，每道宽 9 m、11 m 或 13.5 m。航道编号按终点裁判所处位置最近的为第 1 道，次近的为第 2 道，依次类推。

（3）航道最浅处水深不得少于 2.50 m，航道内不应有水草、暗礁和木桩，航道外 5 m 内应无障碍物，在航道一侧应设 20～30 m 宽的附航道。

（4）航道浮标间距不得大于 50 m，离航道末端 100m 内的浮标全部使用红色，间距为 12.50 m。起点线和终点线两端延长线上必须设有明显的标志杆。最后一个浮标应在终点线内 2 m 处。各航道终点线外 2 m 处靠近终点裁判台一侧的航道线延长线上，应设置高 0.60～0.80 m 白底黑字的三角形航道牌。

3. 器材

（1）小型龙舟

总长：18.40 m（含龙头、龙尾）。

舟长：15.50 m，允许误差 0.05 m。

舟宽：1.10 m（最宽处），允许误差 0.01 m。

舟重：所有龙舟中最重与最轻的差距不得超过 25 kg（含龙头、龙尾、舵桨）。

（2）中型龙舟

总长：23.90 m（含龙头、龙尾）。

舟长：21 m，允许误差 0.05 m。

舟宽：1.20 m（最宽处），允许误差 0.01 m。

舟重：所有龙舟中最重与最轻的差距不得超过 50 kg（含龙头、龙尾和舵桨）。

（3）舵桨：舵桨应是固定装置。

总长：不得小于 2.5 m，叶长 0.55 m，允许误差 0.03 m。

叶宽：前沿 0.24 m，上端 0.22 m，允许误差 0.03 m。桨叶的边缘厚度为 0.01 m。

（4）划桨

总长：不得长于 1.25 m，叶长 0.38 m。

叶宽：前沿 0.18 m，上端 0.16 m。桨叶的边缘厚度不得大于 0.07 m，桨叶的划水面应为平面。

（5）制造材料：龙舟含龙头、龙尾和舵桨，划桨的制造材料不加限制，但在同一次赛事中，应使用由大会统一提供的器材。

（6）附属装置及备用器材：每条龙舟必须设有规格一致的龙头、龙尾、锣架、鼓和鼓架。

其中，锣的直径为 0.48 m，设在中舱规定的位置上；鼓的直径为 0.58 m，高不低于 0.40 m，在第一划手前面，面对舵手。在保证龙舟总长度不变的情况下，龙头、龙尾的造型可自行设计。须设航道牌并配水瓢两个，允许带备用划桨。

思考题

1. 蛙泳中为什么要重点加强腿部技术动作？
2. 蛙泳中呼吸和手臂划水时的技术难点是什么？
3. 自由泳中手臂划水呈反“S”形时应注意什么？
4. 自由泳中腿部打水时应重点掌握哪些重点技术动作？
5. 简述皮艇和划艇运动的分类。

第十章　轮滑、滑冰与滑雪

【学习目标】

1. 了解轮滑运动的相关知识，掌握轮滑运动的基本技能。
2. 对滑冰运动有一个初步的了解，掌握滑冰的基本技能。
3. 了解滑雪运动四种滑降技术和两种转弯技术。

第一节　轮滑运动

一、轮滑运动简介

轮滑运动在我国俗称“溜旱冰”或“滑旱冰”，它是一项融健身、竞技、艺术、娱乐、惊险性于一体的，风靡世界、深受青少年喜爱的体育运动项目。轮滑运动项目主要包括速度轮滑、花样轮滑、双排轮滑球、单排轮滑球和极限轮滑（滑板）、自由式轮滑（也称平地花式）等项目。

二、轮滑基本技术

（1）轮滑的基本站姿（图 10-1-1）。

（2）轮滑的基本姿势（图 10-1-2）。

外“八”字脚站立　“丁”字脚站立　平行站立

图 10-1-1　轮滑的基本站姿

图 10-1-2　轮滑的基本姿势

· 两脚分开同肩宽
· 重心落在两脚间
· 膝盖弯曲向前顶
· 上体前倾收胸腹
· 两臂自然放腿边

（3）原地蹲起：两脚分开与肩同宽，做下蹲并站起动作（图 10-1-3）。

（4）移动身体重心：身体重心稳定后再向另一侧移动（图 10-1-4）。

图 10-1-3　原地蹲起

图 10-1-4　移动重心

（5）原地抬腿：放腿时应保持脚下的轮子同时着地（图 10-1-5）。

（6）侧向迈步：重心移动平稳，动作熟练后应逐渐降低重心，加快迈步频率和迈进距离（图 10-1-6）。

图 10-1-5　原地抬腿

图 10-1-6　侧向迈步

（7）侧向交叉步：一腿向另一腿前外侧迈步时，注意重心平稳移动，放脚时应尽量保持脚下的轮子同时着地（图 10-1-7）。

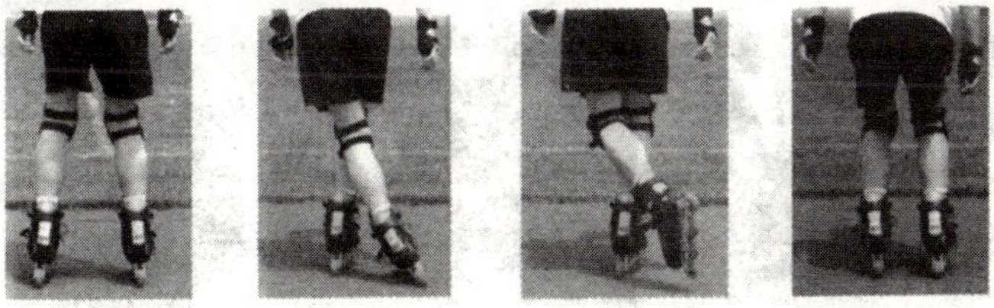

图 10-1-7　侧向交叉步

三、直线滑行

（1）双脚蹬地双脚滑行：在“八”字脚行走的基础上，借助惯性双脚向前滑行。

（2）单脚蹬地双脚滑行：单脚蹬地后两腿并拢成基本姿势滑行（图 10-1-8）。

（3）直线前滑：两腿交替蹬地支撑滑行。动作熟练后，逐渐加大蹬地力量和延长滑行距离（图 10-1-9）。

图 10-1-8　单脚蹬地双脚滑行

图 10-1-9　直线前滑

四、弯道滑行

图 10-1-10　走步转弯

(1) 走步转弯：如向左转弯，则每一次迈步落脚时向左转动 10°～15°，使滑行路线逐渐成弧形（图 10-1-10）。

(2) “A”形惯性转弯：如向左转弯，则右脚尖内扣，用轮子的内刃滑行，重心略偏向右脚，两脚成“A”形，左腿微屈放松并跟随向左转动，身体也随着向左转弯（图 10-1-11）。

(3) 平行惯性转弯：如向左转弯，则头和肩向左转动，带动上体、髋部和两脚向左转动，借助惯性向左滑出一条弧线（图 10-1-12）。

图 10-1-11　A 形惯性转弯

图 10-1-12　平行惯性转弯

五、弯道压步

(1) 原地压步：两腿平行微屈站立，身体左转，重心左移，左脚用轮子外侧着地；右腿蹬直、抬起，向左腿前外侧迈步成双腿交叉姿势，此时右脚用轮子内侧着地，重心随之移至右腿上，成右腿支撑重心；接着左腿蹬直，收左腿向左侧跨一步，成开始姿势（图 10-1-13）。

图 10-1-13　原地压步

（2）弯道压步：身体左转，屈膝，重心移到左腿上，用右脚轮子内侧蹬地，左脚外刃向前滑出，右腿向侧伸直；右脚收回放在左脚内侧，左脚用外刃向侧后方蹬地，右脚用内刃向前滑出，左腿向侧后方伸直；左脚收回，靠近右脚，屈膝再滑下一步（图 10-1-14）。

图 10-1-14 弯道压步

六、倒滑

（1）倒滑“八”字脚行走：脚跟分开成“八”字脚站立，两脚在重心平稳移动的同时，交替向后迈步。

（2）双脚“8”字倒滑：脚跟分开成“八”字脚站立，两脚同时压轮子的内刃，向外、向后画弧滑行。这时，两脚改内“八”字为外“八”字，向内、向后画弧，当两脚跟靠近但尚未并拢时，双脚再转变为内“八”字，同时向外推开（图 10-1-15）。

图 10-1-15 双脚“八”字倒滑

（3）双脚交替倒滑：脚跟向外打开约 45°，右脚以内刃向右侧前方用力蹬地，重心移到左腿上并向左后方滑行；右脚蹬地结束后，迅速收回到左脚内侧，此时重心开始向右后方移动，左脚以内刃向左侧前方用力蹬地，重心移到右腿上并向右后方滑行；左脚蹬地结束后，迅速收回到右脚内侧（图 10-1-16）。

图 10-1-16 双脚交替倒滑

（4）倒滑压步：如向右做压步动作，则用左脚内刃蹬地，同时身体重心移向右侧成右脚外刃支撑倒滑；左脚蹬地结束后，以在右脚的右前方落地成交叉并继续以内刃向后倒滑，此时右腿迅速向左后方蹬直；右腿蹬地结束后，收回至左脚内侧以轮子的外刃继续倒滑，完成一次压步动作（图10-1-17）。

图 10-1-17 倒滑压步

七、制动

（1）连续转弯减速制动：连续的惯性转弯或短步转弯动作可以消耗滑行速度，达到制动的目的。

（2）“A”形制动：以轮子的内刃着地，两脚尖内扣成“A”形，利用轮子的内刃与地面的摩擦减速制动。

（3）“T”形制动：在向前滑行中，将重心放在左脚上，左膝微屈，同时抬起右脚，右脚脚尖外转，横放在左脚后成“T”形，以右脚的4个轮内侧面摩擦地面，减缓滑行速度；此时，重心下降并逐渐移向右脚，加大摩擦直到停止滑行。

第二节 滑冰运动

一、滑冰运动

滑冰是一项比较古老的运动，早期只是人们在冬季进行的一种游戏或者作为代步工具，但却为现代滑冰运动的产生和形成奠定了基础。

现代滑冰运动已列入冬季奥运会比赛项目，分为速度滑冰、短道速度滑冰、花样滑冰和冰球运动。速度滑冰是指在规定距离内以竞速为目的的滑冰比赛，或者说是以冰刀为工具在冰上进行的一种竞速运动。速度滑冰历史悠久，它是冰上运动的源头。冰上运动的其他项目都是在速度滑冰的基础上产生和发展起来的。男、女速滑分别于1924年、1960年被列为冬奥会比赛项目。短道速度滑冰是相对于速度滑冰而言的，由于它使用的跑道（111.12 m）比速度滑冰的跑道（400m）要短，故称之为短道速度滑冰。

短道速度滑冰运动是以身体素质、机能能力、技能水平、心理素质、智能能力等条件为基础，以战术运用为灵魂的体能类竞速性的冰上运动项目。花样滑冰是一项冰上运动技术与综合艺术表演相结合的竞技体育项目，穿着特制的带有冰刀的冰鞋，在光滑的冰面上随着音乐伴奏的旋律做滑行、跳跃、旋转和各种舞姿表演等。它包括国际滑联批准的男、女单人滑，双人滑和冰上舞蹈四个正式比赛项目。冰球运动是以冰刀、冰球杆和冰球为工具，在冰上进行的一种相互对抗的集体性竞赛活动。比赛时，双方各出场 6 名队员，在冰场上滑行、拼抢、击球、射门，由运动员击球射入对方球门的次数多少决定胜负。每场比赛 60 分钟，分 3 局进行，每局之间休息 15 分钟，3 局比赛结束双方进球数相等为平局，有一些比赛根据规程和规则规定要加赛 10 分钟，以进球多者为胜。如再打成平局要采用互射点球的办法决出胜负。

二、滑冰基本技术

（1）冰上站立：两脚稍分开与肩同宽，双膝微屈，上体直立稍前倾，两臂放松自然下垂，目视正前方（图 10-2-1）。

图 10-2-1　冰上站立

（2）蹲起练习：两脚稍分开与肩同宽，上体直立，两臂自然放松。膝盖前顶，膝关节的垂直线超过刀尖为宜，上体稍前倾，双腿站直，反复练习。

（3）原地重心移动：双脚平行站立，两脚分开略宽于肩，上体直立，两臂自然放松。屈膝，右腿蹬直，身体重心移至左腿，左腿弯曲。此时，头、膝盖和脚尖应在一条垂直线上。反方向同理，两腿交替练习（图 10-2-2）。

（4）原地踏步：两脚平行站立与肩同宽，两腿微屈，上体稍前倾，两臂自然下垂。身体重心移至左腿，右腿稍抬起，放下后身体重心移至右腿，左腿稍抬起，两腿交替练习（图 10-2-3）。

图 10-2-2　原地重心移动

图 10-2-3　原地踏步

（5）侧向行走：两脚平行站立与肩同宽，膝盖微屈，重心向右侧移动，左脚抬起向左侧横跨一步，重心移至左脚，右脚迅速靠拢，待稳定后再进行向左侧的下一步。如此反复进行5～6步后再向右侧做相同练习（图10-2-4）。

（6）“八”字行走：双脚外“八”字站立，屈膝，身体稍前倾，外“八”字小步向前行走。

（7）侧向交叉步：两脚平行站立与肩同宽，膝盖微屈，重心向左侧移动，左脚抬起，向右腿前外侧迈步成双腿交叉姿势，重心随之移至右腿上，成右腿支撑重心，接着收左腿左侧跨一步，成开始姿势，如此反复进行5～6步后再向右侧做相同练习，并注意逐渐加快迈步频率、迈进距离（图10-2-5）。

图10-2-4 侧向行走

图10-2-5 侧向交叉步

三、滑行练习

（1）双蹬双滑：在向前外“八”字脚行走的基础上，每次连续走几步就会产生一定的惯性，然后迅速形成基本姿势，借助惯性向前滑行一段距离。当快要停下来时，再走几步，做两脚平行向前滑行练习，如此反复进行。

（2）单蹬双滑：双脚稍分开与肩同宽，两脚平行站立。蹬冰时，双膝微屈，将重心移至右脚，用右脚刃前半部分向侧方蹬冰。在完成蹬冰动作后，迅速将蹬冰脚收回原位置，将重心放在双脚之间，形成双脚平行向前滑行动作（图10-2-6）。

（3）单蹬单滑：双脚稍分开与肩同宽，两脚平行站立。蹬冰时，双膝微屈，将重心移至右脚，用右脚刃前半部分向侧方蹬冰，左脚向前滑出，重心移到左腿上。蹬冰后，蹬冰脚尽快放在滑脚脚跟后，要保持重心平稳的单脚向前滑行姿势（图10-2-7）。

（4）直线前滑：双脚稍分开，与肩同宽，两脚平行站立。蹬冰时，双膝微屈，将重心移至右脚，用右脚刃前半部分向侧方蹬冰，左脚向前滑出，重心移到左腿上，浮腿向侧后引腿，浮腿收回至滑脚内侧，同时滑腿站直。屈膝再滑下一步（图10-2-8）。

图 10-2-6 单蹬双滑

图 10-2-7 单蹬单滑

(5) 转弯滑行

①双脚平行转弯（以顺时针方向为例）。把重心移到右腿上，右脚稍前、左脚稍后，两脚距离与肩同宽，膝关节微屈、身体前倾。右脚外刃、左脚内刃用力向转弯的反方向蹬冰，身体向右倾斜，两脚平行向右划两条“弧线”，转弯即可完成。双脚滑行向右转弯时，应向前滑行几步后，利用惯性两脚平行着冰，做身体向右倾斜的动作，形成双脚向右滑行的大曲线（弧线）（图 10-2-9）。

图 10-2-8 直线前滑

图 10-2-9 双脚平行转弯

②双脚平行短步蹬地转弯（以逆时针方向为例）。保持双脚平行转弯的姿势，向左转弯时，重心要向左侧倾斜。左脚外刃、右脚内刃交替向右侧蹬，改变前进方向，两脚蹬一步往左移进一点，通过多次交替使身体在快速中转向左侧。在上述动作基础上，将重心完全移到左脚上，右脚抬离冰面并在体侧不断地以内刃向侧蹬冰，左脚连续做短切线，形成了向左转弯动作。

③急转弯（以逆时针方向为例）。向前滑行时，浮腿收回，靠近支撑腿的平行位置下刀，两脚距离同肩宽。左转弯时，身体向左倾斜，重心向左移，先转头，依次转肩，转体，左脚在前，右脚在后，距离不要过大，重心在两脚后半部，两脚左右间距不能过宽，约有一拳距离即可。急转弯一般身体转 180°，而且转弯的弧度很小（图 10-2-10）。

图 10-2-10 急转弯

四、前压步（以逆时针方向为例）

上体左转 90°，屈膝，重心移到右腿上，用右脚内刃向侧蹬冰，左脚外刃向前滑出，浮脚向侧伸直，右脚收回，靠近滑脚；屈膝，右脚放在左脚内侧，左脚用外刃向侧后方蹬冰，右脚用内刃向前滑出，浮腿向侧后方伸直，浮脚收回，靠近滑脚。屈膝再滑下一步（图 10-2-11）。

图 10-2-11　前压步

五、倒滑技术

（1）倒滑“八”字行走：两脚尖靠拢，脚跟分开成“八”字脚站立，膝盖弯曲，上体直立稍转体、转头看后方，重心移至左脚上，右脚稍抬起并向后迈一小步，重心随之移至右脚上，然后抬左脚向后迈一步，重心随之移至左腿上，反复练习。

（2）倒滑葫芦步：双脚成内“八”字形站在冰面上，脚尖靠近，脚跟分开，身体重心在前半部，双膝微屈，开始时双脚同时用内刃向后蹬冰。双脚间的距离同肩宽时，将双脚跟向内收紧，形成双脚平行向后滑，此时两膝逐渐伸直，靠拢后再次蹬冰（图 10-2-12）。

图 10-2-12　倒滑葫芦步

（3）向后单蹬双滑：双脚稍分开，与肩同宽，两脚平行站立。蹬冰时，双膝微屈，将重心移至右脚，用右脚刃前半部分向侧前方蹬冰；在完成蹬冰动作后，迅速将蹬冰脚收回原位置，将重心放在双脚之间，形成双脚平行向后滑行动作。双脚依次练习。

（4）向后单蹬单滑：双脚稍分开，与肩同宽，两脚平行站立。蹬冰时，双膝微屈，将重心移至右脚，用右脚刃前半部分向侧前方蹬冰。左脚向后滑出，重心移到左腿上。蹬冰后，浮腿伸直至前方，要保持重心平稳和单脚向后滑行姿势。

六、倒滑压步（以逆时针方向为例）

上体右转 90°，面向圆心，屈膝，用左脚内刃向侧前方蹬冰，右脚外刃向后滑出，浮脚向侧伸直，左脚收回，靠近滑脚；屈膝，左脚放在右脚内侧，右脚用外刃向侧蹬冰，左脚用内刃向后滑出，浮腿向侧后方伸直，浮脚收回，靠近滑脚。屈膝再滑下一步。

七、停止法

（1）双脚向前内刃急停：在向前滑行时，突然将脚尖靠近，脚跟分开，身体重心后移，两腿微屈，双膝靠近，形成用双脚冰刀内刃向前刮冰的急停动作。

（2）双脚向左右转急停：在向前滑行时，身体突然向左转体 90°，双腿微屈，两臂前伸，左脚用外刃，右脚用内刃，同时向滑行方向刮冰做急停动作。用相同方法、相反姿势和动作，做向右双脚转体急停。

第三节　滑雪运动

一、滑雪运动简介

高山滑雪起源于欧洲的阿尔卑斯山脉地区，故世界各国将起源于阿尔卑斯山脉地区的从山上向下滑行的滑雪运动称为阿尔卑斯滑雪。我国将阿尔卑斯滑雪统称为高山滑雪。高山滑雪可分为实用滑雪、娱乐滑雪、竞技滑雪和探险滑雪四类。

滑雪运动 19 世纪在欧洲兴起，经过多年的发展完善，如今已遍及欧洲、北美及亚洲的日本、韩国。世界滑雪人口约有两亿。滑雪已成为冬季休闲健身运动的主要项目。中国的滑雪运动在 20 世纪 90 年代中期起步，经过短短几年的发展，迅速进入了普及阶段。

二、滑雪器材

高山滑雪的器材有四大件，即滑雪板、滑雪鞋、固定器、滑雪杖。

（1）滑雪板：高山滑雪板的种类很多，按竞技滑雪项目分回转板、大回转板、超级大回转板、滑降板；按滑雪水平分初学者板、中级板、高级板、竞赛板、世界杯用板等。

（2）滑雪鞋：常见滑雪鞋分为旅游式和竞技式。旅游式滑雪靴穿脱简单，只有一个扣子，适合初学者使用；而技术好的滑雪者，可选择能将脚与滑雪靴紧紧连为一体的竞技滑雪靴。

（3）固定器：是一种固定在滑雪板上的装置。它的主要功能是连接滑雪鞋与滑雪板及保护滑雪者人身安全。

（4）滑雪杖：是滑雪者控制重心必不可少的一件工具，一般以本人手臂下垂后肘部距地面的高度作为选择滑雪杖的长度，初学者可选择稍长一点的雪杖，待技术提高后，再选择短一些的雪杖。

三、高山滑雪的基本技术

（1）平地走滑：如同在陆地上行走一样，左右滑雪板交替向前迈进，左右雪杖在体侧交替撑动，移动步伐逐渐由小变大。

（2）不跨步同时推进滑行：同时推进滑行是双滑雪杖同时向后撑动，推进滑雪板同时向前滑行。

（3）原地变向：左板承重，右板向前上踢成直立状态后以板尾为轴心向右侧下方转动180°，在左板内侧着地并承重。同时，上体右转90°。重心移至右腿，左板抬起从右腿后侧通过并力争也转动180°，放到右板同一方向并平行的位置上。上体随同左板再右转90°。双板同时承重，完成向后转体，两雪杖在体侧根据转向情况顺势支撑，维持平衡，协助后转，不要影响滑雪板的动作。

小资料

什么是“滚落线”

在斜坡上保持平衡首先要明白“滚落线”的概念。“滚落线”是指一个圆球从斜坡上滚落的线路。要想在斜坡上保持平衡，必须使滑雪板与滚落线保持垂直，并且要让山下滑雪板的内刃和山上滑雪板的外刃嵌入山体，形成夹角，身体的重心要放在山下板上，以抗拒身体重量的自然下滑。

（4）横登坡：指双滑雪板平行地横在山坡上，基本与滚落线垂直的登坡。横板登坡技术是高山滑雪基本功训练的内容之一。

(5) “八”字登坡：面对滚落线，两只滑雪板呈倒“八”字、立内刃状态，直线向山上登坡。

(6) 犁式停止法：在滑降中使滑雪板成犁式状态。

(7) 安全摔倒与站起：正确的摔倒方式是自然地向身体两侧坐倒，任其滑行。要想重新站起来，首先将头部调向山上侧，脚朝山下，侧坐在雪面上。然后将两只滑雪板收至靠近身体，平行放置，并与滚落线垂直，用两滑雪板山上侧的板刃刻住雪面。雪杖在体后用力支撑，使自己重新站立。

四、高山滑雪的滑降技术

(一) 直滑降

直滑降是指双板平行，面对垂直落下线垂直滑下的技术。通过直滑降的练习主要掌握基本滑行姿势。体会速度及滑行感觉、重心位置，提高对坡度的适应能力及对滑雪板的控制能力。直滑降的技术重点是用腿部的屈伸来调节以保持正确的滑行姿势。

1. 动作要领

(1) 双板平行稍分开，重心均匀放在两腿上，两脚全脚用力。

(2) 上体稍前倾，髋、膝、踝关节稍屈，呈稳定的稍蹲姿势，保持随时可以进行腿部屈伸状态。

(3) 两臂自然垂放体侧，肘稍屈以协助保持平衡，肩部应处于放松状态。

(4) 目视前方，观察场地及前方情况，防止低头看滑雪板。

2. 注意事项

(1) 在练习中要注意体会重心上、下、左、右、后的移动对滑雪板产生的影响及对滑雪板的控制方法，防止一味追求速度。

(2) 注意在中坡上起滑时的突然加速造成重心落后而摔倒。

(3) 在雪坡、雪质的选择上必须循序渐进，由易到难。

(4) 在滑行练习中注意放松，防止动作紧张、僵硬。

(5) 腿部屈伸动作是保持正确动作的关键，必须加强腿的屈伸动作训练。

(二) 犁式滑降

犁式滑降是滑雪板呈“八”字形从山上直线滑下的技术动作。

直滑降减速或停止除依靠地形的变化之外只能依靠停止法，而犁式滑降与直滑降最大的区别除了板形之外，就是犁式滑降在滑降的过程中，可以通过调节“八”字的大小和改变立刃的强弱来控制速度。所以有人把犁式滑降称为犁式制动滑降。

犁式滑降时板的不同及板的变化滑出的雪痕见图 10-3-1。

①是双板平行的直滑降。

②是板尾展开较小的犁式滑降，也是从直滑降开始到板尾展开较小的犁式滑降。

③是板尾展开较大的犁式滑降，从直滑降开始到大犁式制动。

④是变换犁式的大小滑出的雪痕，犁式大小变化是依靠同蹬同收控制的。

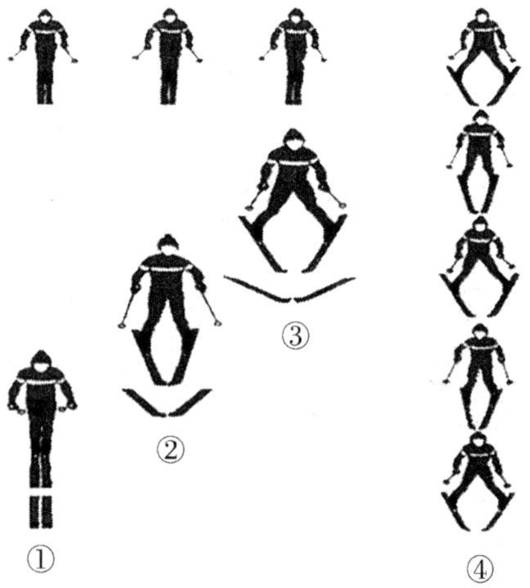

图 10-3-1　犁式滑降

通过犁式滑降技术动作的学习，主要掌握板尾蹬开的动作，滑降中用刃的能力，对方向、速度的控制水平和正确的身体姿势。

1. 动作要领

（1）双膝稍屈并略内扣，重心在两板中间。两脚跟同时向外展，推开板尾，使滑雪板呈“八”字形。

（2）上体稍前倾，上体、双臂及肩部放松，两手握杖自然置于体侧，杖尖朝后方。

（3）眼睛向前看，防止低头看板。

（4）犁式滑降动作可分为屈膝和展膝两种，在练习中均可使用。

2. 注意事项

（1）防止练习时速度过快而无法体会动作。

（2）反复体会板尾推雪的感觉。

（3）反复练习，能够随心所欲地控制板尾展开的大小。

（4）初学者防止“八”字过大而造成外伤。

（5）练习中一定要注意放松。

（6）防止上体强硬、臀部过于后坐、重心不在两板正中间、膝关节控制不稳等问题。

（三）斜滑降

斜滑降是指与滚落线形成一定角度，以双板平行的方式向斜下方的滑行（图10-3-2）。斜滑降技术是高山滑雪基本功练习的主要内容。

1. 动作要领

(1) 在坡面上斜对山下站立时肩、髋稍向山下侧转形成外向姿势。上体稍向山下侧倾而膝向山上侧倾，用双板山上侧刃刻住雪面。

(2) 在下滑过程中把握从上向下踩住雪板的感觉，山上侧板比山下侧板向前一些，双板平行。

图 10-3-2　斜滑降

(3) 在滑行时，保持上述姿势并注意两肩的连线和两膝的连线与山的坡面几乎平行。

(4) 斜滑降时，“<”字姿势与用刃是协调一致的，共同进行用刃强弱及速度的控制。

(5) 两臂自然放松，目视前方 8～10 m 处。

2. 注意事项

(1) 保持正确的反弓姿势。

(2) 加强对雪辙的分析以了解用刃技术的掌握情况。

(3) 防止在中坡上斜滑降时的横滑现象和过大的拖滑。

(4) 保持放松。

(四) 犁式转弯

犁式转弯是高山滑雪转弯的重要基础技术，对进一步学习、掌握其他转弯技术有非常重要的意义（图 10-3-3）。

1. 动作要领

在犁式滑降姿势的基础上把重心逐渐向一侧板上移动，保持滑雪板外形不变，自然转弯。单侧腿加力伸蹬也会自然形成转弯。无论是移重心、单腿加力伸蹬还是单板加强立刃的转弯都必须注意滑雪板外形，身体姿势不变。

图 10-3-3　犁式转弯

(1) 两板尾逐渐展开，重心向外板移动，滑雪板自然进入转弯状态。

(2) 进入转弯后，板尾展开动作结束。重心依旧大部分放在左腿上。上体稍向内扭转，两滑雪板渐渐滑向垂直落下线。

(3) 进入垂直落下线的滑行方向，此时应逐渐将重心向右板上移动。开始准备向相反方向转弯，此时动作应提高重心并放松。

2. 注意事项

(1) 时时保持外向动作，防止肩的过大摆动。

(2) 体会滑雪板蹬出与立刃的结合及对转弯质量的影响。

(3) 在进行犁式转弯过程中注意保持腿部的等腰三角形，防止依靠上体的摆动和靠髋的移动来转弯。

(4) 在转弯练习中防止出现多余动作，力求动作简捷、实效。

(五) 半犁式转弯

半犁式转弯是将滑降技术和犁式转弯技术相结合而完成的，起步时采用斜滑降，到转弯处将山上板打开以内刃刻划于雪面，转弯后重心落在山下板，双板转而平行继续滑降，不断重复犁式转弯和斜滑降（图 10-3-4）。

图 10-3-4　半犁式转弯

1. 动作要领

(1) 山上侧板向外蹬出成半犁式，边蹬出边移重心，利用踝关节的伸展使重心稍上升，移重心时应自然放松。

(2) 滑雪板蹬出结束并保持滑雪板状态不变，滑入滚落线。

(3) 处于转弯调节阶段的外侧板主要承担重心，内侧开始收腿，逐渐从滚落线滑出，加大外侧板的蹬雪力量。收板结束（进入双板平行的斜滑降状态），进入转弯的结束阶段。

2. 注意事项

(1) 防止转弯时引伸过大。

(2) 防止上体过度外倾。

(3) 撑杖不要离身体过远。

(4) 转弯时减少移板的脱滑。

(5) 转弯时移板与重心移动配合协调。

(六) 双板平行转弯

双板平行转弯是指两滑雪板保持平行状态的转弯。双板平行转弯已属于具有较高实用价值的转弯技术。其优点是：能够较大限度地保持速度，通过腿的强有力回旋和双板立刃能够完成较高质量的转弯。双板平行转弯是双板平行连续转弯技术的基础，双板平行连续转弯只是把双板平行转弯连续起来，一左一右地依次进行的转弯。

1. 动作要领

(1) 从直滑降或斜滑降开始，保持一定的速度进入转弯的准备阶段。

（2）身体重心向转弯内侧移动，双板内外刃蹬雪，滑入垂直落下线。

（3）继续向前屈膝、屈踝。

（4）上一个转弯的动作结束，准备下一个转弯，重心此时较低，踝关节应有蹬实的感觉。

（5）利用蹬踏的反作用力，向斜上方提起重心。

（6）再次滑向滚落线的方向。此时应有骑自行车或摩托车转弯时的感受。

2. 注意事项

（1）注意上体与速度的吻合。

（2）注意点杖时机与重心高度和节奏的关系。

（3）在转弯练习时，速度、转弯的弧度与身体倾斜应吻合并注意上体姿势。

（4）在转弯时应注意主动性。

思考题

1. 简述轮滑弯道转弯的方法。
2. 简述轮滑滑行时停下的办法。
3. 简述滑冰的倒滑技术。
4. 简述高山滑雪的基本技术要领。
5. 简述高山滑雪的滑降技术要领。

第十一章 健与美

【学习目标】

1. 了解健身健美锻炼和形体舞蹈、健美操对塑造体形、体态和矫正畸形的作用。
2. 掌握形体训练的基本知识、技术和技能。
3. 了解健身街舞的基本知识。

第一节 健身健美运动

进入21世纪以来，人们的余暇时间日益增多，业余生活丰富多彩，体育健身价值观日益更新，以健身、休闲、娱乐为主要内容的健身健美运动正在全世界范围内兴起，被誉为“第二奥林匹克运动”。

健身健美运动是通过徒手或利用各种器械，依据个人体质、体形的不同及人体解剖学、运动生理学、运动医学和美学的原理，采用各种动作来进行训练，用以达到强健身体、发达肌肉、改善形体和陶冶情操目的的一种表现人体外形健、力、美的体育运动项目。

一、健身运动和健美运动的区别

健身运动是通过各种方式的身体锻炼，达到心理、生理的机能平衡，最终达到增强体质、延年益寿的目的。健美运动则是在健康的基础上，运用不同的器械和各种训练方法，达到增强体质、发达肌肉、修塑健美体形的目的。

二、健身健美运动锻炼效果的计算评价

1. 标准体重的计算方法

男子标准体重（kg）＝50＋［身高（cm）－150］×0.75＋（年龄－21）÷5

女子标准体重（kg）＝50＋［身高（cm）－150］×0.32＋（年龄－21）÷5

2. 身高与体重关系指数的计算方法

指数＝身高（cm）－［100＋体重（kg）］

评定标准为：男子标准指数为5～8，女子标准指数为3～5。指数大于15，表明身体过于细长，肌肉无力；指数小于1，表明身体过于肥胖。

3. 体格指数的计算方法

它是体重与身高之比和胸围与身高之比的总和，充分反映了人体纵轴、横轴和组织密度，与心肺和呼吸机能息息相关，是一个很好的评价体质、体格状况的指数。计算公式如下：

指数＝｛［体重（kg）＋胸围（cm）］/身高（cm）｝×100

评定标准为：男子指数在 85 以上为体格发育良好，指数在 84～84.9 为体格发育一般，指数在 84 以下为体格发育较差。女子指数在 82.5 以上为体格发育良好，指数在 81.5～82.4 为体格发育一般，指数在 81.5 以下为体格发育较差。

4. 合理运动负荷心率的计算方法

强身健体的合理运动负荷是本人最大运动心率值的 60％～80％之间，也称为靶心率或叫做目标心率。其简单的计算方法为：

最大运动心率＝220－年龄

合理运动负荷心率的上限＝最大运动心率×80％

合理运动负荷心率的下限＝最大运动心率×60％

5. 心脏功能的计算方法

青年人心脏功能的计算方法：

测评前先测安静时脉搏次数的稳定值，接着在 30 秒内做 20 次原地下蹲起立动作，必须深蹲，臀部靠近脚跟，两手不得摆动，以脉搏上升的百分比作为评价心脏功能的指标。计算公式如下：

上升值（％）＝［（蹲起后脉搏次数－安静时脉搏次数）/安静时脉搏次数］×100

评定标准为：上升值在 25％以下为优，上升值在 26％～50％之间为良，上升值等于 75％为及格，上升值在 75％以上为差。

三、健身健美运动的能量消耗

人体在进行运动时，肌肉活动强度越大，单位时间内能量消耗得越多（表 11-1-1）；运动持续时间越长，总能量消耗越大（表 11-1-2）。

表 11-1-1 不同强度运动单位时间的能量消耗

指标	短跑（最大强度）	中跑（次最大强度）	长跑（大强度）	超长跑（中等强度）
能量消耗/（kcal·秒$^{-1}$）	4	0.6～1.5	0.4～0.5	0.3

表 11-1-2　各种运动的能量消耗（按体重 60kg 计算）　　kcal

运动项目	全程能量消耗	运动项目	全程能量消耗
100 m 跑	30	自行车 10 km	368
200 m 跑	60	自行车 50 km	1100
400 m 跑	86	100 m 游泳	86
800 m 跑	111	200 m 游泳	120
1500 m 跑	145	400 m 游泳	171
5000 m 跑	386	1500 m 游泳	428
10000 m 跑	645	足球（全场比赛）	1287
30000 m 跑	1542	篮球（全场比赛）	772
马拉松跑	2150	排球（1 min）	8.2
5 km 自行车	197	摔跤（全场）	353

四、健美锻炼方法建议

（一）锻炼肩部

1. 站姿侧平举

器械：哑铃、拉力器、橡皮带。

动作要领：先用力向两侧平举，稍停后，慢慢放下还原体侧。如此重复（图 11-1-1）。

2. 站姿前平举

器械：哑铃、杠铃、橡皮带、拉力器。

动作要领：两脚自然开立，双手握距与肩同宽（图 11-1-2①）。先直臂持杠铃经体前举起与肩同高（图 11-1-2②），稍停后，直臂慢慢放下还原。

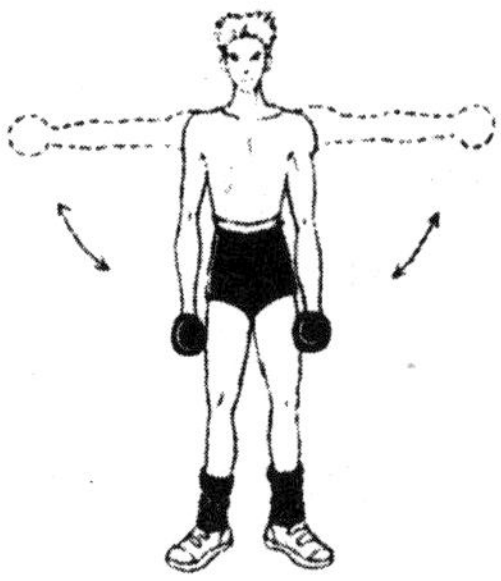

图 11-1-1　站姿侧平举

①　②

图 11-1-2　站姿前平举

3. 颈后推举

器械：杠铃、推举器。

动作要领：两脚左右开立（或坐凳上），双手正握杠铃置于颈肩上，上体保持挺胸、收腹、紧腰。先推铃至头后，双臂伸直，稍停后，慢慢放下还原至准备姿势（图 11-1-3①）。如果使用推举器练肩亦相同（图 11-1-3②）。始终保持挺胸、收腹，注意调整杠铃重心与身体重心的平衡。

①　　②

图 11-1-3　颈后推举

小资料

不论是站姿还是坐姿，进行杠铃颈后推举，都容易使肩关节在非自然状态下扭曲。为避免损伤，应改为哑铃颈后推举。因为哑铃颈后推举时，在关节允许的范围内有较大的灵活性，不至于让人感到不舒适，又易于选择恰当的重量。

4. 平举下拉橡皮带

器械：橡皮带（条）。

动作要领：将橡皮条中段挂在头上方的固定物上，两脚左右开立（也可坐着），双手抓紧橡皮条两端，两臂侧平举伸直，拳眼向前（图 11-1-4①）。两臂伸直用力下拉至贴紧身体，稍停后，慢慢放松还原成准备姿势。还原时应控制橡皮条回拉的速度（图 11-1-4②）。

（二）锻炼臂部

1. 侧平弯举

器械：哑铃、橡皮带。

动作要领：两脚左右自然开立，双手持哑铃向两侧举起与肩平，拳心向上，拳眼朝后，随即持哑铃向上弯举至哑铃处于肩峰上方，稍停后，再按原来的动作路线还原。上体保持挺胸、收腹姿势（图 11-1-5）。

2. 单臂坐弯举

器械：哑铃。

动作要领：坐姿，一手放于膝（或腿）上。持哑铃屈臂向上，稍停后慢慢放下至还原。身体不要前后摆动，屈肘不借助外力（图 11-1-6）。

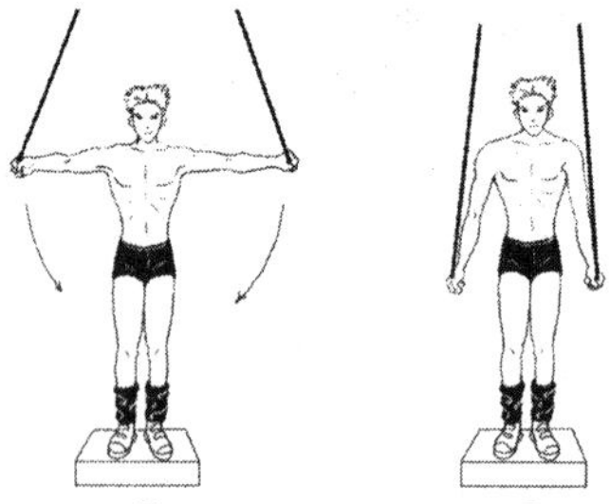

图 11-1-4　平举下拉橡皮带

图 11-1-5　侧平弯举

（三）锻炼胸部

1. 仰卧推举

器械：杠铃、哑铃、拉力器、卧推机等。

动作要领：仰卧在长凳上，腰背用力收紧，挺胸、收腹，腰部离开凳面，只以上背肩部和臀部接触凳面。双手持杠铃，两臂伸直，接着慢慢屈臂向下，将杠铃放到胸部第三肋骨处，然后发力向上推举，两臂伸直至原来姿势。在卧推机上练习，一般以能推起 8～12 次为宜（图 11-1-7）。

图 11-1-6　单臂坐弯举

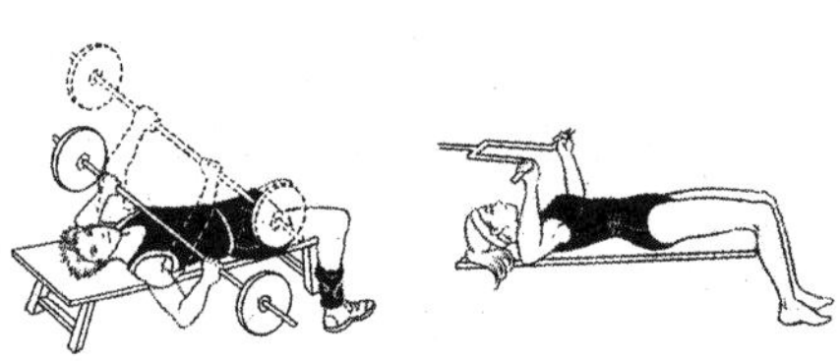

图 11-1-7　仰卧推举

2. 坐姿屈臂扩夹胸

对塑造丰满挺拔的胸部、宽阔饱满的肩膀和高耸不垂的乳房有特殊作用。

器械：扩胸机（蝴蝶训练机）。

动作要领：上体直立，两前臂上举放在阻力器的护垫上，前臂与地面保持垂直，上臂与地面平行（图 11-1-8①），两肘部同时用力，水平向中间夹胸，使两个分离的阻力器护垫尽可能地接触到一起（图 11-1-8②），稍停后，缓慢还原。如此重复。如果无扩胸机，也可以用弹簧棒进行胸前内收练习（图 11-1-8③）。

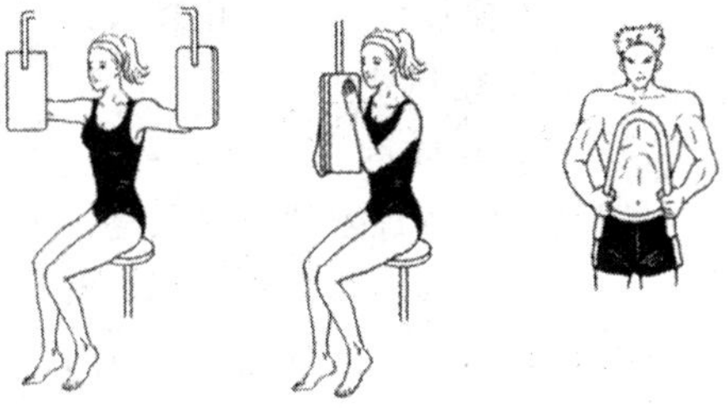

① ② ③

图 11-1-8 坐姿屈臂扩夹胸

练习时一直要挺直身体，完成动作要圆滑，从容（图 11-1-8）。

（四）锻炼背部

1. 坐姿双手划船

器械：划船器。

动作要领：双手握住划船机双桨把手，上体直立，两臂向后拉划双桨，同时上体挺胸后仰，两腿蹬直，稍停 2～3 秒，两臂向前推送桨柄。如此重复（图 11-1-9）。

2. 坐姿对握腹前平拉

器械：低滑轮重锤拉力器、橡皮带、平拉训练器。

动作要领：上体直立，挺胸、收腹、紧腰，两臂伸直，双手分别对握住低滑轮拉绳的两个把柄，手心相对，虎口朝上，同时直膝，两脚固定（图 11-1-10①），两臂向后方拉动牵引绳，两肩胛骨要充分夹紧。当拉绳的两个把柄触及腹部外侧后（图 11-1-10②），稍停 2～3 秒，缓慢还原。如此重复。不要前倾后仰借力完成动作（图 11-1-10）。

图 11-1-9 坐姿双手划船

① ②

图 11-1-10 坐姿对握腹前平拉

（五）锻炼腰部

1. 负重转体

器械：杠铃、哑铃。

动作要领：两脚左右开立，与肩同宽，挺胸、收腹，将杠铃置于颈后肩上，双手抓住杠铃片，用腰腹力量带动上体和杠铃先向左、再向右转体。如此重复（图 11-1-11）。

2. 俯卧转体挺身

器械：腰背练习器、高长凳。

动作要领：上体悬空前屈，双手抱头，上体挺身抬起转体 90°左右，左右方向交替扭转上体（图 11-1-12）。

图 11-1-11　负重转体

图 11-1-12　俯卧转体挺身

（六）锻炼腹部——平姿徒手仰卧起坐

器械：垫子、练腹器。

动作要领：坐起时可快些，仰卧时稍慢。感到困难时也可借助两臂向上摆动的惯性，使上体抬起（图 11-1-13）。

（七）锻炼臀部

1. 俯卧后举腿

器械：沙袋、高长凳（跳箱）。

动作要领：上体俯卧在高长凳上，双手抓住凳边。两腿膝关节保持伸直，向后上方举起，至大腿与俯卧物水平面的夹角 30°左右为止，稍停后，两腿慢慢下落还原，如此重复（图 11-1-14）。

图 11-1-13　仰卧起坐

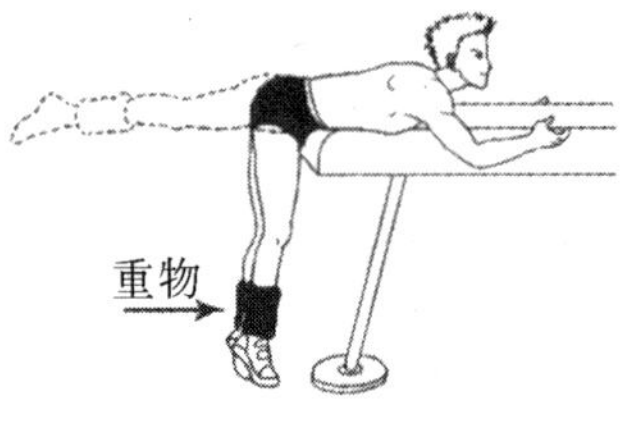

图 11-1-14　俯卧后举腿

2. 站姿负重伸大腿

器械：臀腿部练习器、橡皮带。

动作要领：脚套拉力器，双手扶住固定把手，用力向后上方伸摆大腿（使臀大肌紧张），稍停后，直腿慢慢放下还原。左右腿交替练习（图 11-1-15）。

（八）锻炼腿部——坐姿腿举

器械：腿举器。

动作要领：背部紧靠在腿举器凳背上，双手抓紧凳子两旁的握把，两脚踏放在腿举架的斜板上，两腿用力前蹬至充分伸直为止，稍停后，用大腿力量控制，慢慢屈膝还原成预备姿势（图 11-1-16）。

图 11-1-15　站姿负重伸大腿

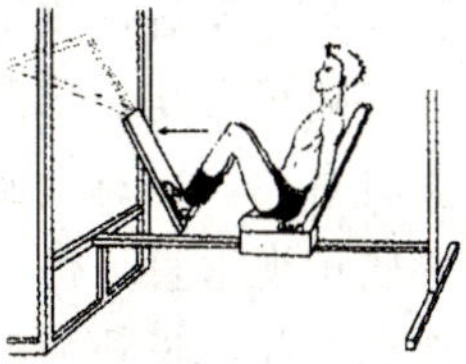

图 11-1-16　坐姿腿举

第二节　形体舞蹈

美在于和谐和比例。人体美自然也不例外，它是人体各部分之间的对称和适当的比例所给予人的美感。如果人的身体形态有些部位有缺憾，可以通过形体舞蹈训练弥补。形体舞蹈可以改变肌肉线条、改变身体形态、培养气质，最终达到和谐的形体美。

形体舞蹈以形体练习、姿态练习、气质练习为主要内容和手段，把舞蹈、健美操、艺术体操、体操、芭蕾组合起来，在音乐伴奏下，通过操练增进健康，修塑体态，陶冶情操。

一、形体舞蹈概述

（一）形体舞蹈的训练内容

形体舞蹈训练分为形态训练、姿态训练、气质训练三大类。

（1）形态训练：包括头、颈、肩、上肢、下肢、胸、腰、腹、臀的训练，是针对身体各部位的专门练习，改进身体各部位围度的比例，使身体的外部线条更趋优美、圆润。

（2）姿态训练：包括动作练习、姿态练习、步伐练习、基本动作练习，是对站、立、行等各种基本动作姿态的培养。

（3）气质训练：包括内在素质训练过程，它依赖于练习者文化素养的积累与培养，通过气质训练能使练习者素质与外在的身体形态相吻合。

（二）形体健美的标准

从古至今人们都执著地追求人体美，但是由于人们所处的时代不同，文化程度、社会经历、职业、性别、年龄、民族等差异，故对美的标准也有着不同的认识。

我国体育美学研究人员胡小明综合古今中外美学专家对人体健美的见解，结合我国民众的体质和体形现状，归纳出人体健美的基本标准：

（1）骨骼正常发育，关节不显粗大突出。

（2）肌肉匀称发达，皮下脂肪适当。

（3）五官端正，与头部配合协调。

（4）双肩对称，男宽女圆。

（5）脊柱正视垂直，侧视曲度正常。

（6）胸廓隆起，正背面略成“V”字形；女性胸廓丰满，有明显曲线。

（7）腰细而结实，呈圆柱形。

（8）腹部平坦，男子有腹肌垒块隐现。

（9）臀部圆满适度。

（10）腿修长，大腿线条柔和，小腿腓部稍突出。

（11）足弓高。

二、形体舞蹈的基本方向与基本部位

（一）场地的基本方位

以练习者为基点，将面对老师的方位定为1点，按顺时针方向右转，每45°为一个方位点，场地练习方向划为8个点，分别称为1点、2点……8点（图11-2-1）。

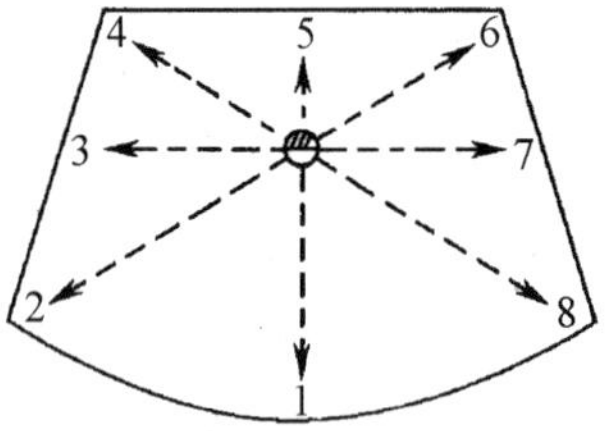

图11-2-1　场地的基本方位

（二）脚的基本位置

（1）常用的基本脚位：正步、“八”字步、“丁”字步、大“八”字步（图11-2-2）。

（2）芭蕾舞脚的五个基本位置：一位、二位、三位、四位、五位(图11-2-3)。

（三）手臂的基本位置

（1）常用的手臂基本位置（两臂同方向的举）：前平举、上举、侧平举、前上举、前下举、侧上举、侧下举。

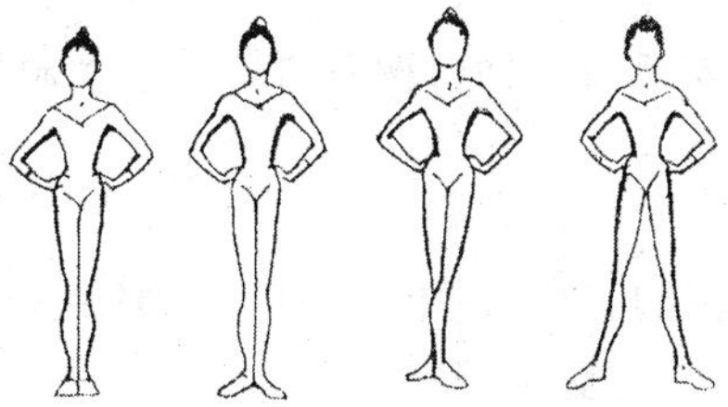

图 11-2-2 脚的基本位置

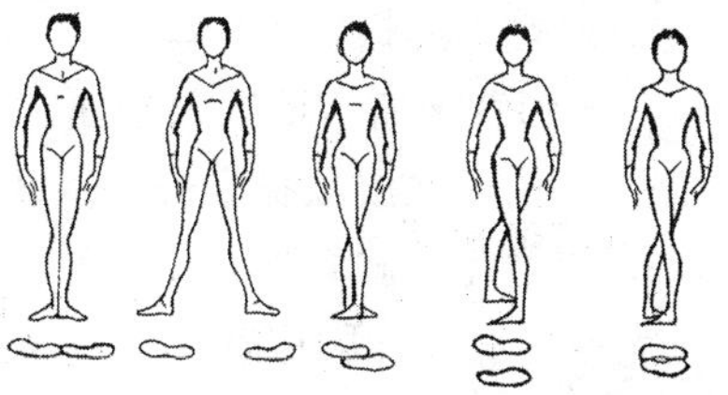

图 11-2-3 芭蕾舞脚的基本位置

(2) 芭蕾舞手臂的七个基本位置：一位、二位、三位、四位、五位、六位、七位（图 11-2-4）。

图 11-2-4 芭蕾舞手臂的基本位置

(四) 头部的基本位置

低头、仰头、左转头、右转头、左侧倒头、右侧倒头。

三、形体舞蹈的基本训练

(一) 颈部训练

1. 头向前平移

分腿站立，两手扶大腿前侧。1～4 拍头向前平移，躯干伸直不要前屈，收腹，臀部紧张，肩下垂。5～8 拍还原成预备姿势。做 10～20 次。

2. 头顶重物行走

头部顶重物步行，双手努力保持身体平衡。

(二) 肩部训练

两臂侧平举，向前、向后小绕环；分腿站立，两臂侧举，掌心向上。以肩为轴向前绕环 10 次，然后向后绕环 10 次。再换掌心向下做向前、向后绕环各 10 次。要求两臂伸直，五指并拢。

（三）胸部训练

1. 两臂平屈振臂斜后举

含胸圆背半蹲，两臂前平屈。1～2 拍挺胸，同时两臂直臂后振至斜后举。3～4 拍还原成预备姿势。重复 8～10 次。

2. 屈臂跪撑胸触地

跪撑，低头含胸弓背。1～2 拍抬头挺胸。3～4 拍屈臂撑，胸部尽量触地。5～8 拍还原成预备姿势（图 11-2-5）。重复 8～10 次。

（四）背部和腰背部训练

1. 直立转体前屈

双腿开立，双臂贴耳垂直上举，身体与地而垂直。1～2 拍转体向右做体前屈，双腿双臂均保持垂直，双臂紧贴双耳，上体做最大限度的弯曲。3～4拍还原成预备姿势。各方向做 20～30 次。

2. 俯卧两臂侧举

俯卧，1～2 拍两头翘起。3～4 拍还原成预备姿势（图 11-2-6）。重复 8～16次。

图 11-2-5　屈臂跪撑胸触地

图 11-2-6　俯卧两臂侧举

（五）腹部和腰部训练

1. 直角坐立后仰

直角坐立，1～4 拍上体慢慢后仰。5～8 拍上体慢慢起来，下巴要努力顶在内含的胸部上。重复 16～20 次。

2. 仰卧臂伸直上举

仰卧，1～4 拍弯曲双腿，双膝提至胸部，同时上体前倾，双手抱住小腿。5～8 拍小腿用力伸直，双臂还原成预备姿势。重复 16～20 次。

（六）臀部训练

1. 双腿上举转体

身体坐立，双臂侧平举，双腿伸直上举，上体稍后倾。腿部保持不动，上体向左右两侧依次转动。重复 10～16 次。

2. 坐姿双腿上举

身体坐立，双手撑地，双腿并拢垂直上举。1～4 拍双腿稍下降，然后向身体右侧摆动。5～8拍由右侧摆至左侧。重复10～16次。

（七）大腿训练——跪坐屈身

跪坐，两手扶脚跟。1～4拍用力挺身后屈。5～6拍停止不动。7～8拍还原成预备姿势。重复8～10次。

（八）小腿训练——两腿上举

仰卧，两手自然放置体侧，两腿上举，脚尖绷直。

（1）1～2拍脚跟向外转动至脚尖向内靠拢，脚跟分开。3～4拍还原成预备姿势。重复20次。

（2）1～2拍脚尖向外转动，脚跟向内紧靠。3～4拍还原成预备姿势。重复20次。

（九）姿态组合练习

1. 芭蕾手位姿态组合（4×8拍）（表11-2-1）

预备姿势：左脚前三位站立，一位手。

表11-2-1 芭蕾手位姿态组合

节	拍	
第一个八拍	1～4	手臂从一位到二位，左脚前擦至点地，两眼平视前方
	5～8	手臂从二位到三位，左脚画圆至侧点地，抬头右转45。
第二个八拍	1～4	手臂从三位到四位（右臂到二位），左脚画圆至后点地，同时成右脚在前的弓步
	5～8	腿部动作不变，右臂从二位打开成五位
第三个八拍	1～4	手臂从五位到六位，同时收回左脚经半蹲三位站立
	5～8	手臂从六位到七位，脚步动作不变
第四个八拍	1～8	手臂从七位还原成一位，重复做，可改变脚的方向

2. 芭蕾姿态组合（8×8拍）（表11-2-2）

预备姿势：身体面对2点，成左脚在前的三位站立，手臂一位。

表11-2-2 芭蕾姿态组合

节	拍	
第一个八拍	1～4	手臂从一位到二位，同时左脚向前擦地前点地
	5～8	手臂从二位到右手在上左手在侧的五位，头左转45°，脚的动作不变

续表

节	拍	
第二个八拍	1～8	右臂从三位开始向后抡臂，左臂到三位，右臂到一位，同时右腿半蹲，左脚前点地
第三个八拍	1～4	手臂从三位合到二位，同时重心前移成四位蹲，重心在两腿之间
	5～8	手臂从二位分开成右臂向前、左臂向侧的姿势，同时，重心前移到左脚，右脚后点地
第四个八拍	1～8	手臂回到一位，同时收右腿立踵向右转体270°，右脚在前的三位站立

第三节　健美操

健美操是一项追求人体健与美的运动项目，具有高度的艺术性。

一、什么是健美操运动

健美操源于英文“Aerobics”，意为“有氧运动”，是一项在音乐伴奏下，以操化为基本手段，塑造形体的新兴体育运动。

二、健美操运动的特点

1. 高度的艺术性

健美操将人体语言艺术和体育美学融为一体，是一项极具观赏性的运动项目。

2. 广泛的适应性

健美操运动不受场地、环境、气候等条件的影响，节奏有快有慢，套路有长有短，动作有难有易，运动量和运动强度的大小可任意调节，适合于不同阶层、不同行业、不同年龄、不同性别、不同体质的人们进行锻炼。各种人群都能从健美操运动中找到适合自己的方式，都能从健美操运动中得到乐趣。

三、健美操的基本动作

千姿百态的健美操组合动作，都是在基本动作的基础上变化和发展起来的，学会并做好正确的健美操基本动作，是培养良好动作姿态和身体姿态的前提。

(一) 基本步伐

健美操基本步伐根据人体运动时对地面的冲击力大小分为低冲击步伐、高冲击步伐和无冲击步伐三大类（表 11-3-1、图 11-3-1～图 11-3-21）。

(1) 低冲击步伐：总有一脚始终接触地面的各种动作。

表 11-3-1 健美操基本步伐

类别	名称	动作及其变化
低冲击步伐	踏步类 点地类 迈步类 抬脚类	脚尖前点地、脚跟前点地、脚尖侧点地、脚尖后点地一 踏步、走步、一字步、“V”字步、漫步 并步、迈步点地、迈步屈腿、迈步吸腿、迈步弹腿、侧交叉步 吸腿、踢腿、弹腿、后屈腿
高冲击步伐	迈步跳起类 双脚起跳类 单脚起跳类 后踢腿跑类	并步跳、迈步吸腿跳、迈步后屈腿跳 并腿纵跳、分腿半蹲跳、开合跳、并腿滑雪跳、弓步跳 吸腿跳、后屈腿跳、弹踢腿跳、摆腿跳 后踢腿跑、侧并小跳
无冲击步伐	弹动、半蹲、弓步、提踵	

图 11-3-1 踏步

图 11-3-2 走步

图 11-3-3 “一”字步

图 11-3-4 “V”字步

图 11-3-5 漫步

图 11-3-6 屈腿

图 11-3-7 并步

图 11-3-8　迈步移重心

图 11-3-9　交叉步

图11-3-10　吸腿

图 11-3-11　摆腿

图 11-3-12　踢腿

(2) 高冲击步伐：两脚可同时离地的动作，是包含腾空阶段的动作。

图 11-3-13　跑

图 11-3-14　双脚跳

图 11-3-15　开合跳

图 11-3-16　并步跳

图 11-3-17　单脚跳

图 11-3-18　弹踢腿跳

图 11-3-19　点跳

(3) 无冲击步伐：两脚始终接触地面的动作。

图 11-3-20　半蹲

图 11-3-21　弓步

(二) 上肢基本动作

(1) 上肢动作：单臂前后摆动、双臂前后摆动、臂屈伸、屈臂提伸、向前直臂提拉、向侧屈臂提拉、向前冲拳、向上冲拳、前推、上推。

(2) 手型：拳——立拳、平拳。

掌——并掌、开掌、立掌、花掌、屈指掌。

指——一指、二指、三指等。

(三) 躯干动作

(1) 胸部动作：含胸、展胸、俯卧撑。

(2) 肩部动作：展背、提肩、沉肩、上举、下拉。

(3) 腰腹部动作：仰卧起坐、仰卧提髋、站立侧屈、俯卧两头起。

(四) 基本动作练习时应注意的事项

1. 动作规范

练习中必须耐心细致地进行每一部位的基本动作练习，注意动作速度、肌肉力度和动作幅度，达到动作的整体效果（图 11-3-22）。

图 11-3-22　动作的规范示例

2. 动作的节奏感

动作的节奏对健美操运动是非常重要的。在练习过程中，要开发、训练动作节奏感，在听懂音乐节奏的基础上慢慢掌握动作的节奏感。

3. 动作适宜度

在练习过程中，应重视动作弹性的适宜度，避免动作过分僵硬和关节的过度伸展。

小资料

有氧踏板操

有氧踏板操起源于美国，并很快风靡世界。它动作简单易学，动作节奏适中，内容丰富有趣，在长时间和适量的运动中，能够有效地塑形，提高心肺功能，是一种低冲击、全身性安全有氧运动。

有氧踏板操适合各种不同体能的人练习，不需要具有很高的跳操水平。

有氧搏击操

有氧搏击操起源于美国，是由7次获得国际空手道大赛冠军的美国人比利布兰克斯创造的。他于1989年在美国洛杉矶开办了有氧搏击健身中心，并迅速引起巨大的轰动。有氧搏击操在设定时间内通过分节或综合的手臂、躯干、步伐和脚法等全身练习，反复从事拳击、踢腿等快速动作，达到调节情绪、放松精神和增强肌肉力量、弹性与韧性的效果。

有氧拉丁操

有氧拉丁操是将拉丁音乐和舞蹈动作与有氧运动相结合的一种健身运动处方，它强调能量消耗，注重运动量及对髋、腰、胸、肩部等关节的活动，对动作的细节要求不高。

拉丁音乐粗犷豪迈，有氧拉丁操自由随意，热情奔放，节奏明显，它通过热情的张扬和对节奏的感应令人舒展，给习操者以身体和精神上的快乐享受。

第四节　街舞

街舞是一种民间舞蹈，英义名称 Hip-Hop，是美国黑人由一种发泄情绪的运动演绎成的街边文化。如今，来到我们生活中的街舞是一种将舞蹈与健美操形式组合起来的有氧运动。

一、街舞的种类

(1) Hip-Hop：是人们最常接触的一种舞蹈。舞步幅度大而简单，能够表现出复杂的舞感。因为容易学习，跳起来也很好看，所以很受大众喜爱。

(2) Poping：机械舞，属于难度较高的街舞类型。运用身体各部位的肌肉和关节，随着音乐的节拍，任由自己丰富的想象力创造出令人惊讶的舞姿。

(3) Breaking：霹雳舞，是一种难度较高的街舞类型。大体上可以分为两种类型：用手、头、身体在地上旋转，称为大地板；用肢体在地上踩出复杂变化的脚步动作，加上刁钻的倒立，称为小地板。跳舞的同时可以随意搭配自己想表现的动作。

(4) Free Style：这是一种出神入化的街舞类型。它将各种类型的舞蹈动作组合在一起，随心所欲地表现，没有舞蹈风格的限定，脱离一般舞蹈的规范，可以说是一种个性化的街舞。

(5) House：随着 House 音乐，表现复杂而神奇步伐的一种街舞。如果加上拉丁舞的扭腰、武术的空翻、踢踏舞的基本步伐以及芭蕾舞的转圈，跳起来既可以十分优雅，也可以十分狂野。

二、健身街舞的主要功能

(1) 街舞运动最大的优点在于它的瘦身减脂功效。它是一种低强度的有氧运动，消除脂肪的作用很大。街舞动作是由各种走、跑、跳以及头、颈、肩、上肢、躯干等关节的屈伸、转动、环绕、摆振、波浪形扭动等连贯组合而成的，各个动作都有其特定的健身效果。

(2) 街舞多以群舞的形式出现，再配以动感十足的街舞音乐，能够营造出轻松愉快的氛围，调节情绪，愉悦身心。

三、街舞基本动作

(一) Hip-Hop 的基本步伐

(1) 踏步：右腿屈膝抬脚，上体收腹向下压。落右腿向下踩，上体展腹抬起。音乐重拍落在右腿展腹的动作上。左右腿交替练习。

(2) 侧向踏步：右腿屈膝抬脚，上体收腹向下压。向右侧落右腿，同时上体展腹抬起。左腿屈膝抬脚，同时上体向下压收腹。向右侧落左腿并右腿，同时上体抬起展腹。换腿重复上述动作，回到起点。

（3）侧滑步：右腿向右侧跃出一步，双臂自然打开，同时左腿向右跟步侧滑。左腿原地踏步一次。换腿重复上述动作，回到起点。

（4）恰恰步：提右膝，落右腿同时提左膝。落左腿的同时提右膝，使重拍落在最后提右膝前压身体的动作上。换腿重复上述动作，回到起点。

（5）提膝：提右膝，同时上体收腹前压，使重拍落在收腹动作上。落右腿，同时上体抬起，展腹。换左腿重复上述动作。

（6）交叉步：右腿向右侧踏步一次，左腿踏步落在右腿后侧。右腿继续向右侧踏步一次。提左膝，同时前压上体，然后并步落地。换腿换方向重复上述动作。

（7）开合步：双腿向外跳成分腿屈膝，然后向内跳成合腿，再跳成分腿屈膝，使重拍落在分腿屈膝的动作上。双腿向内跳成合腿，然后向外跳成分腿屈膝，最后再跳成合腿，使重拍落在合腿的动作上。

（8）漫波步：右腿向前一步，同时重心移至右腿，左腿微屈膝抬起。左腿落下，右腿抬起。右腿向后撤一步，同时抬左膝，前压上体，收腹。

（9）珍妮特转髋

①两腿左右站立。右脚以脚跟为轴，前脚掌向右侧转动，左脚以脚尖为轴脚跟向左侧转动。两脚转动还原成全脚着地。左脚以脚跟为轴向左侧转动，右脚以脚尖为轴向右侧转动。两脚转动还原。

②两腿前后站立。双脚以脚尖为轴，同时脚跟向前转动。两脚向后转动还原，全脚掌着地。重复上述动作。

（10）波浪步

①由下到上的波浪。以膝开始波浪，经过髋、躯干直到胸部。

⑦由上到下的波浪。以头开始波浪，经过胸、躯干直到臀部。

（二）组合练习（表 11-4-1）

表 11-4-1　街舞基本动作组合练习

节	拍	基本动作
第一个八拍	1	右腿向左前方小踢
	2	右腿向右后方摆动
	3	右腿向左腿后交叉，同时身体转向右前 45°方向
	4	右腿踏步一次
	5～8	同 1～4，换腿、换方向重复动作

续表

节	拍	基本动作
第二个八拍	1 2	右腿向后抬起，同时两臂顺着耳朵向上举，右腿向左前方倔伸膝一次，勾脚尖
	3～4	右膝跪于左脚侧，左腿向侧伸，同时身体向右侧送出
	5～6	左腿跪于右脚侧，右腿向侧伸，同时身体向左侧送出
	7～8	蹬地直立
第三个八拍	1	右小腿向外踢，同时右手拍脚踝外侧
	2	右腿落下成分腿，同时双手击掌
	3～4	同 1～2，换左腿重复动作
	5	向左顶髋，同时右手由左肩向侧经体前再到体侧
	6	同第 5 拍，换另一侧重复动作
	7	双腿屈膝半蹲，同时右肩向前绕至手扶地
	8	双腿伸直，同时右肩向后绕
第四个八拍	1	左手臂由右侧向左摆至左髋部，同时右腿并左腿（屈膝、提踵）。右臂屈肘置于脸前（好像手指捏着帽檐），微抬头，挺胸
	2	收腹、含胸
	3	左腿向后滑步
	4	右腿并左腿，同时双臂胸前屈臂
	5	右腿向前迈一步，同时摆右髋，双臂上举
	6	控制一拍
	7	左腿继续迈一步，成屈膝、提踵立，同时双臂由胸前打开至侧平举
	8	控制一拍

思考题

1. 如何判断自己的身体形态？

2. 了解学校健身房健身器械的主要功能，你打算如何利用健身器械进行健身？

3. 根据自己的实际情况，自选动作进行形体舞蹈训练。

4. 你喜欢健美操运动吗？为什么？

5. 请熟练掌握一套适合自己的健美操动作。

6. 根据所学的街舞动作，自己尝试创编一个街舞小组合。

第十二章　民族传统体育

【学习目标】

1. 掌握民族传统体育的基本知识和基本技术。

2. 了解民族传统体育文化内涵，加深对民族传统体育的理解和再认识，从而扩大民族传统体育的传播。

第一节　武术

一、武术运动简介

武术运动起源于中国，具有竞技和健身价值，深受不同文化背景、不同国家人们的喜爱。

武术内容主要包括套路和散手两种运动形式：武术套路形式有拳术、器械、对练和集体项目。拳术主要包括长拳、南拳、太极拳、形意拳、八卦掌、通背拳、地躺拳等。器械有刀、剑、棍、枪、双刀、双剑、九节鞭、三节棍等。对练项目分为徒手对练、器械对练以及徒手对器械三种类型。集体项目有多人进行拳术、器械演练的形式。

二、24 式太极拳

（一）24 式太极拳的主要特点

24 式太极拳简称“简化太极拳”，这套太极拳遵循由简到繁、由易到难的原则，改编自在群众中流传较广的杨式太极拳。经过了四十多年的推广与普及，24 式太极拳作为一种强身健体的锻炼手段，已在全国各地广泛开展起来，在世界一些国家和地区也很受欢迎。

“24 式太极拳”全套共分 8 组动作，包括起势、收势共 24 式。其动作特点是：心静体松、呼吸自然，轻灵沉着、圆活连贯，上下相随、虚实分明，柔中寓刚、以意导动。

（二）套路技术

动作名称见表 12-1-1。

表 12-1-1　24 式太极拳动作名称

序号	动作名称	序号	动作名称
第一组	1. 起势 2. 左右野马分鬃 3. 白鹤亮翅	第五组	12. 高探马 13. 右蹬脚 14. 双峰贯耳 15. 转身左蹬脚
第二组	4. 左右搂膝拗步 5. 手挥琵琶 6. 左右倒卷肱	第六组	16. 左下势独立 17. 右下势独立
第三组	7. 左揽雀尾 8. 右揽雀尾	第七组	18. 左右穿梭 19. 海底针 20. 闪通臂
第四组	9. 单鞭 10. 云手 11. 单鞭	第八组	21. 转身搬拦捶 22. 如封似闭 23. 十字手 24. 收势

第一组

1. 起势

身体自然站立，两脚并拢，两臂松垂，目视前方。左脚向左轻迈一步，与肩同宽，脚尖向前，呼吸自然，目视前方。两臂慢慢向前平举，肘微下垂，掌心向下。两腿微屈，同时两掌轻轻下按至腹前目视前方（图 12-1-1①～④）。

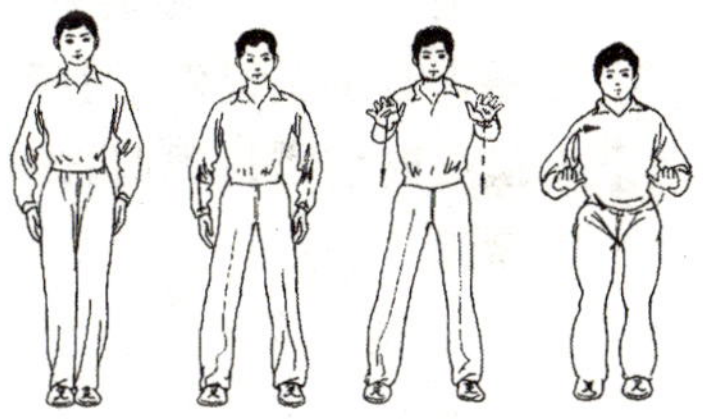

图 12-1-1　起势

2. 左右野马分鬃

（1）上体微向右转，重心移至右腿；同时右臂上提收至胸前平屈，手心向下；左手经体前向右下划弧至右手下，手心向上，两手成抱球状；左脚随即收到右脚内侧，脚尖点地，目视右手。上体微向左转，左脚向左前方迈出，成左弓步；同时上体继续左转，左右手随转体慢慢分别向左上、右下分开，左手高与眼平（手心斜向上），肘微屈；右手落在右胯旁，肘微屈，手心向下，指尖向前，目视左手（图 12-1-2①～④）。

（2）上体后坐，重心移至右腿，左脚尖翘起，微向外撇（大约 45°）；左腿慢慢前弓，身体左转，重心移至左腿；同时左手翻转向下，左手臂内旋收至胸前平屈；右手向左上划弧至左手下，右脚随即收到左脚内侧脚尖点地，目视左手。右腿向右前方迈出，成右弓步；同时上体右转，左、右手随转体分别慢慢向左下、右上分开，右手高与眼平（手心斜向上），肘微屈；左手落在左胯旁，肘微屈，手心向下，指尖向前，目视右手（图12-1-2⑤～⑧）。

图 12-1-2　左右野马分鬃

3. 白鹤亮翅

上体微向左转，左手翻掌向下，左臂平屈胸前；右手向左上划弧，手心转向上，与左手成抱球状，目视左手。右脚跟进半步，上体后坐；上体先向右转，面向右前方，目视右手；然后左脚稍向前移，脚尖点地，成左虚步，同时上体再微向左转，面向前方，两手随转体慢慢向右上、左下分开，右手上提停于右额前，手心向左后方，左手落于左胯前，掌心向下，指尖向前，目视前方（图12-1-3①～③）。

图 12-1-3　白鹤亮翅

第二组

4. 左右搂膝拗步

右手体前下落，由下向后上方划弧至右肩外侧，肘微屈，手与耳同高，手心斜向上，左手由左下向上、向右下方划弧至右胸前，手心斜向下，同时上体先微向左再向右转，左脚收至右脚内侧，脚尖点地，目视右手。上体左转，左脚向前（偏左）迈出成左弓步；同时右手屈回由耳侧向前推出，高与鼻尖平，左手向下由左膝前搂过落于左胯旁，指尖向前，目视右手（图12-1-4①～⑧）。

图 12-1-4　左右搂膝拗步

5. 手挥琵琶

右脚跟进半步，上体后坐，身体重心转至右腿上，上体半向右转，左脚略提起稍向前移，变成左虚步，脚跟着地，脚尖翘起，膝部微屈，同时左手由左下向上挑举，高与鼻尖平，掌心向右，臂微屈，右手收回放在左肘里侧，掌心向左，目视左手食指（图 12-1-5①～③）。

图 12-1-5 手挥琵琶

6. 左右倒卷肱

（1）上体右转，右手翻掌（手心向上）经腹前由下向后上方划弧平举，臂微屈，左手随即翻掌向上，视线随着向右转体先向右看，再转向前方（图 12-1-6①～②）。

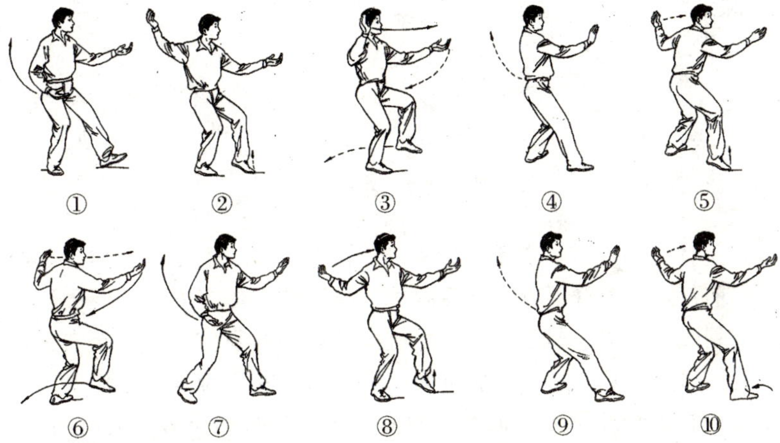

图 12-1-6 左右倒卷肱

（2）右臂屈肘折向前，右手由耳侧向前推出，手心向前，左臂屈肘后撤，手心向上，撤至左肋外侧，同时左腿轻轻提起向后（偏左）退一步，脚掌先着地，然后全脚慢慢踏实，身体重心移到左腿上，成右虚步，右脚随转体以脚掌为轴扭正，目视右手（图 12-1-6③～⑥）。

（3）上体微向左转，同时左手随转体向后上方划弧平举，掌心向上，右手随即翻掌，掌心向上，跟随转体先向左看，再转向前方看右手（图 12-1-6⑦～⑩）。

第三组

7. 左揽雀尾

（1）上体微向右转，同时右手随转体向后上方划弧平举，手心向上，左手手心向下，目视左手。左手自然下落逐渐翻掌经腹前划弧至右肋前，两手相对成抱球状，同时身体重心落在右腿上，左脚收至右脚内侧，脚尖点地，目视右手。上体微向左转，左脚向左前方迈出，上体继续向左转，右腿自然蹬直，左腿屈膝，成左弓步，同时左臂向左前方绷出，高与肩平，手心向后，右手向右下落于右胯旁，手心向下，指尖向前，目视左前臂（图 12-1-7①～④）。

图 12-1-7　左揽雀尾

（2）上体微向左转，左手随即前伸，翻掌向下，右手翻掌向上，经腹前向上、向前伸至左前臂下方，然后两手下捋，即上体向右转，两手经腹前向右后上方划弧，左臂平屈于胸前，手心向后，同时身体重心移至右腿，目视右手。上体微向左转，右臂屈肘折回，右手附于左手腕里侧。双手同时向前慢慢挤出，右手经左腕上方向前、向右伸出，目视前下方，同时两手向前、向上按出，掌心向前，左腿前弓成左弓步（图 12-1-7⑤～⑩）。

8. 右揽雀尾

上体后坐并向右转，身体重心移至右腿，左脚尖里扣，右手向右平行划弧至右侧，然后由右下经腹前向左上划弧至左肋前，手心向上；左臂平屈胸前，左掌心向下与右手成抱球状，同时身体重心再移至左腿上，右脚收至左脚内侧，脚尖点地（图 12-1-8①～④），接下来的动作与左揽雀尾相同，方向相反。

第四组

9. 单鞭

上体后坐，身体重心逐渐移至左腿上，右脚尖里扣。右手手心向左，经腹前运至左肋前，手心向后上方，目视左手。上体右转，左脚向右脚靠拢，脚尖点地，同时右手向右上方划弧（手心由里转向外），至右侧方时变勾手，臂与肩平，左脚向左前侧方迈出，右脚跟后蹬，成左弓步，在身体重心移向左腿的同时，左掌随上体的继续左转慢慢翻转向前推出，手心向前，手指与眼齐平，臂微屈，目视左手（图 12-1-9①～⑥）。

图 12-1-8 右揽雀尾

图 12-1-9 单鞭

10. 云手

身体重心移至右腿，身体渐向右转，左脚尖里扣。左手经腹前向右上划弧至右肩前，手心斜向后，同时右手变掌，手心向右前方，目视左手。上体慢慢左转，身体重心随之逐渐左移，左手由脸前向左划弧。手心渐渐转向左方，右手由右下经腹前向左上划弧至左肩前，手心斜向后，同时右脚靠近左脚，成小开立步（两脚距离 10～20 cm），目视右手。上体再向右转，同时左手经腹前向右上划弧至右肩前，手心斜向后，目视左手（图 12-1-10①～⑮）。

图 12-1-10　云手

11. 单鞭

上体右转，右手随之向右划弧至右斜前方时变成勾手；左手经腹前向右划弧至右肩前，掌心向内；身体重心落在右腿上，左脚尖点地；目视左手（图 12-1-11①～⑤）。其余动作与前“单鞭”式相同。

图 12-1-11　单鞭

第五组

12. 高探马

右脚跟进半步，身体重心逐渐后移至右腿上，右勾手变掌，两手心翻转向上，两肘微屈，同时身体微向右转，左脚跟渐渐离地，目视左前方，上体微向左转，面向前方，右掌经右耳旁向前推出，手心向前，手指与眼同高，左手收至左侧腰前，手心向上，同时左脚微向前移，脚尖点地，成左虚步，目视右手（图 12-1-12①～②）。

图 12-1-12　高探马

13. 右蹬脚

左手手心向上，伸至右腕背面，两手相互交叉，随即向两侧分开并向下划弧，手心斜向下，同时左脚提起向左前侧方进步（脚尖略外撇），身体重心前移。右腿自然蹬直，成左弓步，目视前方。两手由外围向里划弧，交叉合抱于腹前，右手在外，两手心均向后，同时右脚向左脚靠拢，脚尖点地，目平视右前方。两臂左右划弧分开平举，肘部微屈，手心均向外，同时右腿屈膝提起，右脚向右前方慢慢蹬出，目视右手（图 12-1-13①～⑥）。

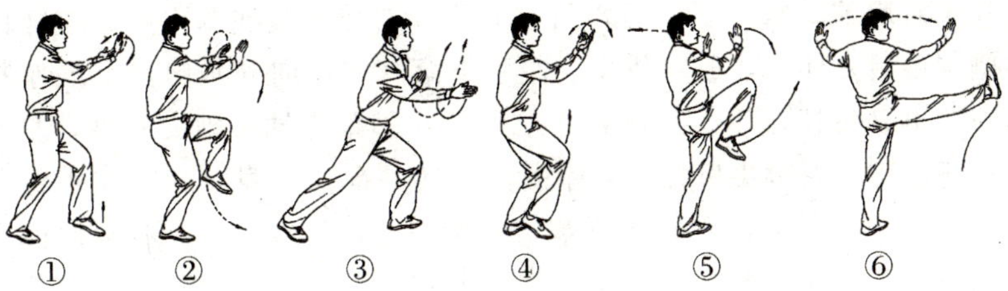

图 12-1-13　右蹬脚

14. 双峰贯耳

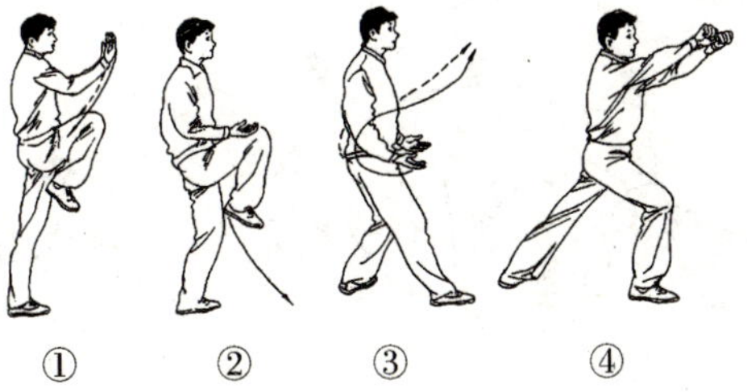

图 12-1-14　双峰贯耳

右腿收回，屈膝平举，左手由后向上、向前下落至体前，两手心均翻转向上，两手同时向下划弧分落于右膝两侧，目视前方。右脚向右前方下落，身体重心渐渐前移，成右弓步，面向右前方，同时两手下落，慢慢变拳，分别从两侧向上、向前划弧至前方，两拳拳峰相对，高与耳齐，拳眼都斜向内下（两拳间距约 10～20 cm），目视右拳（图 12-1-14①～④）。

15. 转身左蹬脚

左腿屈膝，后坐，身体重心移至左腿，上体左转，右脚尖里扣，同时两拳变掌，由上向左右划弧分开平举，手心向前，目视左手，身体重心再移至右腿，左脚收到右脚内侧，脚尖点地，同时两手由外圈向里圈划弧，合抱于胸前，左手在外，两手心均向后，目视左前方。两臂左右划弧分开平举，肘微屈，手心均向外，同时左腿屈膝提起，左脚向左前方慢慢蹬出，目视左手（图 12-1-15①～⑥）。

图 12-1-15　转身左蹬脚

第六组

16. 左下势独立

左小腿收回平举，上体右转，右掌变成勾手，左掌向上、向右划弧下落，立于右肩前，掌心斜向后，目视右手。右腿慢慢屈膝下蹲，左腿由内向左侧（偏后）伸出，成左仆步，左手下落（掌心向外）向左下顺左腿内侧向前穿出，目视左手。身体重心前移，左脚跟为轴，脚尖外撇，左腿前弓，右腿后蹬，右脚尖里扣，上体微向左转并向前起身，同时左手臂向前立掌伸出，掌心向右，右勾手下落，勾尖向上，目视左手。右腿向前屈膝提起，成左独立式，同时右勾手变掌，由右后下方顺右腿外侧向前弧形挑起，屈臂立于右腿上方，肘与膝相对，手心向左，左手落于左胯旁，手心向下，指尖向前，目视右手（图 12-1-16①～⑦）。

①　②　③　④　⑤　⑥　⑦

图 12-1-16　左下势独立

17. 右下势独立

同“左下势独立”动作相同，方向相反（图 12-1-17①～⑦）。

①　②　③　④　⑤　⑥　⑦

图 12-1-17　右下势独立

第七组

18. 左右穿梭

身体微向左转，左脚向前落地，脚尖外撇，右脚跟离地，两腿屈膝成半坐盘式，同时两手在左胸前成抱球状（左上右下），然后右脚收到左脚内侧，脚尖点地，目视左手。身体右转，右脚向右方迈出，屈膝弓腿，成右弓步，同时右手由脸前向上举起内旋翻掌停在右额前，手心斜向上，左手先向左下再经体前推出，高与鼻尖平，手心向前，目视左手，身体重心略向后移，右脚尖稍向外撇，随即重心移至右腿，左脚跟进，停于右脚内侧，脚尖点地，同时两手在右胸前成抱球状（右上左下），目视右手（图 12-1-18①～⑪）。

19. 海底针

右脚向前跟进半步，重心移至右腿，左脚稍向前移，脚尖点地，成左虚步，身体稍向右转，右手下落经体前向后、向上至肩上耳旁，再随身体左转，由右耳旁斜向前下方插出。掌心向左，指尖斜向下，与此同时，左手向前、向下划弧落于左胯旁，掌心向下，指尖向前，目视前下方（图 12-1-19①～②）。

20. 闪通臂

上体稍向右转，左脚向前迈出，屈膝弓腿成左弓步，同时右手由体前上提，屈臂上举，停于右额前上方，掌心翻转斜向上，拇指朝下，左手上提经胸前向前推出，高与鼻尖平，掌心向前，目视左手（图 12-1-20①～③）。

图 12-1-18　左右穿梭

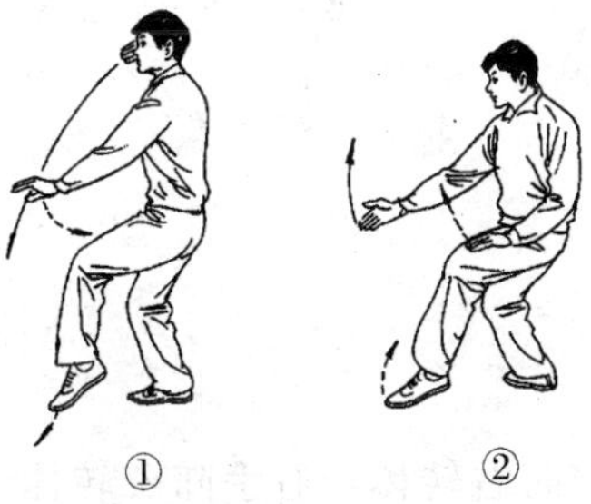

图 12-1-19　海底针

图 12-1-20　闪通臂

第八组

21. 转身搬拦捶

上体后坐，重心移至右腿，左脚尖里扣，身体向右后转，然后身体重心再移至左腿上；与此同时，右掌随转体向右、向下（变拳）经腹前划弧至左肋旁，拳心向下，左掌上举于额前，掌心斜向上，目视前方。向右转体，右拳经胸前向前翻转出，拳心向上，左手落于左胯旁，掌心向下，指尖向前，同时右脚收回后再向前迈出，脚跟着地，脚尖外撇，目视右拳。重心移至右腿，左脚向前迈一步，同时左手上起经左侧向前划弧拦出，掌心向前下方，右拳内旋向右划弧收到右胯旁，拳心向上，目视左手。左腿前弓成左弓步，同时右拳向前伸出，拳眼向上，高与胸平，左手附于右前臂内侧，目视右拳（图 12-1-21①～⑤）。

①　②　③　④　⑤

图 12-1-21　转身搬拦捶

22. 如封似闭

左手由右腕下向前伸出，右拳变掌，两手手心逐渐翻转向上并慢慢分开回收，同时身体后坐，左脚尖翘起，重心移至右腿，目视前方。两手在胸前翻掌，向下经腹前再向上、向前推出，腕部与肩平，手心向前，同时左腿前弓成左弓步，目视前方（图 12-1-22①～⑥）。

①　②　③　④　⑤　⑥

图 12-1-22　如封似闭

23. 十字手

屈膝后坐，重心移至右腿，左脚尖里扣，向右转体，右手随着转体动作向右平摆划弧，与左手成两臂侧平举，掌心向前，肘部微屈，同时右脚尖随着转体稍向外撇，成右侧弓步，目视右手。重心慢慢移至左腿，右脚尖里扣，随即向左收回，两脚距离与肩同宽；两腿逐渐蹬直，成开立步，同时两手向下经腹前向上划弧交叉合抱于胸前，两臂撑圆，腕高与肩平，右手在外，成十字手，手心均向后，目视前方（图 12-1-23①～④）。

图 12-1-23　十字手

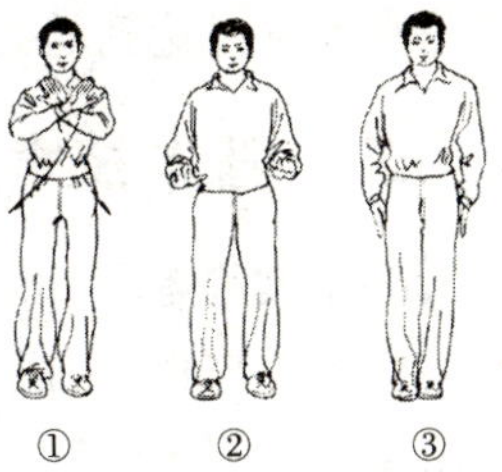

图 12-1-24　收势

24. 收势

两手向外翻掌，手心向下，两臂慢慢下落，停于身体两侧，目视前方（图 12-1-24①～③）。

小资料

三路长拳简介

三路长拳是在继承传统的基础上整理出来的二十余种武术项目之一。它具有北方拳种的风格，动作舒展大方，气魄雄伟，结构严谨，功架深固，是一种表现性强，攻防兼备，全面锻炼身体的典型套路。它短小精悍，除预备和结束动作外只有 32 个动作，分 4 段，每段 8 个动作。上肢包括拳、掌、勾三种不同的基本手型和冲、推、劈、挑、搂、架、抡、穿、盘肘、顶肘等基本拳法、掌法和肘法。下肢包括弓、马、仆、虚、歇五种基本步型和上步、退步、插步、跃步、震脚及弹、踹、踢等基本步法和腿法。

第二节　跆拳道

一、跆拳道运动简介

跆拳道运动是一项运用手足技术、重在足技进行搏击格斗的朝鲜民族传统的体育运动项目。主要内容包括品势（套路）、搏击（竞技与格斗）、功力检测三部分。跆拳道运动起源于亚洲，被认为是韩国人的体育运动项目，备受韩国人喜爱。练习跆拳道可内修精神、性情，外修技术、身体，培养常人难以达到的意志品质和忍让谦恭的美德。

二、基本技术

（一）实战姿势

实战姿势也称准备姿势或预备姿势，是竞技跆拳道比赛中双方开始时的基本站立姿势。准备姿势应便于进攻和防守反击以及步法的移动（图12-2-1①～②）。

①　②

图 12-2-1　实战姿势

两脚开立与肩同宽，两臂垂于体侧。左脚或右脚向另一脚的前方迈出，两脚相距一步距离前后站立，使身体侧对对方，同时两手半握拳，沉肩、两臂屈肘自然垂放。重心落在两脚之间，膝部略弯曲，眼睛平视对方面部，下颚微收。

（二）步法

（1）上步：右架站立，右脚向前上一步，成为左架。反之左架亦然。

（2）后撤步：右架站立，左脚向后撤一步，成为左架，反之亦然。

（3）前跃步：右架站立，两脚同时向前跃进一步，保持右架准备姿势，反之亦然。

（4）后跃步：右架站立，两脚同时向后回撤一步，保持右架准备姿势，反之左架亦然。

（5）原地换步：右架站立，两脚原地前后交换，由右架换成左架，反之左架亦然。

（6）侧移步：第一种步法是以前脚为轴，后脚向左（右）侧方向移动，用以改变与对手的站位方向；第二种步法是右架站立，右脚先向右（或向左）侧移动一步，随之左脚也迅速向右（或向左）侧移动一步。

（7）垫步：右架站立，右脚向左脚内侧上步，同时左腿迅速抬起以便进攻和防守。

（三）腿法

（1）前踢：实战姿势的基本姿势开始。右脚蹬地髋关节向左旋转，双手握拳置于体侧；同时，右腿以髋关节为轴屈膝上提。当大腿抬至水平或稍高时，关节向前送，向前顶，小腿以膝关节为轴快速向前上方踢出，力达脚尖，整条腿踹直。踢击后迅速放松，右腿沿原路线弹回，将右脚放置在左脚前面仍成实战姿势（图 12-2-2①～③）。

（2）侧踢：实战姿势开始。右脚蹬地右腿以髋关节为轴屈膝提起，两手握拳置于体侧；随即左脚以前脚掌为轴外旋 180°，髋关节向左旋转，右腿以膝关节为轴向前蹬伸，右脚快速向右前上方直线踢出，力点在脚跟。发力后沿起腿路线收腿，放松，重心落下（原处或向前均可），再次回到实战姿势（图 12-2-3①～③）。

（3）后踢：实战姿势开始。转身后腿后撤背对对方。重心后移至左脚，右脚蹬地后屈膝提起，右脚贴近左大腿，两手握拳置于胸前；随即左脚蹬地伸直，右脚自左大腿内侧向后方直线踢出，力达脚跟。踢出后右脚沿原路线快速收回，成实战姿势（图 12-2-4①～③）。

①　②　③

图 12-2-2　前踢

①　②　③

图 12-2-3　侧踢

（4）下劈：实战姿势开始。右脚蹬地，重心前移至左脚。同时，右腿以髋关节为轴屈膝上提，两手握拳置于胸前；随即充分送髋，上提膝关节至胸部，右小腿以膝关节为轴向上伸直，将右腿伸直举于体前，右脚过头。然后放松向下以右脚后跟（或脚掌）为力点劈击，一直到地面，成实战姿势（图 12-2-5①～③）。

①　②　③

图 12-2-4　后踢

①　②　③

图 12-2-5　下劈

（5）勾踢：实战姿势开始。右脚蹬地重心前移，右腿以髋关节为轴屈膝上提，两手握拳置于体侧；左脚以前脚掌为轴外旋 180°，右腿以膝关节为轴继续向前上方伸成直线，顺势右脚的脚掌用力向右侧屈膝鞭打，顺鞭打之势上体右转，右腿屈膝回收，右脚落回原处，成实战姿势（图 12-2-6①～⑥）。

① ② ③ ④ ⑤ ⑥

图 12-2-6　勾踢

（6）后旋踢：实战姿势开始。两脚以两脚掌为轴均内旋约 180°，身体随之右转约 90°，两拳置于胸前。上体右转，与双腿拧成一定角度。右脚蹬地将蹬地的力量与上体拧转的力量合在一起，右腿继续向右后旋摆鞭打，同时上体向右转，带动右腿弧形摆至身体右侧，右腿屈膝回收；右脚落到右后成实战姿势（图 12-2-7①～⑥）。

① ② ③ ④ ⑤ ⑥

图 12-2-7　后旋踢

（7）推踢：实战姿势开始。右脚蹬地，重心前移，以髋关节为轴提膝前蹬，右脚脚掌向前蹬推，力点在脚掌，推力向正前方（图 12-2-8①②）。

（8）横踢：实战姿势开始。右脚蹬地，重心前移至左脚，右腿屈膝上提，两拳置于胸前；左脚前脚掌碾地内旋，髋关节左转，左膝内扣；随即左脚掌继续内旋至 180°。右腿膝关节向前抬至水平状态，小腿快速向左前横向踢出；击打目标后迅速放松收回小腿。右腿落回原地成实战姿势（图 12-2-9①～④）。

① ②

图 12-2-8　推踢

① ② ③ ④

图 12-2-9　横踢

第三节　搏击运动

一、搏击运动概述

搏击运动是全面综合实战的搏击术，攻防兼备，立体作战，招法凌厉，攻击勇猛，讲究简捷直接。无论拳法、腿法、肘法、膝法、摔法都以实用为主旨，进攻要求发挥最大威力，防守要求严密，比赛时可以手足并用，自由发挥，其决胜的条件是技艺、体能、战术和精神力量完美的统一。本节以女子防身术为主要介绍内容。

二、女子防身术基本技术

（一）基本姿势

1. 侧身

侧身时两腿处于一前一后的位置，在对手主要攻击力量的方向上，双脚一前一后重叠而立，可保持身体平衡。侧身又形成了后腿、后拳，后腿、后拳力量更大，攻击也较隐蔽（图 12-3-1）。

2. 屈膝和前脚掌着地

屈膝时，人的身体有弹性，而且更有利于保护要害部位（图 12-3-2）。前脚掌着地可使身体更有弹性，移动更加灵活，有缓冲的余地，跳动时能减少震动。

图 12-3-1　侧身

图 12-3-2　屈膝和前脚掌着地

（二）拳法

1. 拳法种类

（1）直拳：又称冲拳、冲捶，主要由直线用拳直接攻击对手面部和胸部（图 12-3-3）。

（2）摆拳：又称贯拳、贯捶，主要由弧线绕过对方防守，以拳攻击对方头部和胸部（图 12-3-4）。

（3）勾拳：又称抄拳，主要由弧线或直线，由下方用拳面击打对方腹部、下颏等（图 12-3-5）。

（4）劈拳：由上往下，以拳攻击对手面部（图 12-3-6）。

（5）鞭拳：由左右以拳背攻击对手头部（图 12-3-7）。

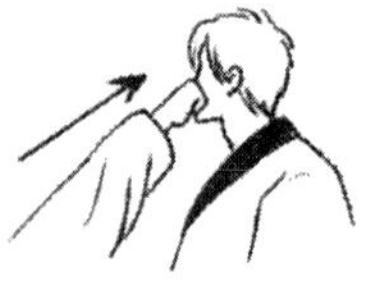

图 12-3-3　直拳

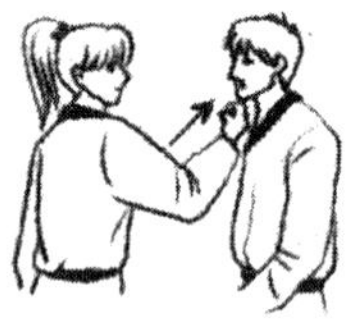

图 12-3-4　摆拳

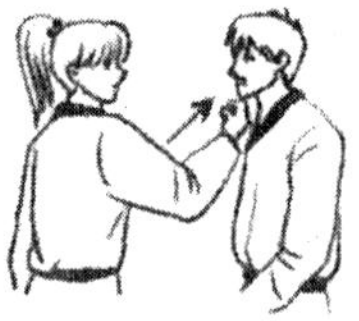

图 12-3-5　勾拳

图 12-3-6　劈拳

图 12-3-7　鞭拳

2. 直拳的用法

出直拳时，屈膝，与拳同侧的腿蹬地，并向与拳同侧的方向转体，蹬地与转体动作要迅猛，同时把蹬地之力与转体之力通过顺肩、旋臂前伸传达至拳面。拳击路线要直、不能有弧线（图 12-3-8）。出拳之前，不能有预令动作（如先回收、后甩等）。拳到位后，要迅速由原路线收回至原位。

图 12-3-8　直拳

3. 摆拳、勾拳、鞭拳、劈拳的用法

摆拳取弧线进攻，从左右两侧绕开对手防卫，以内背棱击打对手；勾拳取弧线，从下方以拳面击打对手；鞭拳取弧线，从左右两侧以拳面击打对手；劈拳由上而下以外背棱击打对手。这些拳法虽然有很大区别，但发力基本要领相通。简单归纳一下不外三大要素：蹬腿发力，拧腰旋身发力，直推出臂或旋转出臂（图 12-3-9①～④）。

（三）肘法

（1）顶肘：肘部平抬，屈臂，肘尖向前，发力时蹬腿、送髋，同时另一

图 12-3-9　出拳发力法

大臂向另一侧也产生一股伸张力。蹬腿、送髋、大臂猛伸张，三股力要用好。顶肘是以肘尖攻击，女性自卫时用以顶击对手胸部或腋下，效果最好（图 12-3-10）。

图 12-3-10　顶肘

（2）挑肘：前臂回收屈曲，肘尖由下向前上挑击。发力时蹬腿和旋转身体的要领同直拳、勾拳。挑臂动作同勾拳。挑肘可用于击打对手咽部（图 12-3-11）。

（3）横肘：横肘动作主要有两股力，蹬腿，旋转身体是发力关键。大臂向前横移，以肘尖击打对手，适于攻击对手太阳穴、后脑、耳门、颈部以及胸肋等（图 12-3-12）。

（4）砸肘：手臂上抬，肘尖朝前上，砸击时身体迅速下沉，肘由上往下砸击。身体下沉与手臂砸击两股力合而为一。砸肘多用于对手抱腰、腿时砸击其后脑、腰部（图 12-3-13）。

图 12-3-11　挑肘

图 12-3-12　横肘

图 12-3-13　砸肘

（5）反手顶肘：手臂略上抬，身体迅速下沉（但幅度没有砸肘大），同时两肘向后顶击、力达肘尖。顶肘主要用于攻击背后之敌肋部、腹部（图 12-3-14）。

（6）反手横肘：身体旋转发力，同时手臂随旋转方向向后横向猛击，力达肘尖。反手横肘主要用于攻击背后之敌面部、太阳穴等（图 12-3-15）。

图 12-3-14　反手顶肘

图 12-3-15　反手横肘

（四）膝法

（1）冲膝：腿屈膝上抬，上体后仰，力达膝尖。蹬腿前冲、向前送髋是发力关键。冲膝又可分为正冲膝、侧冲膝、前腿冲膝、后腿冲膝（图 12-3-16）。

（2）侧撞膝：侧撞膝分为左侧撞膝和右侧撞膝。左侧撞膝是左膝上抬，由左向右侧撞击。右侧撞膝动作与左侧撞膝相反。侧撞膝主要用于攻击胸部和腹部（图 12-3-17）。

（3）提膝：又称顶膝，要领是膝腿上抬，动作要猛，并以双手拉住对方帮助发力（图 12-3-18）。

图 12-3-16　冲膝

图 12-3-17　侧撞膝

图 12-3-18　提膝

（五）几种实用解脱法

（1）当歹徒从侧面抱住，要用靠近歹徒的那只手猛击其裆部，随后迅速肘击其肋部。

（2）当歹徒从正面抓肩时，可佯装顺从用同侧的手轻搭其手臂，然后转身低头，咬住其小臂，趁歹徒号叫时再猛踏其脚尖。

（3）当歹徒从前边搂抱时，可假装温柔地抱住其脖子，然后提膝击其裆部。

（4）当歹徒抓住头发时，首先要挡住他的腿，防止被踢或撞击面部，同时将其腿拨开，上步攻击裆部。

（5）遭到正面调戏时，要设法贴近，趁其不备用头部攻击，以额头撞击对手面部和胸部，撞击面部要瞄准鼻梁处三角区。

小资料

- 女子防身实用技术原则：缓、快、准、狠、喊。
- 男子易受伤害的部位：裆部、双眼、咽喉、颈侧、腋下。

思考题

1. 武术主要包括哪几种运动形式？
2. 24式太极拳的特点是什么？
3. 跆拳道的步法有哪些？
4. 女子防身术的基本技术有哪些？

第十三章　休闲、探险运动

【学习目标】

1. 了解休闲、探险运动的内涵，初步认识目前世界上最流行的休闲、探险运动项目的特点、起源和锻炼方法。

2. 进一步探讨休闲、探险运动的功能及发展趋势。

第一节　休闲运动

一、休闲的解析

随着生活水平的提高，科学技术的发展，空闲时间的增多，人们价值观念与生活方式的变化，休闲运动正在逐渐步入人们的生活，目前休闲运动已经成为大众娱乐的一种手段。那么什么是休闲运动？先让我们了解一下休闲的内涵。

（1）休闲是人类社会发展的产物，也是社会进步的重要标志。人类社会生产力的提高，促进了休闲时间量的增加，从而使得休闲在人们社会生活中的地位愈加凸显。我国著名学者于光远先生在其文章《论普遍有闲的社会》中指出：“‘闲’是生产力发展的根本目的之一，闲暇时间的长短与人类的文明进步是并行发展的……从现在看将来，如果不属于闲的劳动时间随着社会生产力的发展能够进一步减少，闲的地位还可以进一步提高，这是走向未来经济高速发展的必经之路。”

（2）休闲是一种创造过程。马克思称：“自由时间，可以支配的时间就是财富本身。”从这种意义上说，休闲是我们精神财富和物质财富的一种创造过程。人们在休闲生活中，通过人类群体所共有的行为、思想、感情，创造文化氛围，传递文化信息，构筑文化意境，从而达到个体身心和意志的全面、完整地发展。

（3）休闲是一种社会文化活动，休闲形式多样，内容广泛，丰富多彩。从衣食住行、琴棋书画到诗词歌赋、游山玩水……不一而足。古人云：“闲能游名胜，闲能交益友，闲能饮酒。天下之乐，孰大于是？”从人类学、历史学和社会学角度来看，休闲属于一定文化范畴，具有丰富的文化意义。文化需要传播，需要继承，因而，人类的休闲行为不仅是天生具有的本能，它也是人类后天习得、教化的结果；而且，它被文化的东西赋予了形式和内容，从而体现出了文化生命力。

(4) 体育运动是休闲的重要内容。体育是人类在生产生活中产生出的多以全身的自然活动为主的一种特殊社会文化活动，它具有游戏、娱乐、健身、冒险等多种特点与功能。体育运动需要人身体的直接参与，这样可使健康、力量、审美、气质、性格、智慧等与身体最为密切的要素得以锤炼。

在人类社会漫长的进化过程中，体育经历了从原始体育、古代体育、近代体育到现代体育的发展历程。无论是何种阶段的体育，休闲与体育一直保持着紧密的联系。在古希腊时期，雅典人是过休闲生活的典型民族，午前办理公务，午后便在角力场和体操馆享受余暇。那时，体操馆是一般市民的公共设施，有运动场、散步道和讨论会场，午后大家集中在这里通过体育运动或者讨论来度过闲暇。在我国古代，蹴鞠（足球）、竞渡（赛龙舟）、投壶、秋千、棋戏、击鞠（马球）等都是人民在休闲生活中喜好的体育活动内容，“斗鸡蹴鞠，走解说书，相扑台四五，戏台四五，数千人如蜂如蚁，各占一方”。由此可见，自古代起，体育就在人们休闲活动中占有重要地位。

美国国家休闲研究学院主席杰弗瑞·戈比认为：“休闲是从文化环境与物质环境的外在压力中解脱出来的一种相对自由的生活，它是人能够在以自己喜好的，本能地感到有价值的方式，在内心之爱的驱动下的行动，并为信仰提供基础。”他认为，休闲不只是寻找快乐，也要寻找生命的意义，从根本上说，休闲是对生命意义和快乐的探索。有的国外学者还认为，休闲是人的一种直接的、全新生活的体验过程，身体、社会与精神的完全放松是一种合理的休闲，而绝不是无足轻重的……可以看出，休闲不仅仅是一种恢复身心健康状态，丰富和创造生活的闲暇活动，也是一种以完善和发展自我为目的的闲暇活动。

基于以上分析，我们可以这样定义休闲运动：它以各种体育运动或其他活动方式为载体，是生活方式的一部分，是人们追求自我价值实现、个体的显示和发展的各种途径和方式的总和。

二、休闲运动的内容

休闲运动是以娱乐身心、发展自我为主要目的的体育活动。休闲运动强调的是回归自然，身心放松，强调活动的乐趣。休闲运动的形式不拘一格，内容丰富多彩，从传统运动项目如球类、田径，新兴运动项目如漂流、跳伞，到人们日常生活的远足、骑车、慢跑等，都是休闲运动的内容。传统休闲运动简便易行，对技术、场地设施的要求不高；活动形式自由自在，适宜活动的人群范围广。

（一）健身、塑身运动

良好的身体状态是良好心理和精神状态的基础，从社会发展的一般趋势来看，社会生活水平越高，越是追求健康的身体和良好的精神状态。因此，健身运动已经成为大多数现代人主要的休闲活动。

目前比较流行的健身、塑身运动是健美、有氧健身操、瑜伽等许多项目，其中以瑜伽最受欢迎。瑜伽起源于印度，流行于世 界。它是东方最古老的强身术之一，与一般运动不同，有着自己的特点。瑜伽必须集中意识，使身体在某姿势下静止维持一段时间，而达到身心的统一。它能使内分泌平衡，身体四肢均衡发展，全身舒畅，心灵平静，内在充满能量。

（二）体育娱乐

人类社会存在的娱乐行为有多种形式，我们把具有一定难度的身体练习又能在活动过程中使人获得愉悦情感的娱乐形式称为体育娱乐。体育娱乐的目的在于愉悦身心。活动者参加活动就是为了从中获得一份乐趣，无论这种感受来自生理还是心理，抑或是来自活动的场景。因此，体育娱乐活动是一种体验性的休闲活动，强调心理的舒适感甚于身体上的舒适感。

绝大多数竞技体育项目都可以为大众带来娱乐享受，如足球、篮球、网球等。大众既可观赏职业比赛，也可以自己组织比赛来娱乐身心。

（三）放松活动

放松是休闲的主要目的，可以说是休闲运动的首要功能。如果没有生理和心理的恢复，就不可能有休闲。我国传统的气功可以说是比较理想的放松运动，它不仅仅要求肌肉放松，也同时要求精神放松，甚至可以说精神放松是练好气功的先导和基础。只有精神真正做到放松了，肌肉才能达到很好的放松。

所谓精神的放松主要表现在两个方面：一是尽可能地摆脱与练功无关的杂念；二是防止和消除放松时产生的紧张。消除这两种状态的方法之一是将意念集中到身体一个接一个放松的部位上，去仔细体查每个部分放松时产生的感觉。所谓肌肉的放松是要做到在保持练功体势的基础上相对地放松，这种肌肉状态就是平常所说的即“松而不懈，紧而不僵”。

(四)消遣活动

消遣，消闲排遣之意。在汉语词典中的解释是用自己感受愉快的事来度过空闲时间。显然利用体育手段进行的消遣是比较放松的，具有更加积极的情感和内容。许多运动项目都可以为人们提供消遣，如保龄球、门球、地掷球、钓鱼等。

在诸多运动中，钓鱼可以说是一项很好的休闲活动，是全民健身的手段之一。垂钓时，要排除一切杂念，眼睛盯着浮标，达到忘我境界，这与气功有异曲同工之处。同时，钓鱼使人的大脑功能进一步正常发挥，对慢性病患者有良好的养生作用。垂钓大多是回归大自然的活动，田园风光会使人的心情十分舒畅，郊外的空气和水中含有大量负离子，会使人显得更有精神，可增强对疾病的抵抗力。钓鱼不仅是一项运动，而且需具备气象、水文知识，是与鱼斗智的运动。钓鱼时，难免要风里来雨里去，或遇严寒酷暑，或负重步行。这对人的筋骨、意志都是一种锻炼和考验，钓鱼爱好者不易生病就是一个明证。

第二节 探险运动

随着社会的发展，人们对休闲运动提出了更高的要求，传统的休闲运动已经不能满足大众求新、探奇、最大程度上挑战自我的需求，这样就派生出了休闲运动的一个分支：探险运动。探险运动已经在很多方面超出了传统意义上的休闲运动。参加探险类运动的人必须拥有专用的装备，而且经过专业化的训练，才有可能成功完成一次活动。

探险运动大体上可以分为两个方面，一方面是寻求刺激类（蹦极、野外生存等）活动。这类活动有一定的难度，对参与者的能力和胆量具有挑战性。它能够使人产生兴奋、紧张的体验，在这种情绪状态中，参与者对活动也更加倾心尽力，更加着迷，因而也更加热衷于这类运动。另一方面是挑战极限类活动——极限运动。极限运动是指人类在与自然的融合过程中，借助现代高科技手段、最大限度地发挥自我身心潜能，向自身挑战的娱乐体育项目。极限运动的许多项目是近几十年刚诞生的、方兴未艾，根据季节分为夏季、冬季两大类，运动领域涉及从高山到海洋多维空间。夏季极限运动主要比赛和表演项目有：难度攀岩、速度攀岩、滑水、激流皮划艇、摩托艇、冲浪、水上摩托、滑板、轮滑、小轮车的U台跳跃赛和街区障碍赛等运动项目。

探险类运动已经拥有一大批爱好者，特别是极限运动正越来越受到当代人的青睐。

一、寻求刺激活动

（一）蹦极

蹦极是近几年来新兴的一项非常刺激的户外休闲活动。蹦极对身体素质要求较高，凡是有心、脑病史的人不能参加，凡是深度近视者要慎重，因为硬式蹦极跳下时头朝下，人身体以 9.8 m/s^2 的加速度下坠，很容易脑部充血而造成视网膜脱落。蹦极时应注意以下几点：

（1）跳下前应充分活动身体各部位，以防扭伤或拉伤。

（2）着装要尽量简单，合身，不要穿易飞散或兜风的衣物。

（3）跳出后要注意控制身体，不要让脖子或胳膊被弹索卷到。

1. 按捆绑方式分类的蹦极形式

（1）绑腰后跃式：绑腰站于跳台上后跃跳下，这是初学者的基本动作，弹跳时仿佛掉入无底洞，约 3 秒钟时突然往上反弹，反弹持续4～5次，人安全悬挂于半空中，整个过程约 5 秒钟，紧张又刺激。

（2）绑腰前扑式：绑腰站于跳台上面前扑跃下。这是初学者的另一种尝试跳法。这种跳法近似于绑腰后跃式，但弹跳者面朝下，可真正感受到视觉上的刺激。

（3）绑脚高空跳水式：将装备绑于脚踝上，弹跳者站在跳台上面朝下，像跳水选手一样，倒数 5、4、3、2、1，展开双臂，向下俯冲，十分刺激。

（4）绑脚后空翻式：这种跳法是弹跳跳法中难度最大的一种。将装备绑于脚踝上，弹跳者站在跳台上，背朝后，倒数 5、4、3、2、1，展开双臂，向后空翻，此种跳法需要强壮的腰力及十足的勇气。

（5）绑背弹跳：这种跳法被人们喻为最有死亡感受的姿势，弹跳者将装备绑在背上，倒数 5、4、3、2、1，双手抱胸双脚往下悬空一踩，仿佛由高空坠落，顿时感觉大地旋转，地面事物由小变大，非常刺激。

2. 按地点分类的蹦极形式

（1）桥梁蹦极：在桥梁上伸出一个跳台，或在悬崖绝壁上伸出一个跳台。

（2）塔式蹦极：在广场上建造一个斜塔，然后在塔上伸出一个跳台。

(3) 火箭蹦极：将人像火箭一样向上弹起，然后上下弹跃。

最近出现了一种全新的飞天蹦极，吸引了众多爱好者。飞天蹦极俗称蹦极球。外形像热气球，下挂完全裸露在外的座椅，绑好安全带，再加上几个增重的沙袋，只需双脚一蹬地，几秒钟后即可飞上数十米的高空，体会云中漫游的感觉。

(二) 野外生存

野外生存即人在食宿无着的山野、丛林、水泊求生。包括利用手中的刀具在山林里连续生活三天以上；在不使用登山绳索、安全带的情况下沿断崖安全下降、攀登陡壁；在没有火种、锅灶、食物、水的情况下烹制出美味的晚餐；在没有任何露营装备的情况下，在风雨交加的野外睡得安稳香甜；在没有任何现代通讯、照明器材的情况下，辨别方向、识别天气、保持联络、夜晚行军，等等。野外生存的一门必修课就是准确地辨别方向。

下面我们介绍一下迷路时辨别方向的方法。发现自己迷失方向后，切勿惊慌失措，应立即停下来，冷静地分析一下所走过的道路，想办法按一切可能利用的标志重新定向，然后再寻找道路。最可靠的办法是，循着自己的足迹退回至原出发点，切勿盲目乱撞。首先，应登高望远，判断应该往哪儿走。在山地应朝地势低的方向走，这样易于碰到水源，顺河而行最为保险。若山脉走向分明，山脊坡度较缓，沿山脊走，通常可达到某个目标。在森林中迷失方向，应先估计从能确定方向的地方走了多远，然后寻找身边便于观察的树干，用刀、斧刮出环形标记，再根据自己的回忆往回走。如果找不到原来的地点，折回标记处再换一个方向试行。迷路后当天色已晚，应立即选地宿营，不要等到天黑，否则将非常被动。若感到十分疲乏时，也应立即休息。这一点在冬季尤应注意，过度疲劳和流汗过多，容易冻伤或冻死。如寻求救援，夜间可在高处点燃火堆。白天燃烟，在火上放些青草，就会发出白烟；还可用两面反光的罐头壳做一个金属信号镜，或用镜子或眼镜对飞机发信号。

(三) 定向越野

定向越野是定向运动的主要比赛项目之一。定向越野活动要求参赛人员借助地图和指南针，自己选择行进路线，按规定的顺序独立寻找若干个标绘在地图上的地面检查点，用最短的时间完成比赛，跑完全程者为优胜。比赛的成败全在于个人的识图用图、野外定向和奔跑能力的强弱，因此适于各种年龄、性别的人参加。为增加比赛的乐趣，也可以在判定比赛成绩的方法上有所区别，如可以个人跑计个人成绩，个人跑计团体成绩或个人跑计个人与团体成绩等。

下面是几种定向越野比赛形式。

1. 接力定向

接力定向是团体之间的定向越野比赛项目之一，其成绩好坏有赖于队员个人能力的发挥。在接力比赛中，比赛的路线分成若干段（国际比赛通常为4段），每名选手完成其中的一段，各段参赛选手的成绩相加为该队团体总成绩。为便于观众欣赏各选手之间的激烈竞争，接力定向的场地必须设置一个“中心”站，各段选手的交接（即“换段”）均在这里以触手方式进行（不使用接力棒），因此，接力定向的观赏性较好，被国际定联纳入了正式比赛项目。

2. 滑雪定向

滑雪定向也可以按个人、团体或接力比赛等形式进行。它与个人徒步定向越野赛的区别是选手需要使用滑雪装具（非机动的）。供比赛用的滑道，则需要使用摩托雪橇来开辟。同一比赛路线上的滑道通常不止一条，以便于选手自行选择。

滑雪定向也是国际定联的正式比赛项目之一。滑雪定向在东欧国家十分流行，许多世界高山、越野和速度滑雪选手同时又是滑雪定向的高手。

3. 夜间定向

这是定向运动的一种高难度的比赛形式。由于是在视度不良的夜间进行的，不仅增加了比赛的难度，同时对观众和选手自己增加了吸引力和刺激性。夜间定向已被列入国际定联的正式比赛项目。第1届世界夜间定向锦标赛于1986年10月27～28日在匈牙利举行。

4. 记分定向

记分定向通常以个人方式进行。它在比赛区域内预先设置好许多检查点，并根据地形的难易程度、距离远近、点的位置的相互关系不同而赋予每个检查点以不同分值。选手必须在规定时间内自行寻找若干或全部检查点，以积分最高者为优胜。

5. 专线定向

这种比赛与其他比赛的最大区别是在地图上明确地标出了比赛的路线，运动员必须按这些规定的路线行进，并将途中遇到的检查点位置标绘在图上。以检查点位置标绘的准确程度和所用时间的长短确定成绩。

6. 五日定向

这是瑞典独有的一项非常吸引人的比赛项目。比赛共进行五日，比赛路线由若干段组成，每次都单独记录个人的成绩，最后再算出总成绩。在几十公里或者一百余公里的多条比赛路线中，除设置了许多检查点之外，还设有若干营地，供运动员与观众休息或参加丰富多彩的文化娱乐活动。近年来，瑞典的五日定向比赛组织得十分频繁，每次参加比赛的来自世界各地的选手都超过15 000人，大大超过了任何一届奥林匹克运动会的选手人数。

二、挑战极限活动

（一）登山

登山是最著名的极限运动。运动员徒手或使用专门装备攀登各种不同地形的山峰或山岭。可分为金字塔形兵站式登山、阿尔卑斯式登山和技术登山等数种。登山运动始于18世纪80年代。1786年法国医生巴卡罗与石匠巴尔玛结伴第一次登上阿尔卑斯山的最高峰——勃朗峰。19世纪80年代以后，使用各种攀登工具和技术登山日渐推广，其活动地区也从阿尔卑斯低山区转向喜马拉雅高山区。中国登山运动始于20世纪50年代。1955年出现第一批登山运动员。1956年建立第一支登山队。登山运动应注意以下几点：

1. 健康准备

健康而强健的体魄是完成登山任务的基本保障。在登山前，必须加强身体锻炼，每年进行一次健康检查，以确保在活动中的安全。

2. 合理分工

登山所用的设备和补给在进山后是没有后援的。因此，进山前要认真清点，根据实际情况，按计划将物品合理分配给大家，共同完成携带任务。每一名队员都必须对自己的任务负责，以保证登山活动顺利进行。

3. 确定联络方式

在较长的登山活动中，可根据实际情况将队伍分为若干小组。为了防止通讯设备突发故障而失去联络，还要事先确定其他联络方式和联络细则。在派遣联络员的时候，最好将具体内容写在纸上，尽量避免口头传递。

（二）潜水

神游海底是人们由来已久的愿望，早在2 800年前，米索不达文化全盛时期，阿兹里亚帝国的军队用羊皮袋充气，由水中攻击敌军，这也许就是潜水的鼻祖了。距今1 700年前的中国史书《魏志倭人传》中，就已经有了海边渔夫在海里潜水捕鱼的场面描写。第二次世界大战末期，法国开发了开放式“空气潜水器”，1945年前后这种潜水器在欧美非常流行。近几年来由于潜水器材的进步，带动潜水运动蓬勃发展，投身于潜水和喜欢潜水运动的人也越来越多。

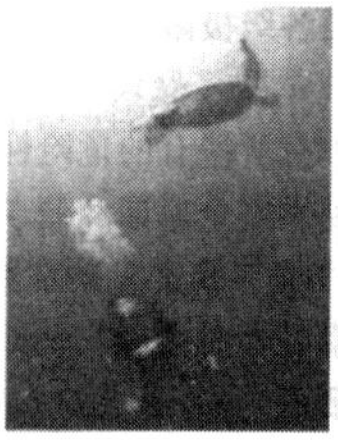

1. 潜水技术要领

下海前要掌握呼吸管和调节器的使用方法、水面休息方法、紧急情况处理等必备技能。仔细检查装备功能是否正常。正面直立跳水：水深需在1.5 m以上，双脚前后开立，一手按住面罩，一手按空气筒背带。背向坐姿入水：面向里坐于船帮上，向后仰面入水。潜降时，用浮力调节器，配合配重带，头上脚下；如果不用浮力调节器，则头下脚上。上升时，将速度控制在每分钟18 m以内，简单说就是不要超过自己呼出气泡的上升速度；不要停止呼吸；抬头看水面，可以伸出右手指定方向，注意背后，身体缓缓自转。

2. 潜水的作用

潜水不仅在于水中的奇异世界给人的精神带来的巨大享受，而且更重要的是能够提高并改善人体的心肺功能。在美国及日本，潜水运动甚至被作为一种治疗癌症的辅助手段。在国内，潜水尚属于开发阶段，但已有越来越多的人发现了这项运动的趣味与多姿多彩，并积极投入其中。

(三) 攀岩

攀岩富有刺激性和挑战性，能充分满足人们要求回归自然、寻求刺激，并从中挑战自然、挑战自我的欲望。所以，攀岩作为一项独立的、被广大青少年所喜爱的运动迅速在全世界普及。它是利用人类原始的攀爬本能，借助各种装备作安全保护，攀登一些岩石所构成的峭壁、裂缝、海触崖、大圆石以及人工制作的岩壁的运动。

1. 攀岩的分类

攀岩运动从不同的角度可进行不同的分类：按组织形式可分为竞技攀登和自由攀登，按保护方式可分为先锋攀登和顶绳攀登，按运动场所可分为人工场地攀登和自然场地攀登。竞技攀登有难度赛、速度赛及攀石赛三种比赛项目。按比赛形式又可分为：世界杯赛和世界锦标赛，20岁以上的成年赛和19岁以下的青少年赛，男子组赛和女子组赛，国际赛、洲际赛及国家级比赛。另外，值得一提的是，攀岩还是各级极限运动会中很重要的一个项目。

2. 攀岩的装备

由于攀岩运动本身所特有的危险性，从它诞生之日起，人们就不断地研制并生产各种为攀登者提供安全保证和便于此项运动开展的装备和器械。攀岩基本装备包括：安全带、主绳、铁索、防滑粉袋、绳套、攀岩鞋、下降器及上升器等。因为这些装备涉及攀登者的生命安全，在购买和选用时必须注意质量。

3. 攀岩的基本要领

抓，用手抓住岩石的凸起部分；抠，用手抠住岩石的棱角、缝隙和边缘；拉，在抓住前上方牢固支点的前提下，小臂贴于岩壁，抠住石缝隙或其他地形，以手臂和小臂使身体向上或向左右移动；推，利用侧面、下面的岩体或物体、以手臂的力量使身体移动；张，将手伸进缝隙里，用手掌或手指屈曲张开，以此抓住岩石的缝隙作为支点，移动身体；蹬，用前脚掌内侧或脚趾的蹬力把身体支撑起来，减轻上肢的负担；跨，利用自身的柔韧性，避开难点，以寻求有利的支撑点；挂，用脚尖或脚跟挂住岩石，维持身体平衡使身体移动；踏，利用脚前部下踏较大的支点，减轻上肢的负担，移动身体。

(四) 沙漠穿越

沙漠穿越可以称得上是对人意志的最大挑战。浩瀚无垠的沙海，不但蕴藏着神秘的古城遗址，更有神奇的自然景观。而大漠的荒凉和美丽之中却蕴含着无处不在的威胁，这就要求探险者必须有相当的体力、勇气及丰富的野外生存经验。

1. 学会在沙漠中走路

(1) 选择一双合适的鞋子：在沙漠中行军要准备一双合适的鞋子，鞋底软硬适中，还要准备防沙套（雪套），以免鞋子里进沙子，脚被磨破。

(2) 学会用双杖走路：负重在沙漠中行军，在松软的沙丘上下翻越，对膝盖构成很大的压力，很容易造成损伤。用双杖行走能减轻膝盖的压力，也能节省很多体力。

(3) 不要怕走弯路：在沙漠中会遇到许多大的沙丘或沙山，一定要绕过去，切忌直越陡坡。要避开背风面松软的沙地，尽量在迎风面和沙脊上行走，因为迎风面受风蚀作用，比较硬，在上面行走比较容易，也省力气。如果有驼队，踏着骆驼的蹄印走，可以节省很多体力。在沙漠探险中，带路的人很重要，要能找出好走的路，并且采用慢行、每小时休息 10 分钟的方法，一般队伍一天行走不要超过直线距离 20 km。

(4) 昼伏夜出避高温：在阳光的直接照射下，即使不运动，所消耗的水分也是阴影下的三倍。在新疆的塔克拉玛干沙漠，在最热的季节，如果不带水，在有遮阴的地方休息，可生存三天左右。如果在太阳下行走，只能生存1～2天。在特殊的情况下，也要学会“夜行晓宿”。另外，在炎热、缺水、干渴、焦虑的情况下，千万不要被海市蜃楼的假象所迷惑。

(5) 沙漠露营：在沙漠露营和在其他地区露营还是有区别的。通常要注意两点：一是营地要选在避风的地方，又要防止流沙的掩埋，沙丘中的平地比较适宜；二是营地不可扎在红柳、胡杨树等植物附近，因为在有植物的地方，往往寄生着一些有毒的虫子。

在冬季，不会有大风，也没有毒虫，露营地点的选择可比较随意。冬季的夜晚非常寒冷，即使用双层帐篷，帐内也会结很厚的霜。沙漠中有许多枯死的树木，最寒冷季节可自己动手打造“火炕”，在上面烧火，然后用沙子掩埋，人睡在烧热的沙子上。

2. 学会寻找水源

(1) 在沙漠中如果发现了茂密的芦苇，就意味着在地下1 m多深的地方能挖出水来；如果看到芨芨草，在地下2 m左右就能挖出水来；如果看到红柳和骆驼刺，就意味着下挖6～8 m就有地下水；如果发现胡杨林，则意味着地下8～10m的地方有地下水。

(2) 在沙漠中如果发现了潮湿的沙土或苦水，也可以挖一个坑，用透明塑料布将坑罩住，做成一个简易的太阳蒸馏器，使坑里的空气和土壤迅速升温，产生水蒸气。当水蒸气达到饱和时，会在塑料布内面凝结成水滴，滴入下面的容器，得到宝贵的水。用这种方法每天可以取1 L蒸馏淡水。值得一提的是，沙漠中多数地下水盐碱含量很高，人不能直接饮用（骆驼可以饮用），必须用蒸馏等方法处理。

(3) 沙漠温差很大，因此沙漠探险中，冬季、夏季服装应一一具备，白天沙漠的阳光会灼伤皮肤，可以选择长衫、长裤，但长裤在艰难的行进中会大大消耗体力。最难忍的灼伤皮肤情况将会出现在后脖颈上，最简易的办法是带顶遮阳帽，并在帽子的后面压一块白手帕以阻挡强烈的阳光。

(4) 太阳镜最好有两副，一副平时使用，另一副防风沙，可用摩托镜或滑雪镜。一个大号水壶、一筒爽身粉、手电筒、宽胶带、小圆镜、塑料袋等小物品在沙漠中都会有用。比如爽身粉可以擦在经常被摩擦的身体部位，小圆镜用于求生时反射信号，塑料袋用于防尘。

第三节　休闲、探险运动的功能与发展趋势

一、休闲、探险运动的功能

（一）社会化功能

两人以上的协同活动是体育项目的主要活动形式之一，在这种协同活动过程中必然会形成人际交往，而人的社会化就是在与他人的交往中完成的。在休闲运动的情景中，人与人之间的交往是建立在同一个平台上的，平等的交流使人更加容易形成协调的关系。另一方面，休闲运动的发展是社会文明进步的重要表现形式之一，社会化的过程就是不断适应时代变化的过程，休闲运动，可以使人不断地触摸社会发展的脉搏。

休闲活动可以提高民族的自豪感、满意度，保持社会的核心价值观；可以满足社会某一群体的特定需求，而这些需求是其他方式无法满足的；可以促进家庭成员之间的感情沟通；可以避免个人自闭，与人群和社会隔离；可以提高个人技能，促进生产和社会发展。

（二）个人发展功能

休闲运动在个人发展功能中能表现处于每个人内心深处的多种个性特征，以避免单一工作和生活方式所引起的生理或智力的衰退。因此休闲运动鼓励个人寻找具有最佳意义的业余爱好。同样，休闲运动不仅对人的智力和文化予以补充，对于个体赖以存在的有机体也有着不可替代的作用。

合理进行休闲运动，促进参与项目个性化，能充分发挥每个人的爱好和专长，发展聪明才智，提高生活层次和质量，促进身心健康和全面发展。健康的休闲活动可以使人获得自由、独立、自主感，培养并提高自信、自尊，提高领导才能，培养团队精神，提高认知效率，提高幽默感，促进生活质量的感知，促进能力的均衡发展，形成积极乐观的精神面貌等。

另外，进行休闲运动，可以使人的智力、体力得到恢复和发展，也有利于提高人的素质。定期的康体休闲活动对于降低胆固醇，控制血压，减少颈椎病，改善心血管功能，增加肌肉韧性，增加肺活量等均极为有益。

从现代的观念和意识来看，个人的发展应该是全方位的发展，而身体则是一切发展的基础。休闲运动有健身、塑身等作用，这不仅满足了人们健康长寿的需求，也能够使那种追求外在的形体美的社会需要得以满足。

（三）社会人群组织功能

体育休闲活动的多样化特点，使其能够满足人们各种不同的需求。休

闲活动的方式方法很多，从无需什么设备、高规格场地设施、专门性技术、技巧的项目，到个人独自操作及多人共同参与的形式应有尽有。无论是什么社会阶层、社会职业的人都能够从众多的项目中选择一两项既符合自己的社会地位，又适宜于自己能力的活动来满足需求。更为重要的是许多休闲运动已经发展成亚文化现象，在发达国家出现了许多以某种休闲方式为基础的亚文化群体。体育休闲活动的人群组织功能非常强，作为社会文化的一个组成部分，休闲体育对其发展所作出的贡献是功不可没的。从现代社会中日益增多的体育休闲项目和日趋增加的参与人数中，我们更加清晰地看到了休闲运动在现代社会文化娱乐中的地位和作用。

二、休闲与探险运动的发展趋势

（一）休闲与探险运动的广泛化趋势

休闲、探险运动的广泛化趋势已经越来越明显，这源于快速发展的经济水平。随着经济的发展，人们购买力逐步提高，这在很大程度上保证了大众对休闲、探险运动的消费能力。休闲、探险运动已经成为社会广泛的消费项目之一，就像看电影、听音乐一样，直接进入普通人的生活。可以说社会的进步使休闲、探险运动完成了平民化、社会化的转变，成为社会生活的基本组成部分。这种运动提供了一种健康的生活方式，这对人们很重要，因为提高生活和生命质量已经成为全社会关注的焦点。预计在未来的一段时间内，休闲、探险运动将成为体育消费的主要内容和对象，它们将更广泛、更深入地介入人们的生活，成为人们的基本需求之一。

（二）休闲与探险运动的商业化趋势

在商品经济社会里商业利益是几乎所有社会活动的主要推动力，围绕着休闲、探险运动项目可以铺开一个十分广泛的商业群体。最终形成一个以运动项目为核心和主要对象，紧密结合相关辅助性行业的商业化的产业组织，使经营与发展共同进步。休闲、探险运动目前的发展形势已经呈现出这一变化。比如我国的体育旅游业在一定程度上已经形成了自己的商业体系，以体育观光为龙头的餐饮住宿等服务群体基本成型，相关的制造业更是高速发展，进一步的发展趋势表明其辅助业务将涉及更广泛的休闲领域，已有的内容也将更加完善，显示强劲的发展势头。

（三）休闲与探险运动的专业化趋势

近年来的社会实践表明，个人掌握的休闲、探险项目的技术日益精湛，在个别项目上已经直逼专业水平。例如登山运动，不仅对体质要求很高，而且也需要较强的经济能力。以前我国个人完全没有能力从事这项运动。

而近年民间登山运动已经非常普遍，水平也越来越专业，个别人的水平已经具备了国际级的专业水准。

思考题

1. 运动前后应多补充哪些食物及饮料？
2. 沙漠穿越时可以采取哪些措施来节省体力？
3. 依我国目前状况应开展哪些休闲、探险类运动？

第十四章　科技体育运动

【学习目标】

1. 了解航模运动的起源与发展及我国的发展现状。
2. 明确电子竞技的定义及其与网络游戏的区别。
3. 了解航模运动与电子竞技运动的项目划分及主要赛事。

当今世界，科学技术突飞猛进，给人类社会带来了广泛而深刻的影响。现代科学技术的发展渗透到包括体育在内的人类社会生活的方方面面，为认识世界和改造世界提供了强大的动力。现代科学技术的发展大大地促进体育科技的进步，不仅仅表现在高科技手段广泛运用于运动训练和比赛中，还表现在科学技术与体育完美结合的体育项目，如航海模型、车辆模型、定向越野、无线电测向等。这些项目不仅是体育科技实力的集中体现，而且涉及生物科学、信息科学、材料科学等领域内高新技术对竞技体育的介入和影响。

第一节　航模运动概述

一、航模运动的起源与发展

（一）航空模型运动的起源与发展

航空模型的起源及演变历史悠久，它是伴随着人类航空事业的发展而产生的。在人类航空发展史上，早在滑翔机、飞机发明之前，探索人类飞行的先驱者们就模仿鸟类飞行的特征，尝试制造简单的飞行器。而许多探索者都首先用模型代替存在生命危险的飞行试验。在航空事业的发展中，航空模型确实起了先驱者的作用。

世界上第一架飞机的出现，也首先借助于模型。俄罗斯的发明家莫扎伊斯基按照自己的设计做了许多模型飞机，模型飞机的试验证实了他在飞机的大小、形状、总体工作特性、螺旋桨拉力和重量等方面所做的计算和推测，并据此设计和制造了自己的第一架飞机。1882 年 7 月 20 日，在圣彼得堡附近的红村，世界上第一架飞机终于飞上蓝天。模型飞机就是这样成就了世界上第一架飞机的诞生。直到现在，任何一种航空器的设计和制造，都是从制造和试验模型开始着手的。航空模型已发展成一个专门的研究体系。例如，把新设计的飞机先制成模型，放在一种专门的试验设备——“风洞”中进行吹风试验，从而测量出各种数据。根据这些数据就可计算出要制造的飞机的性能。而这种“风洞”试验，几乎已成为现代飞机设计中不可缺少的环节了。

自从世界上第一架飞机诞生后，以各种航空飞行为主要内容的竞赛运动逐渐兴起，其中就包括航模运动。自 1926 年起，国际航空运动联合会每年都举办国际航空模型竞赛，从而促进了各项技术的提高，并出现了专为航空设计和生产的小型内燃机和遥控设备。

从 20 世纪 50 年代开始，国际航空运动联合会对航空模型的竞赛方法做了重大改革，把测定滞空时间、飞行高度、直线距离等绝对飞行成绩的比赛作为航空模型纪录项目，分项更为细致，对模型飞机的尺寸、飞行重量、翼载荷以及动力方面均有严格限制。这些竞赛项目的共同特点是能在较短的比赛时间内，进行多轮次的比赛，从而尽量减少因气象、场地等外界因素的影响而出现的偶然性，能比较真实地反映出运动员的技术水平。

航空模型的世界性组织为国际航空联合会下属的国际航空模型委员会，总部设在法国巴黎，负责安排世界竞赛、修改规则和审批世界纪录等工作。目前，已有五十多个会员国，我国于 1978 年 10 月被正式接纳为会员。

航空模型的世界性比赛十分活跃，项目繁多。目前世界比赛已发展到 7 个大项，每个大项两年举行一次世界锦标赛。因而，每年有 3～4 次世界锦标赛。此外还有区域性的比赛，如欧洲、美洲等地的洲际比赛。较大的国际性比赛每年多达三十余次。

从世界竞赛情况来看，近些年来国际航模运动技术水平有较大的提高，各国的差距在逐渐缩小，竞争十分激烈。尽管国际竞赛规则的难度一再提高，但有些项目获得满分的国家却越来越多。随着科技和工业的发展以及航模运动技术水平的提高，对航模的制作、放飞和操纵技术，也必将提出更高的要求。

(二) 航海模型运动的起源与发展

欧美国家是最早开展航海模型运动的地方。16 世纪，欧洲首先兴起了帆船模型比赛。经历了漫长的过程直到 19 世纪，英国人拉姆斯第一个设计出了水上滑行艇模型之后，极大地满足了人们求快求刺激的心理。从此，航海模型运动在欧美迅速展开，各种各样的竞赛相继出现，各种国际航海模型运动组织机构陆续建立。1959 年，世界航海模型联合会创立，总部设在奥地利维也纳，拥有四十多个会员国。

(三) 航天模型运动的起源与发展

20世纪40年代末和50年代初，模型火箭运动在美国和前捷克斯洛伐克兴起并得到发展。随后，模型火箭逐步标准化、系列化和商品化，从而使模型火箭运动在全球范围内得到推广和普及。1957年，美国市场上出现了模型火箭套材及其专用的模型火箭发动机，并且成立了国家火箭技术学会，负责模型火箭技术的交流和管理。在此期间，东欧各国，如南斯拉夫、保加利亚和波兰等国，也在大力发展模型火箭运动。

由于模型火箭发动机的商品化，使模型火箭的研制、组装、发射变得简单，而且也更加安全可靠，从而激发了广大青少年和学生积极投入的巨大热情。他们灵活运用在学校学到的数学和工程学知识，并积极向有关专家和工程技术人员请教，使得一整套以模型火箭为研究对象的理论和制作技术应运而生，并不断发展和完善。

目前，模型火箭技术已经发展到一个新的阶段，例如采用计算机辅助设计（CAD）和风洞试验技术进行模拟设计；采用新材料、新工艺，以提高模型火箭发动机的性能和安全可靠性。因此，模型火箭运动的普及程度和运动水平都在不断提高，不断刷新飞行纪录；同时，仿真模型火箭和大型模型火箭技术也在逐步发展和完善。

二、我国航模运动的发展概况

(一) 航空模型运动

航空模型在我国有着悠久的历史，然而作为竞赛项目，开展的历史还不长。两千多年前我国就有了航模。据《韩非子·外储说左》记载："墨子为木鸢，丰年而成，飞一日而败。"

1920年，在美国留学的中国学生桂铭新，曾研究制作出一种航空模型，在美国航空协会举办的一次比赛中，以飞行高度400m、滞空时间68秒的成绩获得第一名。1940年10月27日，香港《大公报》和几个文化团体，在香港联合举办了中国首次航模比赛。

新中国成立后，我国的航空模型运动水平得到了迅速发展与提高。党和政府从发展航空技术，特别是从建设空军强大后备力量以及培养青少年爱祖国、爱劳动、爱科学的战略目标出发，有组织、有目的、有步骤地开展了航空模型运动。到1956年，航空模型活动已基本上普及到全国各大、中城市和部分小城市。

1956年8月10～24日，在北京举行了新中国成立以来的首次全国航空模型比赛。从此，每年都要举行一次全国性航空模型比赛，项目不断增加，运动水平不断提高，一些项目相继赶上了国际水平。到2000年底，共有58人59次打破31项航模世界纪录，使我国这项运动一直保持在世界先进水平。

（二）航海模型运动

中国虽然是船模的最早发源地，但是直至20世纪30年代，航海模型运动才流传到我国，并首先出现在上海租界地。新中国成立以后，特别是将它作为一项军事体育运动项目之后，得到周恩来、朱德、贺龙等老一辈国家领导人的关心，航海模型运动从此在中国蓬勃发展。

1980年3月31日，世界航海模型联合会正式接纳中国为会员国。1981年，中国航海模型队首次参加航海模型世界锦标赛，获得了第一个航海模型世界冠军。1986年3月16日，中国航海模型运动协会正式成立，之后中国运动员的技术水平迅速提高，不断在世界比赛中创造优异成绩。到2002年底，获世界冠军108个，76次打破世界纪录，有6项世界纪录由中国运动员保持。

（三）航天模型运动

中国是火箭的发源地，早在12世纪，我们的祖先就研制成功了与现代模型火箭发动机相类似的火药火箭。但是，现代化的火箭运动在我国起步却很晚。20世纪60年代，我国曾在小范围内开展过模型火箭运动，主要是用作表演。但由于模型火箭发动机的安全问题未能解决，致使模型火箭运动在我国的推广和普及一度受阻。

1990年5月，国家体委、中国宇航学会和中国科协联合委托当时的中国航空航天工业部第四研究院开发模型火箭技术。此后的两三年里成功地研制和开发了火箭发动机和模型，为在我国推广和普及模型火箭运动创造了良好的条件。

青少年进行航空模型制作

模型火箭产品问世以后，以其特有的魅力吸引了广大青少年及模型火箭爱好者。2000年5月，在宁波举行了第一届全国体育大会航空模型比赛的航天项目竞赛，有19个省、市、自治区、行业代表队共124名选手参赛。之后，我国又举行了多次大型比赛，航天模型运动从此在我国成为一项普及航天知识、培养航天兴趣、科技与竞技相结合的体育运动。

三、开展航模运动的意义

航模运动的最大魅力在于能向充满求知创新欲的青少年提供一个实践机会，通过制作和放飞各种航空模型，使他们既能尝试到飞机飞上天空时的乐趣，又能学到一些航空科技知识，培养动手动脑的良好习惯。新世纪的人才竞争已不是单方面的文化、体力的竞争，而是包含了科学技术、坚强的意志、广博的知识、创造性思维等诸多方面的综合较量。而航模活动正是培养孩子这种综合素质的良好形式。

第二节　航模运动项目划分

一、航空模型竞赛项目

现代航空模型运动分为自由飞行、线操纵、无线电遥控、仿真和电动五大类。按动力方式又分为活塞发动机、喷气发动机、橡筋动力模型飞机和无动力的模型滑翔机等。航空模型的最大升力面积 500 dm^2，最大重量 25 kg，活塞发动机最大工作容积 250 ml。

航空模型的竞赛科目有：滞空时间、飞行速度、飞行距离、特技、“空战”等。目前，世界锦标赛设有 30 个项目，隔年举行一次。航空模型还设有专门记录各项绝对成绩的纪录项目。目前，国际航联共设 90 项航空模型世界纪录。

（一）普及级航空模型的分类和分级（竞赛项目）

（1）自由飞行类（P1 类）

P1A——牵引模型滑翔机（分 P1A－1、P1A－2 两级）

P1B——橡筋模型滑翔机（分 P1B－1、P1B－2 两级）

P1C——活塞式发动机模型滑翔机（分 P1C－1、P1C－2 两级）

P1D——室内模型飞机（分 P1D－1、P1D－2 两级）

P1E——电动模型飞机

P1F——橡筋模型直升机

P1S——手掷模型滑翔机（分滞留时间和直线距离）

P1T——弹射模型滑翔机

（2）线操纵类（P2 类）

P2B——线操纵特技模型飞机（分 P2B－1、P2B－2 两级）

P2C——线操纵小组竞速模型飞机

无线电遥控直升机

P2D——线操纵空战模型飞机

P2E——线操纵电动特技模型飞机（分 P2E－1、P2E－2 两级）

P2X——线操纵橡筋模型飞机

（3）无线电遥控类（P3 类）

P3A——无线电遥控特技模型飞机（分 P3A－1、P3A－2 两级）

P3B——无线电遥控模型滑翔机（分 P3B－1、P3B－2 两级）

P3E——无线电遥控电动模型飞机

（二）在青少年中广泛开展的航空模型项目

手掷滑翔机

（1）纸模型飞机。

（2）手掷模型滑翔机，简称手掷，编号为 P1S。

（3）橡筋模型直升机。

（4）弹射模型滑翔机，简称弹射，编号为 P1T。

（5）牵引模型滑翔机，简称牵引，普及级编号为 P1A－1 和 P1A－2，国际级编号为 F1A。

（6）橡筋模型飞机，简称橡筋，普及级编号为 P1B－1 和 P1B－2，国际级为 F1B。

二、航海模型竞赛项目

航海模型是具有科技性的体育运动项目，通过研究制作并在水上操纵各种模型，学习航海科学知识。航海模型运动在我国已开展四十余年，受到广大群众特别是青少年的喜爱。

我国开展的航海模型项目有：仿真模型、动力艇模型、帆船模型和表演模型等。仿真模型包括 C1、C2、C3、C4、C5 等级别，要求按照一定比例建造，在外形、颜色上仿照现有的或者历史上曾经有过的海洋和内河交通工具，或这些交通工具的一部分的模型，以及用模型来展示码头、船坞、船舶的航行状态等。

仿真舰艇

航海模型的竞赛项目分为五类：

（1）动力艇（M）：内燃机动力圆周竞速和无线电遥控单艇或多艇竞速的竞速艇模型。

（2）仿真航海模型（C）：只评比建造工艺技术水平的舰船、设备及建造场景等各类模型。

(3) 耐久竞速艇(FSR):无线电遥控,按专用竞赛场地、航线在规定的较长时间里集体竞速绕圈航行的竞速艇模型。

(4) 帆船模型(S):无线电遥控帆船模型。

(5) 仿真航行舰船模型(NS):按一定比例制作的仿真舰船模型,可无线电遥控在水上航行。

三、航天模型竞赛项目

航天模型是模拟航天器原理设计制作的各种可以发射升空的模型航天器,包括各种模型火箭、仿真模型火箭和火箭推进模型飞机等,是国际航空联合会下属航空模型委员会管辖的运动项目之一。

国际航联制定的航天模型竞赛规则设有10个竞赛项目,分别是:

火箭模型

S1——高度模型火箭

S2——载重模型火箭

S3——伞降模型火箭

S4——火箭推进模型滑翔机

S5——仿真高度模型火箭

S6——带降模型火箭

S7——仿真模型火箭

S8——无线电遥控火箭推进模型滑翔机

S9——火箭推进自转旋翼机

S10——火箭推进柔性翼模型飞机

比赛的科目有升高、滞空时间、外观仿真度和模拟发射仿真度等。

第三节　电子竞技运动

一、电子竞技运动的定义

电子竞技运动有两个基本元素:电子、竞技。

在电子竞技运动的概念中,"电子"是其方式和手段,指这项运动是借助信息技术为核心的各种软硬件以及由其营造的环境来进行,这类似于传统体育运动项目中相应的器材和场地。

"竞技"则指的是其体育的本质特性,即对抗、比赛。作为一个体育项目,对抗、比赛是最基本的特征,这也是电子竞技运动有别于其他电子游戏特别是网络游戏的主要不同。电子竞技运动有多种分类和项目，但共同的核心一定是对抗、比赛。

电子竞技运动作为一个体育项目，还有一个必不可少的基本特征，那就是统一的竞赛规则，以及在这样的规则保障下进行公平、公开、公正的比赛。

从这样的理解我们来尝试阐述电子竞技运动的概念：电子竞技运动是以信息技术为核心的软硬件设备为器械、在信息技术营造的虚拟环境中、在统一的竞赛规则下进行的对抗性益智电子游戏运动。电子竞技运动作为一项体育项目，可以锻炼和提高参与者的思维能力、反应能力、协调能力、团队精神和毅力，以及对现代信息社会的适应能力，从而促进其全面发展。

正是因为电子竞技运动具有这样的内涵和功能，国家体育总局根据形势发展的需要，将之列为中国正式开展的第99个体育项目并给出电子竞技运动定义：电子竞技运动就是利用高科技软硬件设备作为运动器械进行的、人与人之间的智力对抗运动。通过运动，可以锻炼和提高参与者的思维能力、反应能力、协调能力和意志力，培养团队精神。

二、电子竞技与网络游戏的区别

由于历史的原因，不同的国家和地区，包括中国对电子竞技运动、网络游戏有不同的理解和称呼，造成了目前对电子竞技运动和网络游戏概念在理解、认识、定义和使用上交叉、混淆、不一致等混乱的情形。电子竞技运动与网络游戏是两个不同的概念，他们从性质、方式、项目等各个方面，都有较大的不同。

首先从性质上看，电子竞技运动是体育项目，网络游戏是娱乐游戏，这是两者本质的不同（表14-3-1）。

表14-3-1 电子竞技与网络游戏的区别

区　别	电子竞技	网络游戏
本质特征	电子竞技是国家体育总局正式批准的体育运动项目。类似于国际象棋、围棋等智力体育项目	网络游戏属于休闲、娱乐方式
精确比较性	它有着可定量、可重复、可精确比较的体育比赛特征	网络游戏不宜进行一定时间内的精确比较
技能要求	选手必须通过日常刻苦的、近乎于枯燥的训练，提高自己与电子设备等这些比赛器械相关的速度、反应和配合等综合能力和素质	相对而言并不十分重视技巧和反复训练
参与目的	争取在对抗中获得胜利、赢得比赛、取得好成绩	通过角色扮演和模拟追求个人的感官享受和娱乐

区 别	电子竞技	网络游戏
网络载体	电子竞技运动有固定的场馆，依赖局域网环境，互联网只是电子竞技运动员训练的一种手段而已	完全建立在互联网上，离开互联网无法存在
发展方向	更加突出体育特性，延续体育产业发展之路，最终走向类似足球、篮球的职业化、产业化	更加突出娱乐性，走向类似影视、音乐的娱乐产业发展之路

电子竞技接近于那些传统的体育项目，对抗性和竞技性是它的特点。它有着可定量、可重复、可精确比较的体育比赛特征，游戏的方式是对抗和比赛，有统一的规则和相同的技术手段，这与体育比赛中的技、战术完全一样。简单地说，电子竞技运动是一项体育项目，只不过其器械、比赛环境等是通过信息技术来实现的。这是其与网络游戏最本质的区别。

从技术层面上看，两者所依托的网络环境或者说载体不同。网络游戏是完全建立在互联网上的，离开了互联网，根本就无法存在。而电子竞技运动所依赖的是局域网环境，甚至可以是两台电脑的直接连接，互联网只是电子竞技运动用来训练或娱乐的一种手段而已。

三、电子竞技运动的分类及主要赛事

我国电子竞技运动的分类和项目设置考虑到三个基本原则：第一，体育项目的普遍规律和信息技术的特点；第二，国际惯例；第三，中国特色。

根据这样的原则，电子竞技运动目前可以分为两个大类：一类是对战类项目，也是经典电子竞技运动，目前开展比较广泛、比较成熟的项目包括反恐精英（图 14-3-1）、FIFA（图 14-3-2）、星际争霸（图 14-3-3）和魔兽争霸（图 14-3-4）。另一类是休闲类项目，它经过电子化的传统体育和民间娱乐项目，项目包括网络围棋、中国象棋、四国军棋、桥牌、麻将、拱猪、斗地主、拖拉机等。

图 14-3-1 反恐精英

图 14-3-2 FIFA

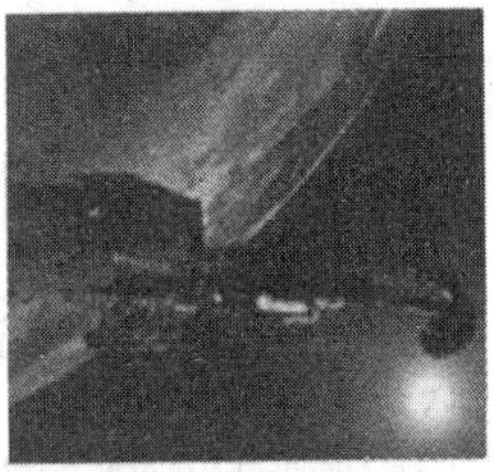

图 14-3-3 星际争霸

图 14-3-4 魔兽争霸

需要说明的是，这两类电子竞技运动的项目，都有一个共同的特点，那就是在社会上广泛开展，受到大众和玩家的普遍欢迎。这是体育项目立项的基本要求。

从技术角度说，电子竞技运动还可以根据其自身游戏特点进行进一步细分：第一人称射击类、格斗类、即时战略类、体育类。

设项与分类是一个体育项目成熟与否以及能否健康发展的重要环节。清晰、合理的设项和准确、科学的分类，一方面有助于电子竞技运动作为一个体育项目，更加公平地进行竞赛；另一方面，对于研究和把握其运动规律，也有着重要的作用和意义。重要的是，电子竞技运动项目将会随着信息技术的发展和项目本身的发展而不断丰富和完善，从历史上可以清楚地看到，所有的体育项目，都经历了这样的发展和完善过程，有的体育项目与创立之初相比，已经完全不能同日而语。

目前世界顶级电子竞技赛事及比赛项目如下：

1. 全国电子竞技运动会

全国电子竞技运动会（China Esport Games，简称 CEG）是由国家体育总局领导，中华全国体育总会主办的最具权威性的国家级体育电子竞技联赛。其宗旨是规范和普及体育电子竞技运动，提高中国体育电子竞技运动水平，向国际市场推广中国的体育电子竞技运动，使中国成为全球性的体育电子竞技市场。

CEG 是目前唯一经国家体育管理部门批准立项的电子竞技竞赛项目，是目前中国最具权威的国家级电子竞技典范赛事。CEG 是全国电子竞技运动走上正轨的分水岭，在全国电子竞技产业中将发挥重要的榜样作用，它将引领中国电子竞技产业的发展，拉动相关产业的内需。

CEG 的比赛项目有魔兽争霸、星际争霸、FIFA、极品飞车、NBA 篮球。

2. 世界电子竞技大赛

世界电子竞技大赛（World Cyber Games，简称WCG）一直以“beyond the game”为口号，以推动电子竞技的全球发展为目标，旨在促进人们在网络时代的沟通、互动和交流，促进人类生活的和谐与愉快。这场风起云涌的电子奥运会在三星电子的支持下已经连续举办了4届。自2001年首届大赛开赛之时，主办方就将其定位在全球性的电子竞技奥运盛会，是一个以奥林匹克运动会形式筹办的电子运动会，承担着沟通全球顶尖电子竞技运动选手、进行国际交流的责任，成为新体育形式的开创者。经过几届WCG大赛的成功举办，三星电子杯WCG世界电子竞技大赛已经在中国得到众多肯定与支持。

WCG每年采取投票方式决定该年比赛项目，项目包括魔兽争霸、星际争霸、FIFA、极品飞车、死或生。

3. 电子运动世界杯

电子运动世界杯（Electronic Sports World Cup，简称ESWC）是由世界闻名的竞技营销公司Ligarena（法）于2002年在法国创立。这之前，Ligarena一直致力于推动世界范围内的电子竞技运动，曾经成功创办品牌“Lan Arena”。从1999年至今已经成功举办了7次，在世界范围内获得了广泛的认可和赞誉。ESWC已经成为世界三大电子竞技赛事之一，每年的夏季都有七十多个国家数十万的爱好者前往法国，在那里等待他们的将是一周的狂欢和超过20万美元的奖金。

ESWC的比赛项目有CS男子、CS女子大师杯、魔兽争霸、Quake、实况足球。

4. 全球电子竞技联赛

全球电子竞技联赛（World E-sports Games，简称WEG）是世界上最早全程转播比赛的国际性电子竞技大会，大会为了吸引全球电子竞技爱好者的目光，每个赛季都会特地邀请代表世界最高水平的选手前来参赛。是继WCG之后又一项由韩国电竞界重金打造的国际顶级电竞赛事。其主办方是韩国最专业的游戏电视媒体Ongamenet。比赛全程由Ongamenet独家转播，在2005年将WEG一跃打造成为全球最正规的职业化电子竞技赛事之一。在国际上被誉为继WCG、ESWC、CPL之后的第四大电子竞技赛事。

WEG（World E-sports Game世界电子竞技联赛）成立于2004年，是由韩国最大的传媒集团CJ－Media希杰媒体投资赞助，起源于韩国。2005

年，WEG举办3个赛季169天共179场比赛，所有比赛用汉语/英语/韩语向全世界转播。WEG将从2006年开始，每年邀请世界大赛的冠、亚军选手，用世界最高的奖金进行WEG大师赛，并进行3个赛季和一个中韩对抗赛的特别赛事。

WEG的比赛项目有CS、魔兽争霸。

5. 电子职业联赛

电子职业联赛（Cyberathlet Professiona League，简称CPL）是世界上第一个通过为局域网（线下，LAN）游戏建立标准的规则和惯例而把游戏设立为专业体育运动项目的组织。CPL还是第一个举办CS专业比赛的组织。现在世界上所用的CS比赛的规则大部分都是CPL制定的。CPL的长盛不衰归因于CPL所有职员的热情工作和全世界参赛者对CPL赛事的认可。

CPL的比赛项目有CS男子、CS女子、魔兽争霸、Quake、PK。

思考题

1. 航模运动最早起源于我国，但发展于国外，包括我国的很多发明都是这样，从中我们将有些什么思考？

2. 在青少年中广泛开展的航空模型项目有哪些？

3. 我国开展的航海模型项目有哪些？规则对项目有何要求？

4. 开展电子竞技活动应注意的事项是什么？

5. 电子竞技与网络游戏的区别有哪些？

北京师范大学出版集团
BEIJING NORMAL UNIVERSITY PUBLISHING GROUP
北京师范大学出版社
高教分社
人文室

地址：北京新街口外大街19号　邮编：100875
电话：010—58802695　传真：010—58802695
网址：www.bnup.com.cn

高教分社人文室工作人员填写：
来源：电话/传真/信函/电邮/巡展/活动/会议/其他____
获表日期：____年____月____日　签收人____
处理时间____　用途：新建/更新　责任人____

教师用免费教材样本申请表

请您在我社网站上所列的高校人文类教材中选择样书（每位教师每学期限选1～2种），以清晰的字迹真实、完整填写下列栏目，并由所在院（系）的主要负责人签字或盖章。符合上述要求的表格将作为我社向您提供免费教材样本的依据。本表复制有效，可传真或函寄，亦可发e-mail。

姓名：____　主要授课专业：____
学历：□专科 □本科 □硕士 □博士 其他：____（海外经历可一并注明）
职称：□助教 □讲师 □高级讲师 □副教授 □教授 □硕士生导师 □博士生导师　其他：____
职务：□教研室主任 □系副主任 □系主任 □副院长 □院长 □无职务 其他：____
学校全称：____（若必要请注明所在校区）
学校地址：____　邮编：____
所在院、系、教研室：____
电话区号：____办公电话：____宅电：____手机：____e-mail：____（必填项）
授课科目1：____学生人数____所用教材是____出版社出版的《____》
教学层次：□中职中专 □高职高专 □本科 □硕士 □博士 其他：____
授课科目2：____学生人数____所用教材是____出版社出版的《____》
教学层次：□中职中专 □高职高专 □本科 □硕士 □博士 其他：____
教材指定者：□本人　其他：____

所需要的教材样本书名	作者	定价

您认为本书有何缺点，具体应如何修改（可另附纸，您的意见被采纳后我们将酌付酬谢）：

您近期高校文科教材方面有何写作计划：

您最重要的科研与教学成果：____

院（系）负责人签章：____　联系电话：____

感谢您对我社的信任，很荣幸接受您的意见和建议，祝您健康快乐！

欢迎您从我社高教分社网站 http://gaojiao.bnup.com.cn“资源下载”栏目下载教学课件！